Ilija Trojanow

Der Sadhu an der Teufelswand

Ilija Trojanow

Der Sadhu an der Teufelswand

Reportagen aus einem anderen Indien

Mit 8 Seiten Farbbildteil

MALIK NATIONAL GEOGRAPHIC

Mehr über unsere Autoren und Bücher:
www.malik.de

Die Reportagen in diesem Buch sind vorab erschienen in der Frankfurter Rundschau, Süddeutschen Zeitung, Neuen Zürcher Zeitung sowie im Rheinischen Merkur. Für diesen Band wurden sie vom Autor literarisch verfeinert, ausgeweitet und miteinander verschränkt.

Bibliografische Information der Deutschen Nationalbibliothek
Die Deutsche Nationalbibliothek verzeichnet diese Publikation in der Deutschen Nationalbibliografie; detaillierte bibliografische Daten sind im Internet über http://dnb.d-nb.de abrufbar.

MALIK NATIONAL GEOGRAPHIC

Aktualisierte Taschenbuchausgabe
1. Auflage Januar 2001
3. Auflage Mai 2010

Umschlaggestaltung: Dorkenwald Grafik-Design, München
Umschlagfotos: Thomas Dorn (vorne, hinten links, Autorenfoto), Katrin Simon (hinten rechts)
Innenteilfotos: Katrin Simon
Redaktion: Diana Schaumlöffel, Ariadne Buchkonzeption, München
Papier: Naturoffset ECF
Druck und Bindung: CPI – Clausen & Bosse, Leck
Printed in Germany ISBN 978-3-492-40153-1

Das Papier wurde aus chlorfrei gebleichtem Zellstoff hergestellt.

für pac

… unsere gemeinsame reise …

Inhalt

1 Ich hupe, also bin ich:
Die Philosophie des Straßenverkehrs
und andere einführende Bemerkungen 9

2 Feste 17

Der Sadhu an der Teufelswand:
Kamelmarkt von Pushkar 19
Im Zeichen der Drachen:
Flugstunden zur Sonnenwende 27
Die zehn Tage des rüsseligen Herrn:
Das Fest des Elefantengottes Ganesh 36

3 Natur 49

Der Glaube an die Natur:
Bei den Bishnoi in Rajasthan 51
Selbst die Götter werden überschwemmt:
Der Kampf um den Narmada 62
(von Rainer Hörig und Ilija Trojanow)
Der Traum von Harmonie: Ayurveda in Kerala 72
Von Regen und Liebe: Jährlich wenn der Monsun fällt 83

4 Reisen 91

Die Festung mit den 99 Türmen:
Das mittelalterliche Jaisalmer in nuklearer Zeit 93
Über den Köpfen des Himalaja:
Eine langwierige Reise in das buddhistische Ladakh 99
Ein heiliges Mosaik aus Steinen und Mikrochips:
Eine Fahrt von Bangalore nach Vijayanagar 106

5 Kultur 115

Im Bann des roten Balles: Indiens skurrile Leidenschaft 117
Der Hybride MTV-India:
Wie das Fremde kreativ umgewandelt wird 139
Die vielen Gesichter der Zensur:
Der Kampf um die wahre Kultur 147
Auf den Spuren von Günter Grass:
Zunge zeigen in Kalkutta 152

6 Bombay 161

Ein Laboratorium für die Zukunft der Menschheit:
Spaziergänge durch Bombay 163
Essen auf Rädern:
Das wundersame Netz der *dabawallahs* 170
(von Prachi Bari und Ilija Trojanow)
Im Takt des Fahrplans:
Die Kinder vom Bahnhof Bombay Central 177
Zwischen McDonald's und Mikrochips:
Die neue indische Mittelklasse 185
Für die Reichen, für die Armen:
Die Wahl zwischen Golfplatz und Slum? 197
(von Rainer Hörig und Ilija Trojanow)
Willkommen in Clintonnagar!
Oder:Kommt ein Präsident geflogen 210

7 Die tausend Gesichter des großen Festes:
Alle zwölf Jahre zur Kumbh Mela 215

8 Stachelige Palmen: Die traumatische Pracht
Sri Lankas 231

9 Indien: Die Zukunft der Widersprüche 243

1

Ich hupe, also bin ich: Die Philosophie des Straßenverkehrs und andere einführende Bemerkungen

Das erste Mal in Indien: Ich trug die üblichen Bilder des Subkontinents im Kopf, Bilder von kolossalen Bauten und noch kolossaleren Katastrophen, von Zwängen und Widersprüchen, von Überfülle und Mangel. Zwar hatte ich auch schon das eine oder andere Buch gelesen, aber nichts hätte mich auf das vorbereiten können, was wir erlebten, als der Fahrer des schicken und bequemen Ambassador-Taxis nach Rajkot, einer dynamischen, mittelgroßen Stadt in Gujarat hineinfuhr.

Ich hörte den Verkehr, bevor ich ihn sah. Ein allgegenwärtiges Hupen. Vor einem anschwellenden Hintergrund aus Knattern, Scheppern und Schreien. Ein Hupen, das mir funktionslos erschien. Hupen als Lebensprinzip. Ich hupe, also bin ich. Ich hupe, um zu verkünden, dass ich da bin und keineswegs gewillt, Rücksicht zu nehmen. Alle hupen, um zu verkünden, dass sie nicht gewillt sind, Rücksicht zu nehmen. Dies könnte zu Unfällen und anderen Problemen führen, gäbe es da nicht die Vollbremsung, die als ein zentraler Teil vom Dharma, der gesetzhaften Ordnung des Kosmos, verstanden und gelebt wird.

Es dauerte nur einige Vollbremsungen, bis ich begriff, dass im indischen Verkehr, wie auch in der indischen Gesellschaft, klare Hierarchien herrschen. An höchster Stelle und quasi außerhalb des Systems steht die Kavalkade einer wichtigen Persönlichkeit (dies eine nachgereichte Erfahrung). Die normalsterblichen Verkehrsteilnehmer unterteilen sich in vier Kategorien: Lastwagen und Busse, Jeeps und Pkws, Motorräder und Autorikschas, Fahrräder und Karren – in dieser Rangfolge. Die Unberührbaren des Straßenverkehrs sind die Fußgänger. Denn wer sich kein Transportmittel leisten kann, der hat es – Lump! – auch nicht besser verdient … ein Motorrad fährt direkt auf eine Rikscha zu, das Fahrrad kommt von links, von rechts überholt eine Limousine, die von einem Jeep bedrängt wird, und der Gegenverkehr donnert uns auf unserer Straßenseite entgegen. Im letztmöglichen Moment hat irgendeiner auf die Bremse gedrückt, ist jemand ausgewichen, haben Schwächere eine Gasse freigegeben, die unser Taxifahrer entschlossen nutzt.

Je tiefer wir in die Innenstadt von Rajkot hineinfuhren, desto größer wurden meine Zweifel an dem schon verstanden geglaubten Prinzip. Weil jeder hupte, wurde das Hupen wenig beachtet; weil es wenig beachtet wurde, wurde umso häufiger und heftiger gehupt. Das Prinzip benötigte offensichtlich ein Zusatzprinzip: Du bist nur verantwortlich für das, was vor dir passiert. Was hinter dir geschieht, entzieht sich deiner Kenntnis. Das funktionierte, weil die Vollbremsung als zentraler Bestandteil des Karmas, des Wirkens des Einzelnen, verstanden wurde. Später, als ich mit dem Hinduismus vertrauter wurde, erfuhr ich von der Lehre des *Karma-Yoga*, die gewiss bei jeder Führerscheinprüfung abverlangt wird. »Du sollst«, hat Krishna, die blauhäutige Inkarnation des Gottes Vishnu, im *Bhagavadgita* verkündet, »jede Tat unabhängig von ihren Folgen ausführen.« Ist der Straßenverkehr Indiens jemals besser auf den Punkt gebracht worden? Diese Zusammenhänge zwischen Verkehrsverhalten und Glauben bestätigen zudem eine weitere hinduistische Lehre, wonach alles mit allem in Verbindung steht. Allerdings wäre es vermessen, von dem einzelnen Verkehrsteilnehmer eine Einsicht in das Zusammenwirken aller Kräfte zu verlangen.

Zu solch profunden Analysen gelangte ich natürlich erst im Nachhinein. Vorerst war ich gebannt wie ein Feldhase von einer Kobra. Erschrecken und Erleichterung wechselten sich im Rhythmus des Herzschlags ab. Die engen Straßen Rajkots wurden wie mehrspurige Autobahnen benutzt. Man schlängelte sich durch, in asketischem Verzicht auf jeglichen Sicherheitsabstand. Als meine Freundin und ich ausstiegen, stellten wir fest, dass dieser Verzicht nicht nur im Straßenverkehr galt. Die Menschen um uns herum kannten keine Intimsphäre. »Dem anderen auf die Pelle rücken« findet als Idiom keine Entsprechung im Hindi. Am Busbahnhof wurden wir sofort umringt, nicht nur von einigen neugierigen Kindern, sondern von fast allen wartenden Passagieren. So nahe standen sie vor und neben uns, dass wir die Busse nicht sehen konnten, auf deren Nummern wir achten sollten. »*Hello*«, sagte einer und grinste mich an. Er stand so dicht vor mir, dass ich die Nähte seines Hemdes hätte zählen können. »*Hello*«, erwiderte ich, in der Erwartung, nun ausgefragt zu werden. Doch der Mann hatte seinen Englischwortschatz ausgeschöpft. Ein anderer neben ihm räusperte sich engagiert. »*Hello*«, sagte er. »*Hello*«, antwortete ich. Er starrte mich an, als würde seine nächste Frage auf meiner Stirn geschrieben stehen. Ich wartete mit aller Geduld, die ein Neuankömmling einem fremdem Land entgegenbringt. »*What is your name?*«, piepste es von unten. »*Where you come from?*«, wurde zu meiner Rechten gefragt. Die Konversation schien in Gang zu kommen, doch leider verstummten hiernach alle. Und beobachteten mich regungslos weiter. Mit Hingabe und Konzentration. Ich werde euch das Leben langweilig machen, dachte ich mir, zog einen deutschsprachigen Roman aus der Tasche und tat so, als würde ich mich in die Lektüre vertiefen. Das würde die Neugierigen gewiss verscheuchen, denn welcher Anblick könnte uninteressanter sein als der eines lesenden Menschen. Nach einigen Minuten blickte ich auf. Mehrere Männer beugten sich über meine Schulter und starrten auf die eng bedruckten Seiten. Sie sahen mir in die Augen. Als ich lächelte, lachten sie zurück. Als ich schimpfte, schwiegen sie und wichen nicht zurück. Das ging so weiter, stundenlang. Die Stimmung war weder feindselig noch besonders angeregt. Das Objekt der Neugierde wurde nicht kommentiert, sondern in Stille genossen.

Der Mensch gewöhnt sich an so manches und vergisst den Reiz der ursprünglich befremdenden Erfahrung. Nach einiger Zeit merkte ich nicht mehr, dass ich angestarrt wurde. Oder ich starrte zurück und genoss die Direktheit, die oft meinen Recherchen zugute kam. Die Inder erwiesen sich als ebenso erzählfreudig wie neugierig. Manches Gespräch verlief in gegenseitiger Sympathie, bis mein Gegenüber ohne Vorwarnung eine Salve roten Betelnuss-Speichels in den Sand spuckte und mir ein blutiges Lächeln schenkte. Ich kam mir vor wie auf einer Schaukel der Gefühle, bei der mein Gesprächspartner rasch zwischen wundersam-leicht und abgrundtief-schwer changierte. Das Schaukeln nahm kein Ende: Kaum war ich verführt worden, wurde ich angewidert, im Handumdrehen betört und gleich darauf zur Verzweiflung gebracht, und doch noch vor dem Sonnenuntergang wieder versöhnt. Aber Vorsicht: Zur Eigenart dieser Schaukel gehört auch, dass man nach jeder unvorsichtig geäußerten Verallgemeinerung umgehend eines Besseren belehrt wird! Zu Recht gilt die Binsenwahrheit, dass man über Indien allgemein nur sagen kann, dass man allgemein nichts sagen kann.

Dieses amorphe Indien lässt einen immer wieder spüren, wie wenig Zeit man auf Erden hat. Oder, wertend formuliert, dass man zu wenig Zeit auf Erden hat. »Du bist sterblich und somit zu begrenzt, um mich zu begreifen«, scheint es zu rufen. Indien erstreckt sich nicht nur über eine größere Fläche als die Europäische Union, es birgt auch eine größere geographische, sprachliche, kulturelle und religiöse Vielfalt in sich. Kaum etwas verbindet einen Christen aus Mizoram, einen landlosen

Dalit aus Bihar, einen wohlhabenden Parsen aus Bombay und einen moslemischen Fischer aus Kozhikode miteinander. Außer dem fiktiven Gebilde einer Nation, die sich trotz kolonialer Herkunft und blutiger Trennung von Pakistan im Jahre 1947 als erstaunlich resistent erwiesen hat. Zwar zollt die Gründung dreier neuer Bundesstaaten in diesen Tagen den Kräften der regionalen Divergenz Tribut, aber im Gegensatz zu anderen Vielvölkerstaaten wie etwa Indonesien droht Indien keineswegs an seiner Mannigfaltigkeit zu zerbrechen.

Die Vielfalt Indiens findet in Bombay ein repräsentatives Symbol. Die mit Abstand größte Stadt des Subkontinents überlebt täglich das Nebeneinander von scheinbar unversöhnlichen Kräften. Die unzähligen Anachronismen haben die Oberfläche dieses Molochs aufgekratzt, der Leib der Stadt ist von Schürfwunden überzogen, die eitern und gelegentlich aufplatzen, aber nicht als Wundbrand den ganzen Körper in Besitz nehmen. Bombay glänzt als dynamischer Schauplatz von Innovation, doch seine technologischen und kulturellen Juwelen finden weiterhin in armseligen Fassungen Platz. Angesichts der landesweit unaufhaltsamen Verstädterung steht Bombay – offiziell Mumbai genannt – auch für die Zukunft Indiens. Deswegen habe ich etwa ein Viertel dieses Buches meiner momentanen Heimatstadt gewidmet.

Die Reportagen in diesem Buch, erschienen in den überregionalen Tageszeitungen »Rheinischer Merkur«, »Frankfurter Rundschau«, »Süddeutsche Zeitung« sowie in der »Neuen Zürcher Zeitung«, sind für diese Ausgabe umfassend überarbeitet worden. Sie zeigen kleine Ausschnitte aus einer unfassbaren Gesamtheit und begnügen sich mit der Hoffnung, dass sich aus den Details die Konturen eines Ganzen erahnen lassen.

Bombay, im November 2000

2

Feste

Mehr Feste als Tage, mehr Götter als Menschen, mehr Farben als Orte! In jedem Augenblick wird irgendwo in Indien ein Augenblick, ein Raum geheiligt. Aber gleich nach den *yagnas* (den Opferritualen) kommen die profaneren Bedürfnisse zum Zuge: Man lässt Drachen steigen, verkauft Kamele und kostet die Pralinen des Elefantengottes Ganesh. Feste verbinden innen mit außen, das Haus mit dem Dorf, die Familie mit der Gesellschaft. Und wenn die Trommeln dieser Vereinigung in ihrer Ekstase keine Ruhe mehr finden, müssen die Fenster geschlossen werden, um die heimischen Gebete zu schützen.

Der Sadhu an der Teufelswand: Kamelmarkt von Pushkar

Vishnu: *Wer bist du? Wie bist du entstanden? Was tust du hier?*
Brahma: *Ich bin der erste Erschaffer aller Wesen. Ich bin der, der aus sich selbst entstand.*
Vishnu: *Im Gegenteil. Ich bin der Schöpfer und Zerstörer des Alls. Ich bin es, der es wieder und wieder erschaffen und zerstört hat.*

Was denkt der Sadhu, während er auf die tollkühnen Motorradfahrer hinabstarrt? Ohne Ausdruck im Gesicht, auch als ein Auto im steilen und engen Motodrom Runden dreht, immer weiter zum höchsten Punkt hinauffährt und der Fahrer sogar seine Tür öffnet, um den Zuschauern – nur einen Hauch entfernt – zuzuwinken. Die Konstruktion, ein Podest aus Altmetall auf hölzernen Pfählen, wackelt bedenklich. Die Bauern mit ihren Turbanen und ihre Frauen in feierlichen Saris, sie schwanken zwischen Begeisterung, weit über das Geländer hinausgelehnt, und Furcht, fest an das Geländer geklammert. Der Sadhu hingegen steht aufrecht und weiterhin regungslos da. Nach zehn Minuten ist die Aufführung vorbei. Die Artisten verneigen sich in der Arena, und das Publikum klatscht Beifall. Nicht so der Sadhu. Er bahnt sich einen Weg durch das aufgeregte Geschnatter und kehrt zurück an seinen Platz am Ufer des heiligen Sees.

Zehn Rupien kostet der Eintritt zu den Artisten der Teufelswand, nicht wenig für einen Mann, der nur von Almosen lebt. Die Bedürfnislosigkeit der Sadhus (auch Babas genannt) ist nicht zu übersehen. Außer einem meist safranfarbenen Lendentuch tragen sie nur eine Schale bei sich, in der sie das gespendete Essen aufbewahren, einen Gehstock, auf den sie sich während der langen Fußmärsche stützen, und einige Gebetsketten. Sie schneiden ihr Haar nie; sie kämmen es selten. Im Gegensatz zu christlichen Mönchen verharren die Sadhus nicht in einem Kloster. Zwar haben auch sie ihr bürgerliches Leben hinter sich gelassen und beim Eintritt in einen Orden oder eine Gemeinschaft einen neuen Namen angenommen, aber die spirituelle Reise, die sie angetreten haben, erfordert ihrem Selbstverständnis nach Bewegung. Nur für eine begrenzte Zeit leben sie in einem der vielen *ashrams* (gemeinhin etwas ungenau als Kloster übersetzt), die bevorzugt von westlichen Sinnsuchern als Anlaufstation gewählt werden. Die orthodoxen Sadhus bleiben nie länger als drei Tage an einem Ort, getreu dem Motto: *Sadhu to tschalata bhala, pani to bhahata bhala* – so wie das Wasser fließt, sollte sich der Sadhu bewegen. Denn zu den Lastern, von denen er sich zu befreien sucht, gehört – neben dem Besitzwillen, der Gier, der Lust, der Unreinheit, der Aggression, dem Neid und der Überheblichkeit – die Sesshaftigkeit, die alle anderen Übel potenziell in sich birgt. Nur die Sommermonate – die Zeit des Jahres, in der Gott schläft – verbringen die Sadhus an einem Ort, meist am Fuße des Himalaja, wo der Ganges entspringt und die Reinheit des Ursprünglichen herrscht. Eine Gewohnheit aus Zeiten, in denen die heftigen Regenfälle des Monsuns Reisen nicht zuließen. Gegen Anfang November aber pilgern sie in Scharen nach Pushkar, einem der heiligsten Orte des Hinduismus, dem *tirtha raj* – dem König der Pilgerstätten.

Brahma, der Weltenschöpfer, die Seele des Universums, war auf der Suche nach einem geeigneten Rastplatz. Shiva, der Befruchter und Zerstörer, sein ihm ebenbürtiger Begleiter, riet ihm, er solle eine Lotusblüte fallen lassen; sie solle entscheiden. Brahma flog auf seinem Schwan über die Erde; die Lotusblüte entglitt seiner Hand; sie flatterte hinab, und dort, wo sie den Boden berührte, entsprang ein See. »Was für ein schöner Ort!«, rief Brahma aus und begab sich zur Erde, um an diesem Wasser zu meditieren. Die anderen Götter wünschten sich ein *yajna* zur Weihung dieses Ortes. Brahma rief seine Gehilfen und Diener zusammen und ließ sie die Zeremonie vorbereiten. Als die vier Berge mit den kostbarsten Stoffen behangen und die Talzugänge geschützt waren, die Götter Platz genommen hatten und das heilige Feuer entzündet worden war, fehlte nur noch eine Person, ohne deren Anwesenheit das Ritual seinen Lauf nicht nehmen konnte: Brahmas Gemahlin Savitri, die Sonnengöttin. Sie ließ die Götter warten, weil sie, so hieß es, sich erst dem Anlass entsprechend herausputzen musste. Es war ein heißer Tag in diesem trockenen Teil der Welt, und die Götter waren bald des Wartens überdrüssig. Die günstige Stunde drohte ungenutzt zu verfliegen. Brahma ärgerte sich, bis sein Zorn schließlich vollends entfacht war: Er beschloss, eines der anwesenden Milchmädchen zur Frau zu nehmen. Kurzerhand wurde sie im Maul einer Kuh gereinigt und mit Brahma vermählt. Das Ritual konnte endlich beginnen.

Stimmt diese Geschichte? War es wirklich Savitris Schuld? Wer hat sie überhaupt benachrichtigt? Manch eine Version dieser Legende stellt den heiligen Alten Narada, einen gerissenen Mann, dem der Schalk näher stand als die Weisheit, in einen ziemlich dubiosen Mittelpunkt. Diesem Narada fiel es nämlich zu, Savitri zu rufen. Als er zu ihr vorgelassen wurde, sprach er viel von dem Glanz, den sie ausstrahlen, und wenig von der Eile, die sie an den Tag legen sollte. Das Unglück war eingefädelt, so geschickt, dass die Folgen ihn, den weisen Narada, nicht treffen konnten.

Als Savitri in Begleitung einiger anderer Götterfrauen den See erreichte, konnte sie nur noch fassungslos erkennen, was geschehen war. Erbost verfluchte sie Brahma: »Nur an diesem Ort wird man dich verehren, nur an diesem einen Tag!«

Kartik Poornima (Vollmond des Monats Kartik) heißt der Tag, und im Jahr 2000 fiel er auf den 11. November. Er folgt stets vier Tage auf den *Deva Prabodhini,* den Tag, an dem die Götter aus ihrem viermonatigen Sommerschlaf erwachen und ihre wohlwollende Aufmerksamkeit erneut der Erde widmen. Nun kann man wieder heiraten oder zu anderen neuen Ufern aufbrechen. Jährlich strömen Hunderttausende Pilger aus dem ganzen Land nach Pushkar, in den Brahma Mandir, den einzigen Brahma geweihten Tempel von Rang in ganz Indien, und reinigen sich im See von ihren Sünden. Gleichzeitig mit diesem religiösen Fest – im Doppelpack sozusagen – findet die Pushkar Mela statt, die größte Kamelmesse der Welt. Auf einem sandigen und gewellten Terrain etwas außerhalb des Städtchens, in westlicher Richtung, wo es alles andere als meditativ oder reinigend zugeht.

Auf ausgedehnten Dünen campieren Viehhüter mit Zehntausenden ihrer Kamele und Kühe. Sie bilden in dem Tal, das den Eingang zur Wüste markiert, einen gewaltigen Marktplatz, der von Sonnenaufgang bis in die Nacht hinein in konzentrierter Inaktivität zu verharren scheint. Mal werden die Kamele, die meist in kleinen Gruppen zusammenstehen, zur Tränke geführt, mal gefüttert. Ansonsten liegen oder sitzen die Männer im Schatten der Höcker, schweigen oder reden, rauchen und trinken süßen Milchtee. Irgendwann bahnt sich in ihrem Gespräch ein Geschäft an, so nebenbei, als sei es unbeabsichtigt. Dann werden Interessen abgesteckt, erste Preise vorgelegt. Am Ende der Mela zieht das Kamel mit einem neuen Herrn weiter. Mehr geschieht nicht.

Ganz anders auf der Kirmes und an den offiziellen Messeständen, wo die Teufelsfahrer mit ihren Maschinen dröhnen und überforderte Lautsprecher um die Wette scheppern. Der Zirkus Maruti wirbt für seine abendliche Show mit einer *hijra*, einem zu den kratzigen Rhythmen ungelenk tanzenden Transsexuellen. Daneben drehen sich Schleuderrad und Riesenrad um rostige Achsen. An strategisch günstigen Ecken stehen neonflimmernde Roboter, die in der Branche der Wahrsager den Handlesern Konkurrenz bereiten. So kommt es, dass ein Bauer mit stolzem orangefarbenen Turban und der pyjamaartigen, spitz zulaufenden Hose sich einen Kopfhörer überzieht und der mechanischen Sprache des Roboters lauscht, während die kleinen bunten Lichter um ihn herum mit der Gewissheit einer frisch aufgeladenen Batterie blinken.

Inmitten des Vergnügens befindet sich ein grell beleuchtetes Areal, das der Ausbildung dienen soll. Kein leichtes Unterfangen angesichts einer Analphabetenquote von etwa 60 Prozent im Bundesstaat Radschasthan. Die zeltähnlichen Buden versuchen mit Bildtafeln und riesiger Schrift die Anliegen von Familienplanung, moderner Landwirtschaft, Pferdezucht, Erwachsenenbildung, Agrarkooperation und Verwaltung zu vermitteln. Zwischen ihnen haben sich einige Banken und Versicherungen, ein Puppentheater und ein Motorradhersteller eingeschmuggelt. Wie auf einer hochoffiziellen Parade ziehen die Bauern in Trauben geflissentlich von Stand zu Stand, lassen keine Bildtafel aus, treten durch die linke Öffnung ein, passieren die Bildergalerien, kommentieren manches mit Ausrufen oder Schnalzen und treten durch die rechte Zeltöffnung wieder hinaus. Vor einem Stand haben sie sich hingehockt, warten geduldig im Sand. »Auf was wartet ihr?«, frage ich den Letzten in der Reihe. Es dauert eine Weile, bis er mir schließlich mithilfe von Gesten und einem dolmetschenden Passanten erklären kann, dass kostenlose Brillen versprochen worden sind.

Aufgewertet wird dieses wundersame, mehrtägige Ereignis mit dem gänzlich unzutreffenden Namen Kamelmarkt durch die fahrenden Händler und Dienstleister, deren Zahl die der möglichen Kunden übersteigt. Mit vier Pfählen und einem Plastiküberzug errichten die Privilegierteren ein festes Geschäft, in dem sie rasieren oder Frühstück servieren, Quacksalberei oder Naturheilkunde praktizieren, Duftflakons oder Kamelschmuck (Quasten in Rauschgold, Troddeln in Flittersilber) anbieten. Andere ziehen mit Bauchläden und Holzkarren herum, rufen ihre Erdnüsse und Zigaretten aus, preisen ihre Früchte und Süßigkeiten an. Oder sie erheben ihre Stimme zum Geschichten erzählenden Gesang, begleitet von einem jaulenden Zwölfsaiter. Die Geringsten unter den Krämern, und es sind ihrer nicht wenige, haben eine kleine Pyramide Obst im Sand aufgebaut oder nur einige Pflugteile ausgelegt. Sie sitzen den ganzen Tag hinter ihrer mageren Hoffnung, auch von dem Trubel zu profitieren. Und wer müde wird, der mummelt sich ein, legt sich zwischen die Stände und die plärrenden Lautsprecher und schläft.

Das Ganze wirkt exotisch genug, reichhaltig ausgestattet mit Elementen aus alter Zeit, um Touristen anzulocken. In so großer Zahl, dass es sich für die Rajasthan Tourist Development Cooperation lohnt, auf einem Gelände nördlich der Stadt, in sicherer Entfernung zu den Kamelen, ganze Zeltdörfer aufzubauen. Auch hier existieren – portemonnaiebedingte – Hierarchien: von Zelten mit fließendem heißen Wasser, bemühten Pagen und freiem Ausblick bis hin zu rondellförmigen Zelten mit Jugendlagercharakter und gemeinsamer Dusche. Die Touristen traben über die Kirmes, zwischen die Dünen und durch die Gassen des Städtchens. Sie betrachten verzückt die Kamele und werden mit offener und unbeherrschter Neugier von den Kameltreibern angestarrt. Man hievt die Touristen auf Kamele. Sie kaufen und sie fotografieren. Ein Mädchen etwa, das Kameldung eingesammelt hat und nun vier Stativen gegenübersteht. Das Mädchen hat erstaunlich viel an, wo es doch so heiß ist, dass die fettleibige Schweizerin sich in einen Tennisrock gezwängt hat. Auf dem Kopf trägt das Mädchen in einem Stoffreifen die Schale mit dem Kameldung, gestützt von einer Hand. Mit der anderen unterstützt sie die Unsicherheit ihres Lächelns. Anderswo haben zwei um Stolz bemühte Bauern einer Dame erlaubt, sie zu knipsen. Da diese beiden bunten Turbane (die schmalen, zerfurchten Gesichter nicht zu vergessen!) einen wahren Blickfang darstellen, müssen sie reihum mit allen Teilnehmern einer französischen Gruppe posieren. Manchmal muss eine Pause eingelegt werden, weil ein Kamel im Hintergrund seinen Kopf abgewandt hat. Die Gruppe räumt den Platz gerade rechtzeitig für ein deutsches Pärchen, das von Kamelrückenhöhe aus versucht, die Videokamera ruhig zu halten. »Das geht nicht, Schatz, das wird ganz verwackelt.« Die zwei Turbane werden bald alle Fotoalben zwischen Bordeaux und Bremen zieren.

Das Ungewöhnliche an diesem Motiv war, dass es nichts gekostet hat. Eine Seltenheit in Zeiten globaler Vermarktung. Die vielen Touristen haben nämlich einer alten Profession neue Konjunktur beschert: dem Handaufhalten. Bettelnde Kinder, die am Arm zerren und eifrig fluchen, wenn man sich zu zahlen weigert. Sadhus, die Kälber mit fünf Beinen oder zwei Schwänzen hinter sich her zerren und als Honorarliste für ein Foto einen Zettel hervorkramen, der mit einem binären Code voll geschrieben ist: 100 –100 – 100 – 50 – 100 – 50 –100. Wer nur 20 Rupien zahlt, wird mit wütenden Protesten in ein beharrliches Feilschen verwickelt, aus dem nur der Sadhu als

Gewinner hervorgehen kann. Je mehr die Einheimischen begreifen, dass das Glück des Touristen von einem gelungenen Foto abhängt, desto mehr werden sie verlangen, um sich abzuklopfen und aufzustellen. Und eines Tages wird die Welt nur noch aus Fotografierenden und Fotografierten bestehen.

Den Sadhu von der Teufelswand habe ich wieder getroffen. Er winkte mich zu sich heran, als ich früh am Morgen um den See herum spazierte. Sein Arm stach aus einem Bündel heraus – er hieß mich Platz nehmen. Er sprach ein paar Brocken Englisch, denn er war bis zur zehnten Klasse in die Schule gegangen. Danach, mit 16, sei er Sadhu geworden. Das ganze Land habe er seitdem bereist, aber im Himalaja, dem Heim des Schnees, gefalle es ihm am besten. Wieso er Sadhu geworden sei, fragte ich ihn und erhielt eine überraschende Antwort: »Freier Geist, frei. Gefällt mir. Andere Leute arbeiten 24 Stunden. Gefällt mir nicht. Rauchen, essen, schlafen. Genug. Gefällt mir.« Seine Eltern seien arme Bauern in dem Bundesstaat Uttar Pradesh gewesen. Sie hätten sich ein Leben lang abgerackert, ohne es zu etwas zu bringen. Da gehe es ihm doch erheblich besser. Der Sadhu namens Mahendra lachte und bot mir einen Tee an. Dann warnte er mich vor den *pandas*, den Priestern an den *ghats*, den Treppen, die rundum an 52 Stellen zum See hinabführen. Sie würden die einfachsten *pujas* – Zeremonien zu Ehren der Götter – mit den hochtrabendsten Namen versehen, eine schier endlose Liste von nötigen Opfergaben aufstellen und schließlich ihr Getue mit einer exorbitanten Preisforderung krönen. »Wenn du ihnen nicht aus dem Weg gehst«, sagte er, »werden sie dich nicht zur Ruhe kommen lassen.«

Einige Tage noch wird Mahendra auf dieser Plattform oberhalb der *ghats* verbringen, wird morgens um vier nach Notdurft und Gebet in den See tauchen und diesen Vorgang bei Sonnenuntergang wiederholen. Ansonsten wird er daliegen, ein wenig schwätzen, ein wenig betteln … seine Freiheit genießen.

Pushkar im November ist ein staubiger, lauter und etwas unübersichtlicher Schnellkurs in Sachen Indien. Das Profane vermischt sich mit dem Heiligen, das Urzeitliche mit dem Modernen, die Stille mit der Kakophonie. Bei Vollmond nehmen die Gläubigen – vedische Strophen singend und in eine Schneckenmuschel blasend – zum günstigsten aller Zeitpunkte ihre rituellen Waschungen vor. Wenn ihre Farben sich zurückziehen, schimmert der See wie ein unergründliches Versprechen, läuft über der riesigen Leuchttafel auf der anderen Uferseite weiterhin die rote Neonschrift mit den Warnungen und Aufforderungen des Fremdenverkehrsamtes:

»Verschmutzen Sie den See in keiner Weise! Respektieren Sie das Heiligtum!«

Jeder respektiert es, und jeder macht damit seine Geschäfte; jeder ist ein wenig ergriffen, und jeder versucht, die Besucher ein wenig auszunehmen. Und in alldem sieht nur der Europäer einen Widerspruch.

Im Zeichen der Drachen: Flugstunden zur Sonnenwende

Nichts auf dieser Welt kann mich von deinem Herzen trennen. Der Drachen mag fliegen, aufsteigen und hinabstürzen, doch seine Schnur liegt fest in meinen Händen.

Lord Krishna an seine Geliebte Radha

Die Heldin sieht
die Schatten eines Drachen
an den Wänden des Hofes.
Sehnsüchtig rennt sie
der flüchtigen Form hinterher,
sie zu berühren,
in den Armen zu halten.

Vers des Dichters Bihari

Die Drachen haben die Vögel vertrieben. Nur selten traut sich eine Krähe über die Altstadt, hoch oben, in sicherem Abstand zu den grellen, flatternden Wesen, die an einer tödlichen Leine hängen. Auch die Adler, die am Vortag noch majestätisch ihre lauernden Runden drehten, sind verschwunden. Die bunten Rhomben blenden sogar die Sonne aus. Der Himmel gehört allein ihnen und den Menschen, die auf Dächern stehen oder vielmehr hüpfen, schreien, springen, fuchteln und jubeln. Sie werden ihre Dächer nicht verlassen. Hier werden sie ihre Mahlzeiten einnehmen und sich der einzigen Tätigkeit widmen, die an diesem Tag etwas zählt: dem kämpferischen Flügelschlag, der wagemutigen Flugkurve. Eine ganze Stadt lässt alles stehen und liegen, um sich einem nebensächlichen Ding zu widmen? Vielleicht geschieht so etwas nur in Indien: am 14. Januar, zu *Makar Sankranti,* dem größten, ältesten und extravagantesten Drachenfest der Welt.

Drachen haben in Indien Tradition. Im Frühling, zwischen Januar und April, lässt man sie im ganzen Land steigen, um die Sonne willkommen zu heißen. Doch nirgendwo so eifrig wie in Ahmedabad. Wen ich in dieser Viermillionenstadt auch frage, ob Professor oder Kleinhändler, keiner weiß genau, wieso der

Beginn des Frühlings, die Sonnenwende, gerade mit Drachensteigen gefeiert wird. Es sei nur zum Spaß, beteuern viele. Mit Religion habe es nichts zu tun. Zudem eigne sich das Wetter – die leichte Brise, die klare Luft. Gewiss, der 14. Januar, die Tagundnachtgleiche, gilt als gesegneter Tag, denn von nun an wird die Sonne wieder nach Norden ziehen, auf dem *davayan*, dem Weg Gottes. Schon der große alte Herr Bishma, Urahn der verfeindeten Familienclans im Epos *Mahabharata*, hat bestimmt, dass er an diesem Tage sterben wolle, um als gute Seele in den Himmel zu gelangen. Und die Brahmanen, die oberste Schicht im Kastensystem, lassen sich an diesem Tag seit Jahrtausenden mit *ladoos* (Sesambällchen) beschenken, die eine Münze oder ein kleines Schmuckstück enthalten. So erlauben sie den Angehörigen niederer Kasten, durch Gaben Verdienste zu erwerben, ohne dass der Wert des Geschenkes offen kundgetan wird. Was auch immer der Grund sein mag: In Ahmedabad findet die vielen Kulturen eigene Lebensfreude anlässlich des Frühlingserwachens eine ungewöhnliche Ausdrucksform.

Drachen wurden nicht in Indien erfunden. Im Ahmedabad Kite Museum kann man nachvollziehen, wie sich das Fluggerät von China aus, wo es etwa um 200 vor Christus erfunden wurde, im Mittelalter fast gleichzeitig nach Indien und Europa ausbreitete. Die Chinesen haben Drachen in vielfältiger Weise verwendet: als Postkutsche, als psychologische Waffe, als Messhilfe sowie als eine Art Bomber. Marco Polo hat der Technik des Drachenfliegens einige Seiten gewidmet. Kurz nach seinem Bericht taucht Anfang des 14. Jahrhunderts der Drachen zum ersten Mal in einer indischen Schrift auf. In einigen Versen besingt der Dichter Namdev die Freude am Drachenfliegen. 300 Jahre später benutzt der Poet Manzan zum ersten Mal den heutigen Namen *patang* und weist dem Drachen einen zentralen

Platz in seiner Liebesmetaphorik zu. Die vielen entsprechenden Szenen in der nordindischen Miniaturmalerei, die sich beharrlich der Minne widmete, lassen vermuten, dass der Drachen oft als Übermittler von Liebesbotschaften verwendet wurde. Auch die weltlichen Herrscher, vor allem die Mogulen, nahmen sich des Drachens an. Sie sponserten Wettkämpfe und belohnten die Sieger mit großzügigen Prämien. Die sagenhaft reichen Maharadschas von Jaipur ließen Drachen zu Ehren der Götter steigen. Sie ersannen eine elegante Art der Sozialhilfe: 27 Gramm Gold, Silber und Bronze wurden an den Schwanz gehängt, und derjenige unter ihren Untertanen, dem es gelang, einen abgestürzten Drachen zu erbeuten, konnte von dem Erlös ein ganzes Jahr lang leben.

Immer wieder sind *patangs* in hinduistischen Texten besungen worden, angefertigt werden sie jedoch überwiegend von Moslems aus dem Bundesstaat Uttar Pradesh. Einige Wochen vor dem Fest ziehen sie von Lucknow, Rampur oder Bareilly nach Ahmedabad und üben dort ihr seit Generationen innerhalb der Familie gepflegtes Handwerk aus. Die Herstellung eines normalen Drachens erfordert schnelle Präzisionsarbeit. In strikter Arbeitsteilung dauert es weniger als eine Minute, das farbige Seidenpapier anhand einer hölzernen Form zuzuschneiden, aus dünnen Bambusstücken einen biegsamen Rahmen mit dem Papier zu verleimen, zu spannen (und die Rückseite mit kleinen Papierfetzen als Sicherung zu bedecken) sowie zum Schluss den Schwanz anzukleben. Billigere *patangs* werden aus weggeworfenem Einwickelpapier hergestellt – durch die Lüfte schwirren Britannias Biskuits oder Halls Honig-Zitronen-Hustenbonbons. Besonders beliebt sind Drachen mit dem Konterfei berühmter Kricketspieler oder Filmschauspieler. Aber das sind Extravaganzen, über die der Traditionalist nur die Nase rümpfen kann. Ihm kommt es beim Kauf allein auf die Stabilität und die Flugeigenschaften an. Väter demonstrieren ihren Kindern, worauf sie zu achten haben. Die falsche Wahl des Materials kann auch von dem geschicktesten Drachenlenker nicht mehr gutgemacht werden.

Makar Sankranti ist ein wahres Volksfest. Bei Preisen von etwa fünf Pfennigen für die einfachen Drachen können sich selbst Straßenkinder an dem allgemeinen Kräftemessen beteiligen. Drachen steigen lassen, wie es hier betrieben wird, ist keine meditative, solitäre Angelegenheit, aber auch keine Flugschau. Während der europäische Drachen so ruhig durch die Lüfte segelt, als würde er gleich einschlafen, bleibt sein indisches Pendant keinen Augenblick still. Man hat den Eindruck, die Drachen würden tanzen, so sehr flattern sie umher, ehe sie wie Raubvögel herabstoßen. Drachen steigen lassen bedeutet in Indien stets Drachenkampf. Jeder versucht, den anderen »abzuschießen«, indem er dessen Leine durchschneidet. Beim Luftkampf gewinnt stets der schnellere Drachen, dessen Schnur bei Berührung die Schnur des langsameren durchschneidet.

Zu diesem Zweck muss die Schnur zuvor mit einer Paste namens *manjha* versehen worden sein, die aus klebrigem Reis, Farbe und zermalmtem Glas besteht. Für Traditionalisten ist es eine Selbstverständlichkeit, sich *manjha* nach Maß von einem Spezialisten anfertigen zu lassen, der meist von weither zu diesem Fest angereist ist. Der Spezialist hat sich in der Innenstadt ein zentrales, doch zugleich etwas abgeschiedenes Plätzchen im Sonnenlicht gesucht, das er für zwei Wochen von den Anwohnern mietet. Dort rammt er zwei Pflöcke in die Erde, die zu beiden Seiten mit Querverstrebungen versehen sind. Die Leinenschnüre werden zwischen die Pflöcke gespannt und aufgerollt, während einer der Lehrlinge mit bloßen Händen die *manjha*-Masse auf die Schnur verteilt. Der Kenner bringt die Schnur seiner Wahl hierher und bestellt eine *manjha* von einer gewissen Mischung und Farbe. Eine halbe Stunde später glänzt die Schnur rötlich, zum Schneiden bereit. Heutzutage sind viele Käufer leider dazu übergegangen, beim Händler gleich die fertige Schnur zu erwerben. Weniger aus Sparsamkeit als aus Bequemlichkeit, denn die *manjhawallahs* verlangen umgerechnet nicht einmal einen Euro für 1000 Fuß Schnur.

Was immer und wo immer man auch einkaufen mag, *kite shopping* wird mit einer Vehemenz, Hingabe und Hektik betrieben, als würden Weihnachten und Sommerschlussverkauf zusammenfallen. Es wird nicht am falschen Ort gespart. Selbst ein versierter Flieger versorgt sich mit mindestens 30 Drachen. Am Abend des 13. Januar lässt sich die Hauptstraße in der Altstadt kaum passieren. Jeder Quadratmeter am Straßenrand ist von kleinen Kiosken, Buden und auf dem Boden ausgebreiteten Waren bedeckt. Die Menschen sind eine einzige Masse, aus der die Drachen herausragen – ein Farbenspiel im Zwielicht von Scheinwerfern und Gaslampen. Mofas stehlen sich durch den Stau, die Hintermänner von *patangs* bedeckt, als seien sie hinduistische Engel, mit tausend Flügeln versehen. Und in Motorrikschas sitzen Männer, die einen bananenstaudenförmigen Haufen Rollen in ihrem Schoß halten.

Fast alle Straßenhändler haben in den letzten Wochen umgesattelt. Von Obst, Gemüse, Nüssen oder Gewürzen auf Drachen, Rollen, Schnüre und Fingerhüte. In manchen Gassen wird nichts anderes verkauft. Während des Festes haben ihre Läden die Nacht hindurch geöffnet. Manche von ihnen verdienen in diesen drachenverrückten Tagen genug, um durchs ganze Jahr zu kommen.

Der 14. Januar beginnt gemächlich. In der Frühe wird gekocht, vorbereitet, geübt. Gegen Mittag versammelt sich die ganze

Schar der Familienangehörigen bei den Verwandten, die das strategisch am günstigsten gelegene Dach besitzen. Kassettenrekorder, von brandneuen Batterien betrieben, werden hinaufgetragen. Gerüche nach Sesamplätzchen und Gemüseeintopf beginnen sich auszubreiten. Maulik Joshi, Restaurantbetreiber, Journalist und Drachenenthusiast seit Kindheitstagen, zeigt mir auf seinem Dach, wie man den Drachen überhaupt startet. Mir gelingt es zwar durch abwechselndes Ziehen und Loslassen, Aufwind zu erhalten, doch kaum lugt mein Drachen über andere Dächer, wird er sofort und gnadenlos zu Fall gebracht. Er taumelt dahin, aufmerksam von einer Gruppe Kinder verfolgt, die ihn mit Kriegsgeschrei und langen Stöcken zu erbeuten suchen. Die Jagd nach herrenlosen Drachen habe erheblich nachgelassen, sagt Maulik Joshi etwas wehmütig. Als Junge sei er noch von Dach zu Dach gesprungen, um einen Drachen zu ergattern. Heute müsse der Drachen seinen gesättigten Kindern schon direkt in die Hände fallen.

Der versmogte Himmel füllt sich allmählich mit Drachen, hinter denen in allen Richtungen unzählige Schlote aufragen. Ahmedabad galt einst als das »Manchester des Ostens«, aber heute sind weniger als die Hälfte der Textilfabriken noch in Betrieb. Unter uns zerteilt der Fluss Sabarmati die ehemalige Hauptstadt Gujarats in die östliche Altstadt und die westlichen Vororte, die zum Teil mit moderner Architektur aus den 1960er-Jahren aufwarten, als weltberühmte Architekten eine funktionelle Geradlinigkeit etablierten. Folgerichtig schuf Le Corbusier nur 20 Kilometer von Ahmedabad entfernt eine neue Hauptstadt, die nach Gandhi benannt wurde. Zwar befindet sich sein berühmtes Satyagraha Ashram am Flussufer, die Stadt lässt aber weiterhin Gandhis Beseeltheit vermissen.

Den Nachmittag verbringe ich auf dem Dach der Familie Soni mitten in der Altstadt. Der Vater Bachubhai arbeitet in einer Bank, sein ältester Sohn Mitesh als Mechaniker, sein jüngerer Sohn Pankaj als Goldschmied. Das Dach der Sonis ist flach und mit einem Geländer versehen. Nicht alle Familien haben so sichere Dächer. Wenn man beobachtet, wie sehr die Jugendlichen in den Kämpfen und Späßen aufgehen und wie nahe sie der Dachkante kommen, kann man sich vorstellen, wieso es jährlich einige Tote und viele Verletzte gibt. Stürze vom Dach sind allerdings nicht die einzige Gefahr. Mein Führer Dadoobhai hatte mir gleich nach meiner Ankunft die Narbe gezeigt, die sich fast über seinen ganzen Hals erstreckte. »18 Stiche«, sagte er stolz, »fast wäre ich gestorben. Ich fuhr auf meinem Mofa, als mich die Drachenschnur am Hals erwischte. Sie schneidet wie ein Messer. Ich habe versucht, sie mit der Hand abzuwehren – sie schnitt mir in die Finger. Ich habe mich irgendwie von ihr befreien können, aber beim Wegfliegen riss sie mir noch ein Stück vom Ohrläppchen ab.«

Auch kann die Leidenschaft und Begeisterung schnell in Gewalt umschlagen. Wie, erlebe ich auf dem Dach der Sonis. Ein besonders schöner Drachen ist auf dem tiefer gelegenen Dach der Nachbarn gelandet. Ein Junge aus der weit verzweigten Verwandtschaft springt hinab; das Wellblech gibt nach, bricht ein. Der Junge kann sich in Sicherheit bringen, aber er hinterlässt ein kübelgroßes Loch. Die Nachbarin lehnt sich aus dem Fenster und schimpft. Die aufgedrehten Drachenbegeisterten hingegen ergreifen für den Übeltäter Partei. Das Öl ist erfolgreich ins Feuer gegossen. Minuten später lehnen sich alle über Brüstungen oder aus Fenstern heraus und beschimpfen sich eifrig. Nun sind die Nachbarn der Sonis wie sie selbst Hindus, so dass der Streit nur verbal endet, wie er begann. In einem anderen Stadtteil aber, wo Hindus neben Moslems leben, kann ein solcher Streit schnell in Gewalt umschlagen. Der Ärger über zerschnittene Schnüre, geraubte Drachen oder beleidigende

Zurufe hat in der Vergangenheit oft zu blutigen Zusammenstößen und Todesfällen geführt. 1969 war das schlimmste Jahr mit Hunderten von Toten. Danach verhängte die Polizei über zwei Jahrzehnte hinweg bei jedem *Makar Sankranti* eine Ausgangssperre und zeigte Präsenz. Auch bei meinem Besuch patrouillierten schwer bewaffnete Truppen durch die Straßen; einige waren sogar auf den Dächern postiert. In den letzten Jahren ist es ruhiger geworden. Doch das sei keineswegs, meint Dadoobhai, eine Garantie für Frieden. Es könne jederzeit wieder zu Gewaltausbrüchen kommen. Die natürlich nicht immer so spontan sind, wie sie scheinen. Meist werden Streitigkeiten aufgrund von handfesten politischen Interessen entfacht und die daraus entstehenden kommunalen Unruhen von der Regierung sowie der Opposition dazu benutzt, den jeweils anderen zu diskreditieren.

Am 15. Januar nehmen sich die meisten frei. Nur in Behörden und staatlichen Firmen wird gearbeitet. Am späteren Nachmittag sind wieder alle – wirklich alle, inklusive Großmütter und Kleinkinder – vom *patang baaz*, dem Drachenfieber, erfasst. Auf den Dächern kann man sich nicht bewegen; der Himmel ist vor lauter Drachen nicht zu sehen. »Eine Million Drachen«, schwört der amerikanische Drachenliebhaber Tal Streeter, »schwirren in diesen Tagen durch die Luft.« – Zumindest wirkt es wie eine Million. Jeder jagt jeden, die Kämpfe dauern selten mehr als einige Sekunden; für ausgiebigere Duelle sind einfach zu viele Drachen unterwegs. Nach dem spektakulären Sonnenuntergang werden mancherorts Trommeln oder Feuerwerkskörper aufs Dach geholt. Mit eindringlichen Rhythmen und bunten Explosionen wird Abschied vom Drachenfest gefeiert. Einige lassen noch Laternen steigen. Diese Drachen – in ihrer Form einem Bandoneon nicht unähnlich – tragen eine brennende Kerze in die Lüfte. Sie werden an der

Schnur eines stabilen und sehr hoch steigenden Drachens befestigt, bevorzugt sieben an einem Strang. Die Lichterkette steht ruhig über den Dächern der Stadt, ein wunderbarer Anblick, der jäh zerstört wird von Nachbarn, denen die Kampflust auch nach zwei intensiven Tagen noch nicht vergangen ist.

Am nächsten Morgen ist die Stadt von Drachen bedeckt. Von Fernsehantennen aufgespießt, von Strom- und Telefonleitungen zu bunten Fetzen zerrissen. Und die Luftwurzeln der uralten Banyanbäume scheinen reichlich Frucht zu tragen.

Die zehn Tage des rüsseligen Herrn: Das Fest des Elefantengottes Ganesh

Herr, wir kennen uns seit dem Anfang vom Jemals. Ja, wir haben Fußball gespielt, gerungen, uns mit Ladoos verköstigt und Sherbet getrunken; wir haben den halben Tag mit Lachen verbracht. Es war eine entspannte, freundliche Beziehung: Ich wusste, du bist der Boss, der große Häuptling, und du wusstest offensichtlich, dass ich dein willigster und demütigster Diener bin. Willkommen, sei mehr als willkommen, mein Herr und Meister Ganeshji, meinem Herzen und meinem Herd, an diesem und anderen Ganesh-Tagen.

Gebet des berühmten Astrologen Bejan Daruwalla

Dort, wo das restliche Jahr über Autos parken, sitzen Idole unter einer Plastikplane in Reih und Glied – Hunderte von ihnen: Ganesh hat auf einem Globus Platz genommen, im Schneidersitz. Zu seinen Füßen liegt der indische Subkontinent. Er hat einen rosafarbenen Bauch und trägt einen roten Schleier. Metallsterne leuchten auf seinem Rüssel. Seine Fußnägel werden gerade lackiert, letzte feine Details angebracht, die Flecken auf einer siebenköpfigen Kobra etwa.

Vor vier Monaten wurde Mr Khatu, der Betreiber der Werkstatt, von altbekannten Kunden aufgesucht. Der Präsident, der Schatzmeister und der Sekretär des Chandanwadi-Vereins nahmen Platz, die restlichen Mitglieder lehnten sich an die Wände; über ihnen waren im offenen Dachstuhl Kronen, Köpfe, Schleier, Arme, Girlanden und Ratten verstaut. Wie im Fundus eines Theaters, das nur eine Aufführung pro Jahr gibt. Die Besucher legten ein Album mit Fotos aus vergangenen Jahren auf den Tisch. Sie hatten einige neue Ideen mitgebracht. 25 Fuß hoch sollte Ganesh dieses Jahr werden. »Wir wollen«, sagte einer der Männer, »den größten Ganesh von Bombay haben.« Vielleicht sagte er nicht »Ganesh«, sondern »Gott« oder »Ganpati«, vielleicht nannte er ihn bei einem seiner anderen tausend Namen. Mr Khatu zeichnete und rechnete. »Ganesh«, so schlug er vor, »sollte mit einem Fuß auf einer riesigen Trommel stehen, das zweite Bein tanzend angewinkelt und zwei seiner Arme ausgelassen nach oben gestreckt.« 150 000 Rupien würde er kosten, um die 2600 Euro. Der Vorschlag wurde angenommen, der Auftrag erteilt. Die Aktivisten des Mandals, einer von etwa 12 000 anlässlich dieses Festes in Bombay gegründeten Vereinen, kehrten in ihr Viertel zurück, um ein zeltartiges Provisorium am Straßenrand aufzustellen, in dem Ganesh für zehn Tage eine Heimstätte finden würde.

Nun, spät am Vorabend des ersten Festtages, warten in der weiträumigen Werkstätte von Mr Khatu die Figuren darauf, abgeholt zu werden. Der letzte Monsunregen trommelt auf die Plane, ergießt sich auf die Wartenden und Drängenden, auf die fliegenden Händler von Mützen, Schals, Stirnbändern und Girlanden, die nur eine Farbe kennen: Orange. Die meisten Ganesh-Figuren gleichen sich aufs Haar: Sie sind aus Gips geformt, der auf Kokosnussgarn aufgetragen und mit Ölfarbe bemalt wird. Einige jedoch haben offensichtlich besonderen Wünschen zu entsprechen: Ein Ganesh trägt fünf schwarze Köpfe; ein anderer reitet seitlings auf einer Ratte, die witternd ihre Schnauze hebt. Mal tötet Ganesh einen mythologischen Dämon, mal einen bösartigen Affen, der Aids symbolisiert. Die Handwerker, Bauern aus nahe gelegenen Dörfern, die jedes Jahr für vier Monate nach Bombay ziehen, liegen erschöpft auf den Paletten. Seit fünf Tagen haben sie kein Auge zugetan. Einer von ihnen holt eine kleine Flasche billigen Gin aus der Hosentasche. Seine rechte Hand ist bandagiert – gebrochen, als ein Idol umstürzte. Er nimmt einen kräftigen Schluck und lässt sich auf die Palette zurückfallen. Er grinst, während aus dem Mundwinkel etwas Gin herabtröpfelt.

Kurz nach Mitternacht rollt der 20-Tonnen-Laster des Chandanwadi-Mandals, drapiert mit Bannern und Bildern, millimetergenau durch die enge Gasse. Auf seiner Ladefläche: Trommeln, Schellen und etwa 50 bis auf die Knochen durchnässte Aktivisten. Trotz des Regens ist ihre Begeisterung unvermindert – die himmlischen Gaben sind göttliche Gaben. Wie eingefleischte Fußballfans skandieren, singen, gestikulieren und tänzeln die jungen Männer im Wettstreit mit denen von anderen Lastwagen. Der riesige Ganesh, nach einem kurzen Gebet transportbereit, soll mit purer Menschenkraft auf den Lastwagen gehievt werden. Der Sockel wird angehoben, Stimmen stoßen Ganpati in die Höhe: »Haltet das Idol!« Auf glitschigem Grund, mit vielen kleinen Schritten, schwankend und trippelnd, wird Ganesh in die Nacht hinausgetragen. »Haltet das Idol!« Derweil drängeln sich Passanten vorbei, Eilige auf

Fahrrädern und Mopeds. Unzählige Fußgänger. Ein Vater mit Baby auf dem Arm dirigiert die Aktivisten, die ihre nachlassende Kraft zu überschreien versuchen. Als Ganesh auf der Laderampe abgesetzt wird, droht er zu kippen. Sofort wird er von hundert herbeigeeilten Armen gehalten. Auf dem Laster wird Ganesh in durchsichtige Planen gewickelt – die heitere Fahrt nach Hause kann beginnen. Hinter dem Lastwagen wartet der nächste Abholer, ein hagerer Mann auf einem Karren, der die Hörner seiner Büffel bemalt sowie mit Glocken und kleinen Ornamenten geschmückt hat.

Neben der Werkstatt, an der Hauptstraße, verkaufen Buden und Kioske Miniaturidole für den häuslichen Gebrauch. Ohne Vorbestellung kann man hier einen Ganesh für umgerechnet etwa fünf oder zehn Euro erwerben. Seit Dezember werden die kleinen Figuren hergestellt. Jeder Laden hat sich auf Ganesh-Krimskrams spezialisiert. Neben Opfergaben (Betel-, Kokosnüsse und Süßigkeiten) werden auch Feuerwerkskörper angeboten. Die Lastwagen haben inzwischen einen Stau verursacht, durch den eine Familie mühsam ihren Karren schiebt, darauf Mädchen mit glitzernden Hütchen und Buben mit Dämonenfratzen. In jeder Nische tanzen junge Männer mit roten Armen, roten Händen, roten Gesichtern und roten Haaren. Es ist wie auf einem Rummelplatz, einer Messe, einer Kirmes. Es gibt jene, die herumtollen, und jene, die beobachten, und mittendrin, weit nach Mitternacht, einen braven Vater, der seine zwei unisono in rosafarbenen Regenschutz gehüllten Töchter mit der einen Hand zu halten versucht, während die andere Hand Ganesh nach Hause eskortiert.

Ek kam sat vipra bahuda vadandi – die Wahrheit trägt viele Namen – heißt es im *Rigveda*, dem wissenden Buch.
Ganapati bedeutet »Herr über die Vielzahl« (niederer Götter).

Gajaanana bedeutet »jener, mit dem Gesicht eines Elefanten«.
Vakratunda bedeutet »mit dem gebogenen Rüssel«.
Lambodara bedeutet »mit fettem Bauch«.
Und *Ekadanta* bedeutet »nur mit einem Stoßzahn«.

Mit seinem einen Stoßzahn, seinem Rüssel, seinem Bauch, mit den runden Augen und den pummeligen Beinen ist Ganesh ein sympathischer Gott – freundlich, niedlich fast. Kein Wunder, dass er das Götter-Ranking in Indien, vor allem in Maharashtra und Tamil Nadu, anführt. An Feiertagen wird er zuerst um Segen angerufen. In der Schule beginnen die Erstklässler das Alphabet mit dem Buchstaben G. Die Gläubigen sagen ihm allerdings auch Verdrießlichkeit und Jähzorn nach, vor allem jenen gegenüber, die ihm nicht den nötigen Respekt zollen.

Ursprünglich war Ganesh ein Naturgeist, zuständig für die Fruchtbarkeit der Felder. Noch heute wird er in abgelegenen Gebieten in seiner ursprünglichen Form als großer schwarzer Stein verehrt, versehen mit einem Paar Augen und zinnoberrot bemalt. Den einst in den Dschungeln des südlichen Indiens lebenden Stammesvölkern galt er – in der bedrohlichen Gestalt eines Elefanten – als »Erschaffer von Hindernissen«, eine Charakterisierung, die sich nach der Vermischung mit den aus Zentralasien eingewanderten Ariern in ihr Gegenteil verkehrte. Ganesh war der letzte Gott, der ins Hindu-Pantheon aufstieg. Zwar bedeutet sein Name wortwörtlich »Gott der niederen Gottheiten«, doch diese theologische Klassifizierung wird durch das im gläubigen Alltag befolgte Prinzip der freien Götterwahl aufgehoben. Wenn er als wichtigster aller Götter, als Allmächtiger erscheint, vereint er den ganzen Kosmos in sich, wobei sein Kopf den Sternen, sein Körper dem Äther und seine Füße der Erde entsprechen. Sein Torso, der menschliche Teil, verkörpert die vergängliche Schöpfung, wogegen der göttliche Kopf die Erlösung darstellt. Oder: Sein ganzer Körper symbolisiert das magische Aum (Om); A für die Beine, U für den Bauch und M für den Kopf.

Um die Geburt von Ganesh ranken sich viele Legenden: Gemäß der schönsten hat seine Mutter Parvati ihn einst aus dem Schorf ihres Körpers unter Hinzunahme von Salben, Ölen und Gangeswasser geschaffen, weil ihr ein Freund und Begleiter fehlte, der nur ihr zur Treue verpflichtet gewesen wäre. Sie bat ihren frisch geformten Sprössling, ihre Gemächer zu bewachen und niemanden hereinzulassen, damit sie in Ruhe ein Bad nehmen könne. Just zu diesem Zeitpunkt kehrte der Ehemann Shiva, der Gott der Zerstörung, heim. Zu seinem Erstaunen wurde er von einem frechen Burschen daran gehindert, seine Frau aufzusuchen. In Rage zückte er sein Schwert und köpfte die Rotznase. Der untröstlichen Parvati versprach er, den Kopf des ersten lebenden Wesens, das ihm im Wald begegnen würde, auf den enthaupteten Leib zu setzen … Als Parvati ihren Jungen mit Elefantenhaupt erblickte, rief sie – ganz die besorgte Mutter – entsetzt aus: »Wer wird einen so hässlichen Gott ehren?« Doch ihr wurde von göttlichen Vertrauten beschieden: »Sorge dich nicht, er wird der Geehrteste unter uns allen werden.«

In seiner heutigen Form verdankt das Fest seine Existenz dem Nationalisten Bal Gangadhar Tilak, der Anfang des 20. Jahrhunderts nach Wegen der kulturellen Selbstbehauptung suchte, die nicht unter die Verbote der britischen Kolonialregierung fielen. Der bis dahin nur privat gefeierte Tag des Ganesh bot eine volkstümliche Möglichkeit, Identität und Selbstwertgefühl zu stärken. Vor mehr als hundert Jahren wurde Ganesh zum ersten Mal öffentlich ausgestellt, angebetet und nach zehn Tagen in einem Gewässer versenkt.

Seitdem hat sich das Fest gewandelt. Es reflektiert wie wohl kein anderes öffentliches Ereignis die Moden und Themen der jeweiligen Zeit. 1999 etwa, nur Wochen nach dem Grenzkrieg gegen Pakistan, dominierten militärische Einlagen die Inszenierungen der Mandals. Immer, wenn ich Schüsse, Explosionen und die schrille Stimme eines Patrioten vernahm, wusste ich, dass die Warteschlange meine Geduld herausfordern würde. Die Organisatoren boten, was die Laufkundschaft sehen und hören wollte. Der gebirgige Kriegsschauplatz Kargil war ein Gipfel des Populismus. Und wenn Kargil und Ganesh zusammenkommen konnten, dann kann alles mit allem in Wechselbeziehung gebracht werden. Die Spielzeugsoldaten schossen ohne Unterlass, eine Kanone ejakulierte Donner, und eine Familie zelebrierte ihre Rituale, ungeachtet des beschädigten Himmels.

Eine weitere wundersame Mischung war beim Shrimant Dagaduseth Halwai Mandal in Pune zu erleben, dem wohl berühmtesten Mandal in ganz Maharashtra, organisiert von einem Verein mit gleichem Namen. Nur einige Schritte von Ganesh entfernt, parken Lastwagen, die alle paar Stunden voll beladen mit Kokosnüssen zum Markt fahren. Der Erlös wird von dem Verein unter anderem zur Unterstützung eines Internats für Kinder von Prostituierten verwendet. Das Heim liegt in einem neueren Vorort der Stadt, der für indische Verhältnisse ziemlich gutbürgerlich wirkt. Die Mütter der Kinder arbeiten meist in Bombay und kommen sehr selten zu Besuch. Während des Festes wird das Tor zum Innenhof nicht geschlossen, denn viele Familien aus der Umgebung kommen, um dem sehr verehrten Idol, das hier seine Bleibe hat, ihren Respekt zu erweisen. Die Kinder der Besucher spielen mit den Heimbewohnern *kabbadi* – ein einfaches, aber sehr spannendes Fangspiel – und Kricket. Die übliche Stigmatisierung der Prostituiertenkinder wird verdrängt, zumindest für die Dauer des Festes aufgehoben.

Wie auch immer sich die Motivation der Menschen geändert haben mag – und es ist unbestritten, dass das Brauchtum von der Massenkultur überflutet wurde –, die Begeisterung für den Elefantengott ist unvermindert. In diesen zehn Tagen gegen Ende des Monsuns bestimmt Ganesh über alle Götter und Menschen.

Vignaharta oder *Vighnanaashin* bedeutet »Zerstörer von Hindernissen«.
Und *Vighnesvara* oder *Vighnaraja* bedeutet »Herr der Hindernisse«.
Pillayar bedeutet »verehrter, nobler Sohn«.

Vor 75 Jahren wünschte sich ein Mann unbedingt einen Sohn. Seine Frau hatte schon drei Töchter geboren, und auch seine Schwägerin hatte nur Töchter zur Welt gebracht. Die Nachfolge der Familie war bedroht. Der Mann wandte sich an Ganesh und legte einen Schwur ab: Wenn meine Frau einen Sohn gebärt, soll Ganesh für alle Zeiten Gast in unserem Hause sein. Der Sohn wurde ihm geschenkt – seit 75 Jahren ist Ganesh zu Gast bei der Familie Desai.

Der geschenkte Sohn ist inzwischen ein pensionierter Herr, Patriarch einer erfolgreichen Familie. Das Meer erstreckt sich vor der gesamten Länge der Fensterfront, als wäre es ein weiteres seiner großen und teuren Gemälde. In diesem Heim wird leise akzentfreies Englisch gesprochen, werden Hymnen auf Sanskrit gesungen. Vor dem Fenster, zwischen Elfenbeinfiguren und Wedgewood-Porzellantellern, haben einige Musiker Platz genommen. Die Gäste trudeln ein, die Damen – in feinen Saris wandelnden Kunstwerken gleich – bringen einem mit Marigold umkränzten Baby-Ganesh Blumen oder einen Geldschein dar, verneigen sich kurz und setzen sich im Schneidersitz auf den Teppich. Die Tochter des Hauses trägt einige *shlokas* (Verse) aus der *Bhagavadgita* über den perfekten Yogi vor. Sphärische Musik, von den Rhythmen der *tabla*, einer Doppeltrommel, geerdet. Nach einiger Zeit, als der Ton wie selbstverständlich durch den Raum schwebt und kein Spätankömmling mehr umständlich über die Sitzenden steigt, scheint der Ort ohne Zeit zu sein, scheinen die Desais samt ihren Bekannten das Ewige an ihrer Tradition zu zelebrieren. In dem fiktiven Raum, den die Anwesenheit von Ganesh im Privatkosmos dieser Familie geschaffen hat. Nur für einen Abend, denn schon am nächsten Vormittag wird er wieder ausgeladen (der Brauch hat auch für Ungeduldige vorgesorgt). Mag Herr Desai einen internationalen Konzern geführt haben, mag seine Frau mit Begeisterung Golf spielen und die Tochter sich dem Import von Luxusgütern widmen, an diesem Abend nisten sie alle behaglich im Unveränderlichen.

So hätte der Abend zu Ende gehen können, wäre der salbungsvolle Gesang nicht von dringlicheren Straßenrhythmen übertrommelt worden. Lasst es uns ignorieren, bedeutete die linkshändige Geste der Sängerin. Es stört doch arg, drückte ihr gequältes Lächeln zwischen zwei Strophen aus. Sie sang lauter, ein Diener schloss die offenen Fenster. Der Straßenlärm war gedämpft, aber nicht ausgeblendet.

Siddhi bedeutet »Erlanger wundersamer Fähigkeiten«.
Vinayaka bedeutet »Beseitiger von Hindernissen« und deswegen »guter Führer«.

Ein tanzender Ganesh mit schwingendem Rüssel kann für alles werben. Für Kühlschränke zum Beispiel. Er kann Menschen erziehen (»Nicht spucken oder pinkeln« steht auf Wänden unter seinem Ebenbild). Er kann die leeren Kassen der Künstler zum Klingen bringen – zur Festzeit zeigen Galerien vielfältige Stilisierungen, während in Gemeindesälen und Kulturzentren traditionellere Figuren ausgestellt werden. Ganesh ist so etwas wie die Mickey Mouse der indischen Massenkultur.

Nicht so in dem Tempel Siddhivinayak, der den am meisten verehrten Ganesh der Stadt beherbergt – ein 200 Jahre altes Idol, zu dem jeden Dienstag etwa 200 000 Menschen und an besonderen Tagen bis zu 800 000 Besucher strömen. Zwar schwirren am Fries der Galerie elektronische Lichterketten, doch trotz Massenbetrieb hat sich der Tempel eine Atmosphäre der Andacht bewahrt. Sanftes Sonnenlicht fließt über den eifarbenen Boden, verstärkt die Farbe der allgegenwärtigen gelben Blumen. Gläubige reichen den Priestern nach zweistündiger Wartezeit ihre Opfergaben – Kokosnuss als Symbol des eigenen Egos, das dem geistigen Fortkommen im Wege steht, Blumen, Süßigkeiten wie *modakh* – die mit Kokosnuss gefüllten Reisbällchen gelten als die Lieblingsspeise von Ganesh – und Räucherstäbchen als Symbole der Sinne. Die Priester legen die Gaben in effizienter Fließbandarbeit auf die Balustrade vor dem Idol, das von den Göttinnen Riddhi und Siddhi flankiert wird, die für Unverletzlichkeit, Erfüllung und Wohlstand stehen, lassen sie einige Sekunden dort liegen und reichen sie an die Gläubigen zurück. Hinter dem Gedränge sind manche im Gebet versunken.

Hier, wo das Fest seinen religiösen Kern noch nicht verloren hat, kann mich mein Lehrer, der Sanskritprofessor Uphadhyayaji, daran erinnern, dass den alten Lehren gemäß weder große Figuren noch teure Aktivitäten nötig sind. Der Gläubige kann das Ritual in Gedanken begehen, als *manas puja* – als reine Vorstellung, ohne Kokosnüsse, Süßigkeiten oder Räucherstäbchen. Selbst die Blumen, die er überreicht, duften nur in der Fantasie seiner Hingabe. Ein virtuelles Gebet, ganz ähnlich der *puja*, die der Gläubige mit einem Mausklick auf der Website http://www.siddhivinayak.org des Tempels an die Gottheit richten kann. Doch die Gläubigen in der Schlange, die sich um den Tempel windet, wollen bestimmt nichts von *manas puja* hören. Und auch der Vorraum des Tempels spricht diesem Konzept Hohn: Hügel von Kokosnüssen werden entzweigehackt, in kleinere Stücke geschnitten und schließlich mit einer etwas altmodischen Apparatur geraspelt. So viele offene Handflächen müssen zum Abschied gefüllt werden.

Sumukha bedeutet »glückbringendes, angenehmes Antlitz«. *Heramba* bedeutet »Beschützer der Sanften«.

Der Gemüsehändler, der wie ein aufmerksamer Vogel über seiner Ware hockt, Flachkörbe voller Ingwer, Tomaten, Okra und Koriander, hat uns eingeladen zu einer jener lauten, deftigen Prozessionen, die abends durch die Straßen ziehen, um Ganesh zum Meer zu begleiten. In der Gasse tanzt ein Pferdemann, indem er seinen Hinterleib kreisen lässt. Sein Gesicht ist zu einer Maske geschminkt. Neben ihm ein Pfau, das Antlitz hinter Federn versteckt. Die Trommler sind schon mit roter Farbe beschmiert. Zum Aufbruch verteilen die Väter aus Familienpackungen genug Pulver, um die Welt einzustauben. Ganesh sitzt auf einem blumengeschmückten Karren – von den Männern gezogen, von den Frauen geschoben. Die Prozession bewegt sich immer nur wenige Schritte voran, dann scheren die Trommler aus, die Tänzer drehen und wenden sich, eine weitere Prozession schließt sich an, bis wir uns in einem Zug ohne Anfang und Ende befinden.

Auf der Hauptstraße wird ein Seil gespannt, das die Gruppe vor dem Verkehr schützt. Zwischen den Tänzern wandert eine Flasche Fusel. Das Pferd und der Pfau tanzen unentwegt, wie Kreisel, die kein Innehalten kennen. Stunde um Stunde, von den letzten spitzen Sonnenstrahlen über der weichen Dämmerung bis zu den grellen Kegeln der Neonlaternen. Immer wieder legt ein eifriger Tänzer provozierend einen Geldschein auf die Straße, den das Pferd umtänzelt, aufrecht, gebeugt, in der Hocke, immer schneller rotierend, auf den Knien, bis es den Schein mit den Zähnen aufgegabelt hat.

Innerhalb des Seils werden alle Hemmungen ausgeschwitzt. Spät am Abend beginnen auch die Frauen zu tanzen, allein, in einem sicheren Abstand zu den Männern. Die Kinder werden auf Schultern durchgeschüttelt, die Schreie zu Ehren Ganapatis kochen über. Ein Tanz durch rote Wolken, der aus vielen kleinen Crescendos besteht, der in dem Höhepunkt des Abschieds endet.

Vikata bedeutet »der mit der monströsen Form«.
Visarjan bedeutet »weggehen, loslassen, vermengen, versinken«.

Am Chowpatty-Strand – zu beiden Seiten die Wolkenkratzer eines aufstrebenden Indiens – ist der Sand nicht zu sehen, nur die Absperrungen der Polizei, die zwei Millionen Menschen in Bahnen lenken sollen. Ganesh wird ein letztes Mal angebetet: Löcher werden in den Sand gegraben, um ein windgeschütztes Feuer zu zünden. Das Licht kreist dreimal vor seinen Augen, dann wird der Gefeierte von einigen Familienangehörigen – dem Familienvater meist, der sich bis auf eine etwas altmodische Unterhose ausgezogen hat, und trotz Schmerbauch und Hohlkreuz nicht unwürdig, nicht ohne Stolz wirkt – ins Wasser getragen. Danach hüpfen Familienväter im Wasser herum, bis sie von weitem nicht mehr von ihren herumtollenden Kindern zu unterscheiden sind. Dann waten sie zu ihren Frauen zurück, schießen Fotos mit sich überschlagenden Fingern und verweilen noch einige Minuten am Strand, für kurze Zeit aller

Sorgen entledigt. Später schieben sie ihren leeren Karren mit weitaus weniger Energie nach Hause, schweigsam einer neben dem anderen. Ihre Gesichter leuchten vom Glanz wahrer Gefühle. Selbst Lumpen werden an diesem Tag mit königlicher Haltung getragen. Ganesh befördert die Untergeordneten, erhebt die Erniedrigten – salbt ihre Wunden. Aber was geschieht am Tag danach? Beim großen Kater? Wenn der Karrenschlepper wieder fast von Abgasen erstickt wird und der Bauarbeiter sich mit aller Kraft an das schwankende Gerüst klammert. Einmal im Jahr wird ein Traum gelebt, dann sogleich vertagt. Und die Wunden beginnen wieder zu eitern.

Vom Wasser aus wirkt der Strand – mit der Düne, auf der schmale orangefarbene Fahnen wehen, geschmückte Wagen stehen, Schreie sich vermischen und in Intervallen Platz lassen für heftige Gesänge – wie ein mittelalterliches Schlachtfeld. Wenn man sich nähert, tut sich einem jedes Detail der Täuschung auf: Die wallenden Farben stammen von Blumengirlanden, der Rauch von Räucherstäbchen, die Schreie sind frohlockend; die Gesänge in oberer Tonlage klingen wie Sauflieder, die in unterer Tonlage wie liturgische Choräle. Ekstase und Versenkung teilen sich den Strand.

Während die kleinen Ganesh-Figuren sofort untergehen, ragen die gewaltigen Idole der Mandals stundenlang aus dem Wasser, präsentieren sich ein letztes Mal den staunenden Massen und den Fotografen, werden von den Aktivisten abgeschminkt und warten in der Gesellschaft dieser Begleiter auf die Fluten des Indischen Ozeans. Irgendwann werden die Wellen sie im Vollmondlicht stürzen, wird das salzige Wasser den Gips auflösen. Am nächsten Morgen, wenn Freiwillige den Strand säubern, findet sich nur noch vereinzelt ein Arm oder eine Krone. Ganesh ist für ein Jahr vergangen.

3

Natur

Ob bei den Bishnoi, den Adivasi oder den Hindus – Religion und Tradition gebieten den Respekt vor der Natur und einen schonenden Umgang mit ihren Ressourcen. Daran gemahnt das Tulsipflänzchen vor Häusern und Tempeln. Auch die althergebrachte Heilkunde des Ayurveda ist aus dieser ganzheitlichen Philosophie entstanden. Doch Modernisierung, Verstädterung und Egoismus fuhren wie uberall auf der Welt zu blinder Zerstörung. Alle Jahre wieder lässt der Monsun solche Regenmassen nieder, dass man vermuten könnte, zur Strafe sei eine Sintflut uber das Land hereingebrochen.

Der Glaube an die Natur: Bei den Bishnoi in Rajasthan

O Gott, nach meinem Tod, mache aus mir weder Ochse noch Pferd,
die müssen so arg von früh bis spät ackern.
Lass mich kein Frosch sein, der ein Leben lang im Brunnen quakt,
Und kein Hund, der überall herumstreunt und bellt.
Auch kein Schwein, Herr, das im Schmutz sich suhlt.
Mach aus mir ein Reh, einen freien Geist der Natur, aber bitte nur,
wenn ich nahe eines Bishnoi-Dorfes leben darf.

Ein Bishnoi-Gedicht

Die RSO-Behörde hat gerade ein von der UNESCO finanziertes Projekt über einige heilige Haine in Rajasthan zu Ende gebracht. Die Projektaktivitäten beinhalteten eine Mikrostudie der Bishnoi-Gemeinschaft hinsichtlich Umweltschutz und Management der Biodiversität in Peepasar, dem Geburtsort von Lord Jambeshwarji, Gründer der Bishnoi-Sekte.

Aus einem indischen Zeitungsartikel

Salman Khan, muskulöser Jugendschwarm und Liebhaber der schönsten Frau Indiens, wollte sich in einer Drehpause ein wenig Entspannung gönnen. Er raste mitten in der Nacht mit einigen Freunden durch die Halbwüste, auf der Suche nach Rehen. In einem hochgestellten Geländewagen; mit importierten, speziellen Sportgewehren im Anschlag und Nachtsichtteleskopen als Visier. Die Jäger hätten nicht besser ausgerüstet sein können. Trotzdem hatten sie erst eine Chinkara, eine jener grazilen indischen Gazellen, erlegt, als die Nacht eine unerfreuliche Wendung nahm. Sie wurden von einer großen Gruppe erboster Bishnoi überrascht, die den berühmten Schauspieler festnahmen und den Behörden übergaben. Denn Jagd in welcher Form auch immer, ist in Indien seit Anfang der 1980er-Jahre streng verboten.

Am nächsten Tag prangte das Foto des ertappten Kinostars in Polizeigewahrsam auf allen Titelseiten. Die Journalisten erklärten ihren Lesern, die Gazellen seien den Bishnoi heilig, so heilig, dass sie bereit seien, zum Schutz dieser Tiere ihr eigenes Leben zu opfern. Es habe schon unzählige Märtyrer gegeben. Die Bishnoi seien eine ökologische Glaubensgemeinschaft und somit Naturschützer der ersten Stunde. Fasziniert von dieser Geschichte, brach ich bald darauf nach Rajasthan auf, um etwas mehr über diese wundersame Gemeinschaft zu erfahren.

Am Tag vor meiner Ankunft in dem Dorf Bhawad, eine Autostunde nördlich von Jodhpur gelegen, war eine Massenhochzeit gefeiert worden. Cheneram Kileri, Großvater und Patriarch des Familienclans, hatte alle seine 20 Enkelinnen und Enkel auf einmal unter die Haube gebracht; auch jene, die erst wenige Lebensjahre zählten. Zum Vollzug der Ehe komme es erst, beruhigte er mich sogleich, wenn die Mädchen das 16. Lebensjahr vollendeten. Er hatte auf seinem Gehöft 2000 Gäste bewirtet, Gäste, die teilweise eine Tagesreise entfernt lebten und daher auch untergebracht sein wollten. Cheneram Kileri hatte alles aus eigener Tasche gezahlt, auch die nicht unerhebliche *maira* (eine Art Mitgift in Höhe von 40 000 Rupien – das entspricht etwa 1000 Euro – und 70 Gramm Gold). Dem alten Mann war die Erschöpfung anzusehen, aber auch die Erleichterung. Er hatte die letzte große Aufgabe seines Lebens mit Bravour erledigt. Nun konnte er sich beruhigt unter dem Khejribaum, dem heiligen Baum, auf einem der *charpoy*-Betten, deren Liegefläche aus nachgiebigem Flechtwerk besteht, ausstrecken und mit einigen engen Freunden palavern, die noch etwas länger geblieben waren. Cheneram sei ein guter Mann, äußerte ein betagter Gast. Er sei nicht geizig, überhaupt nicht geizig. Die Versammelten sprachen eine Weile über das Fest, dann wurde das Abendessen serviert. Angesichts der vielen Gäste wurde es ausnahmsweise draußen verzehrt.

Beim Essen erhielt ich einen ersten Anhaltspunkt dafür, wieso der Khejribaum als heilig gilt. In dieser trockenen Region dient ein Gemüse namens *sangri*, das aus seinen Früchten gekocht wird, als Grundnahrungsmittel. Im Sommer, wenn es sonst wenig zu essen gibt, werden die getrockneten Bohnen verzehrt. Der tief wurzelnde Baum kommt fast ohne Wasser aus; er verhindert Erosion und bleibt selbst nach einem der gewaltigen Wüstenstürme aufrecht stehen. Zum Gemüse gab es *sogra* – große, dünne Fladen, die aus einem robusten Getreide namens *bajra*, einer Rohrkolbenhirse, gebacken werden. *Bajra* wird in der Monsunsaison ausgesät und kommt mit nur einer Woche Regen aus. Berücksichtigt man noch die fette Milch der Büffel und die großzügige Portion Salz, so hat man das tägliche Essen der Bishnoi und mein Menü an diesem Abend vor Augen.

»Der Name Bishnoi«, erklärte mir Cheneram Kileri als Erstes, »bedeutet 29, die Zahl jener Gebote, die der Prophet Jambeshwar 1490 seinen Anhängern übergab. Jambaji, wie der Religionsstifter verkürzt genannt wird, war ein Findelkind. Ein hoch gestellter Rajput, also ein Fürst, mit Namen Lot hatte ihn eines Tages vor seinem Haus aufgefunden. Das Kleinkind war taubstumm, zu nichts anderem zu gebrauchen, als die Herden zu hüten. So wuchs er auf, versorgt, aber allein gelassen. Im Alter von 34 Jahren begegnete er im Wald zufällig dem berühmten Guru Gorak Natji, mit dessen Hilfe er die Sprache wiedererlangte. Nun verstand er alles, aber er schwieg weiterhin.« Cheneram Kileri blickte mich prüfend an, ob ich den Hintersinn der Legende bislang verstanden hatte. Sein Schnurrbart war zu einer unabänderlichen Strenge gezwirbelt. »Jambalji«, erzählte er weiter, »zog sich in einen Wald zurück und wurde Einsiedler. Als fünf Jahre später eine schreckliche Dürre das Land heimsuchte, rief er Menschen aus verschiedenen Kasten zu sich und versprach ihnen Linderung, wenn sie seine Schüler würden. So scharte er seine ersten Anhänger um sich, die er eifrig unterrichtete, bis er 1526 in Mukam starb.«

Eine der Frauen des Hauses ging derweil von Gast zu Gast und goss heißes *ghee* (Butter) in großen Mengen auf die Fladen. Ich langte unbedacht zu, doch schon nach einem Bissen war mir schwer im Magen und etwas übel. Der Mann zu meiner Linken, der sich wie ein römischer Statthalter auf dem *charpoy* ausstreckte, lachte: »Du musst arbeiten wie ein Bishnoi, dann kannst du essen wie ein Bishnoi!«

Der Fleiß der Bishnoi ist sprichwörtlich. Sogar in dieser trockenen Gegend haben sie es zu einem gewissen Wohlstand gebracht. Das Gehöft von Jamua etwa, den ich am nächsten Tag, nach einer bitterkalten Nacht auf dem *charpoy*, besuchte, würde sich bestens als Motiv für ein Porträt in der Zeitschrift »Haus und Hof« eignen. Die Ställe beherbergen vier pralle Büffel, denen Milch aus allen Poren zu rinnen scheint. Vor dem Gutshaus steht ein brandneuer Traktor, und wir nehmen für unser Gespräch auf Stühlen Platz, in diesen Breiten ein Indiz für eine ernst zu nehmende Verbürgerlichung. Grund des Erfolgs ist der Brunnen, der vor einigen Jahren mithilfe entsprechender Kleinkredite gebohrt wurde. Seitdem betreibt die Großfamilie von Jamua Bewässerungsanbau. Ihre Felder tragen nun auch Weizen, Senfkörner, Kümmel und Chilis. Eine Diversifizierung, wie sie bei den Bishnoi durchaus häufig anzutreffen ist.

Jamua wirkt ohne Einschränkung zufrieden. Obwohl er erzählt, dass viele Bräuche mit den Jahren eingeschlafen seien. Mit 50 Prozent beziffert er die Veränderungen, die er in seinem Leben als Erwachsener erlebt habe. Seine Söhne etwa – einer von ihnen stand in der Nähe, leger gegen den Stamm eines Khejribaumes gelehnt – würden nicht mehr die weißen Hemden tragen, die früher eine Selbstverständlichkeit waren. Die Weißgekleideten, habe es damals auf dem Markt geheißen, das seien die Bishnoi. Auch folgten die Jungen nicht mehr den 29 Prinzipien. Wichtig sei ihnen allein das morgendliche Bad. Nicht einmal Bauern wollten sie bleiben, weswegen sein jüngster Sohn in Jodhpur die Universität besuche. Die ökologischen Prinzipien werden allerdings überwiegend noch respektiert und eingehalten. Und alle Bishnoi seien strikt vegetarisch. All das erzählt Jamua mit einer nahezu unnatürlichen Einsicht in die unaufhaltsamen Mechanismen des Wandels.

Wir trinken Tee; ich werde allmählich der ganzen Familie vorgestellt. Auch den Frauen – denn die Bishnoi verstecken ihre Frauen nicht vor der Außenwelt.

In den langen Jahren der Einsamkeit, allein mit sich und den wilden Tieren, muss der Prophet jene Überzeugungen entwickelt haben, die er später in seinen 29 Prinzipien festlegte. Ob er als Baby tatsächlich von einem Reh genährt worden ist, wie manche Legenden behaupten, oder in seiner Jugend schreckliche Dürren erlebt hat, Jambalji hat beizeiten erfahren, dass in der fragilen Umwelt Rajasthans nur ein sehr behutsamer Umgang mit der Natur die Dörfer am Leben erhalten kann.

Und er scheint mit einigem diplomatischen Geschick begabt gewesen zu sein. Als der islamische Herrscher der Region, Hakim Mahmut Khan, eine Gefahr darin sah, dass Leute aus allen Kasten zum neuen Glauben überwechselten, und sich anschickte, diese Konvertierungen zu unterbinden, nahm Jambalji einige islamische Bräuche und Glaubenssätze in sein Programm auf: Beerdigung anstelle von Kremation (auch für wilde Tiere!); fünfmal am Tag soll der Name Bismillah im selben Atemzug wie Vishnu angerufen werden; bei der Hochzeit soll auf das hinduistische Zirkeln um das Feuer herum verzichtet werden. Seit jenen Tagen wird beim Lesen aus dem heiligen Buch stets die Hälfte von einem Bishnoi und die andere Hälfte von einem Moslem vorgetragen.

Es erwies sich als schwierig, über die 29 Gebote Klarheit zu erlangen. Nicht, dass die Bishnoi sie mir vorenthalten wollten. Bereitwillig hatte sich Cheneram Kileri in die Aufzählung gestürzt, doch schon am nächsten Tag, im Nachbardorf, wurde mir eine zweite, davon abweichende Version dargeboten. In Jodhpur wälzte ein städtischer Bishnoi, der zusammen mit seinem Sohn eine Gießerei für Eisenbahn-Maschinenteile betrieb, mehrere Bücher, um ja keinen Fehler zu begehen. Trotzdem unterschied sich seine Version erheblich von jener in dem Zensus aus dem Jahre 1895, in dem nicht nur alle Untertanen des örtlichen Maharadschas gezählt, sondern auch alle Religionen und Volksgruppen beschrieben wurden. Mit jedem Bishnoi, den ich befragte, wuchs die Zahl der Versionen.

Diese Vielfalt, sympathischer Ausdruck einer fehlenden Kanonisierung und Reglementierung, scheint dem identitätsstiftenden Charakter der 29 Prinzipien keinen Abbruch zu tun, denn die Bishnoi sind sich über die zentralen Regeln einig. Diese betreffen nicht das Verhältnis zur Umwelt, sondern die Reinlichkeit. »Es gibt nur ein Prinzip«, hatte Cheneram erklärt, »das wir streng befolgen: Nach der Geburt darf die Frau 30 Tage lang nichts berühren und nichts tun. Das Essen wird für sie gekocht und zu ihr gebracht. Erst danach darf sie aufstehen und wieder am gemeinschaftlichen Leben teilnehmen.« Für ihn persönlich sei das wichtigste Gebot, »in der Früh ein Bad zu nehmen«.

Jambalji scheint der Reinlichkeit und Reinheit eine zentrale Bedeutung zugemessen zu haben: Frauen seien in den fünf Tagen ihrer Menstruation von der Familie zu trennen; Wasser sei nur gefiltert zu trinken; nur selbst zubereitetes Essen sei zu verzehren. »Früher, wenn ein Bishnoi zur Armee ging, war er dort gezwungen, mit fremden Männern aus einem Topf zu essen. Wenn er nach Hause kam, erlaubten seine eigenen Leute ihm nicht, das Haus zu betreten. Er musste sich vor dem Haus hinhocken und warten, bis die anderen gegessen hatten. Erst nach einigen ausgiebigen Zeremonien der Reinigung wurde er wieder aufgenommen«, hatte mir Cheneram erzählt.

Doch neben diesen eher persönlichen Regeln enthalten die 29 Prinzipien auch jene Gebote, die den Ruhm der Bishnoi begründet haben: Achte alles Lebende; klopfe den Reisig und den Kuhdung vorsichtig ab, ehe du ihn ins Feuer wirfst; schade keinem beseelten Wesen und verhindere, dass es Schaden nimmt; fälle keine grünen Bäume. Die Liste wird schließlich ergänzt durch einige allgemeine Grundsätze menschlichen Verhaltens à la Dale Carnegie: Denk nach, bevor du sprichst; sei zufrieden mit dem, was du hast; hänge nicht am Rockzipfel deines Nachbarn; sprich nicht böse über andere.

Die Regel, die am meisten in Vergessenheit geraten ist, richtet sich gegen Drogenkonsum. Das Bishnoi-Land heute gilt als Opiumhochburg. Das weiße Gold wird in Chittorh im Süden Rajasthans mit Erlaubnis der Regierung in bescheidenen Mengen angebaut. Die Bishnoi kaufen es den Farmern ab, schmuggeln es, handeln damit. Jeder Zehnte soll opiumabhängig sein. Doch diese Sucht kostet viel. Der Preis für ein Kilo entspricht in etwa dem Jahreseinkommen eines Hilfsarbeiters.

Die Bishnoi essen die Droge am liebsten. Das Kügelchen Opium wird mit etwas Milch und Zucker gekocht, getrocknet und schließlich geraspelt. Dann wird es mit etwas Wasser vermischt. Bevor man das Gebräu den Gästen serviert, wird es noch gesiebt. Die Hartgesottenen werfen sich das Kügelchen einfach so ein und zerkauen es.

Nach zwei Tagen hatte ich viel über die Bishnoi gelernt und einige Sympathie für sie entwickelt, aber mir war es immer noch nicht gelungen, herauszufinden, wieso sie einen beachtlichen, weltweiten Ruf als Ökologen genießen. »Steht nicht der Schutz der Natur und der wilden Tiere im Mittelpunkt eures Glaubens?«, fragte ich an einem opiumfreien Abend. »Haben nicht Bishnoi ihr Leben dafür hergegeben?«

»1987 geschah es in Felodi«, kam die Antwort, »ein Bishnoi verteidigte eine Gazelle gegen einige Jäger und wurde getötet. Und 1992 geschah es in Banard, wo ein Mann aus dem gleichen Grund getötet wurde. Wenn jemand heute auftauchen würde, der eine Gazelle zu schießen versucht, würden wir uns sofort auf ihn stürzen.«

Die Jagd war traditionell ein Vergnügen der Oberschicht, der kriegerischen Rajputen. Der Wert eines Maharadschas wurde durch die Zahl der eroberten Tigerfelle bestimmt. Dieses

Selbstverständnis hat sich erhalten. Die Wilderer entstammen meist der vermögenden Oberklasse. Obwohl amtlicher Naturschutz in Indien seit der Regierungszeit des Herrschers Ashoka existiert, der im 3. Jahrhundert vor Christus unter anderem Hospitale für Menschen und Tiere einrichtete und für Wiederaufforstung sorgte, greift der Tierschutz der Regierung heute ins Leere. Trotz einer entsprechenden Verordnung (*Indian Wildlife Act*) nimmt die Zahl der wilden Tiere kontinuierlich ab. Das Wild hat nur eine Chance zu überleben, wenn es von der einheimischen Bevölkerung geschützt wird, sei es aus pragmatischen, materiellen oder religiösen Gründen.

Nun ist Naturschutz keineswegs ein Privileg der Bishnoi. Heilige Haine finden sich in ganz Indien – eine traditionelle Form des Waldschutzes. Kein Dorfbewohner würde es wagen, gegen das Tabu zu verstoßen und die Vegetation zu schädigen. Das Anpflanzen von Hainen galt stets als Tat von großem, auch religiösem Wert. Solche Muster kultureller Einschränkungen des Gebrauchs von Ressourcen finden sich in vielen vorindustriellen Gesellschaften. Zudem fördert die ganzheitliche Weltsicht der Hindus die Verehrung der Natur (*prakriti*), einer Manifestation der göttlichen Urenergie Shakti, aus dem statischen Zustand erwacht, um die Kräfte des Werdens und des Vergehens zu entfachen. Das menschliche Dasein steht in völliger und vollkommener Abhängigkeit von der Natur, ein Konzept, das als *yagna chakra* – das Rad des Opfers beziehungsweise der Natur – bezeichnet wird und das zum Wohle des Menschen Respekt, Fürsorge und Reinheit gegenüber der Natur predigt. Die Tulsipflanze, eine Basilikumart, die sich vor dem Eingang jedes Hauses und jedes Tempels befindet, soll daran erinnern und ermahnen. Jeden Morgen wird die Pflanze von der Frau des Hauses oder dem Priester angebetet. Jede Mahlzeit wird geheiligt, indem man ein Tulsiblatt auf das Essen legt. Nicht zuletzt hält die Tulsipflanze die Familie bei guter Gesundheit.

Das Besondere an den Bishnoi ist eher, dass sich in ihrer Gesellschaft jene im Gleichgewicht mit der Natur stehende bäuerliche Kultur erhalten hat, die vor dem Kolonialismus in der südlichen Hemisphäre vorherrschte. Wieso haben aber westliche Autoren gerade die Bishnoi in den letzten Jahren so hervorgehoben und sie zu Weltstars alternativer Lebensweise gekrönt? Die Antwort darauf sagt mehr über die Moden unserer Zeit aus als über die Bishnoi selbst. Der Westen schafft sich in der »Dritten Welt« Komplementär-(Vor-)Bilder. Ein Volk, das Ökologie als Religion praktiziert, stillt genau jene Sehnsüchte, die viele von uns – nachdem wir die Schöpfung vor der Haustür zerstört haben – hegen. Wir können ein solches Volk uneingeschränkt bewundern und seine Kenntnisse mystifizieren. Und da in der Fremde der Zwang, genau zu recherchieren, entfällt – welcher Leser kennt sich schon aus? –, entstehen moderne Medienmärchen: »Ökologen aus der ganzen Welt kommen heute zu ähnlichen Schlussfolgerungen wie jene, die Jambeshwar im fünften Jahrhundert formuliert hat«, schreibt etwa eine Autorin. Abgesehen von der falschen Datierung und der Tatsache, dass kein einziges Beispiel angegeben wird – in den überlieferten Geboten Jambeshwars steht kein Wort, das heutigen Ökologen von Nutzen sein kann. Ein anderer Autor formuliert ähnlich vage und falsch: »Überweidung zeichnet sich als Kehrseite der Irrigation ab, eine Gefahr, die das Bishnoi-Volk in der Wüste Thar bereits seit Jahrhunderten erkannt hat. Lediglich kleine Rinderherden halten sie, Wasser gilt ihnen als heilig, und mehrmals täglich sammeln die Frauen Blätter für ihr Vieh. Schafe und Ziegen wurden von Jambalji verboten, weil sie das Land kahl fressen. Ökologen studieren diese Überlebensstrategien, um sie in anderen Dürreregionen anzuwenden.« Erstaunliche Behauptungen, denn die Bishnoi praktizieren Bewässerung erst seit kurzem. Auch gilt ihnen Wasser nicht als heilig, sondern als kostbar, und Schafe und Ziegen wurden von Jambeshwar keineswegs verboten – da die Bishnoi reine Vegetarier sind und den Geschmack von Büffelmilch vorziehen, gibt es für sie einfach keinen Grund, Ziegen oder Schafe zu halten.

Selbst das Martyrium von Khejerli im Jahre 1730, bei dem 363 Menschen starben, als sie die Bäume umarmten, die sie vor den Holzfällern des Maharadschas schützen wollten, jene aber Stämme samt Schützer fällten, scheint historisch nicht belegt zu sein. Ich verbrachte einen Vormittag in der Palastbibliothek des Mehrangarh Fort, einer imposanten Festung, und sprach ausgiebig mit dem Kurator Dr. Naval Krishna, einem der führenden Historiker Radschasthans. »Wir haben jahrelang nach Dokumenten gesucht. Zu jener Zeit führten die Beamten des Maharadschas detaillierte Tagebücher, in denen sogar die Preise der Turbane aufgeführt wurden. Zudem gab es amtliche Aufzeichnungen. Wieso fehlt von einem so gewaltigen Ereignis in den Archiven und Chroniken jede Spur? Wir behaupten nicht, es sei nicht geschehen; wir sagen nur, es gibt keinen einzigen Beleg für dieses Massaker.« Dass innerhalb der eigenen Überlieferung der Bishnoi Mythen entstehen, mit denen sie ihre Identität stärken und sich der Vergangenheit versichern, wäre allzu verständlich. Und selbst wenn es erfunden ist – dieses Beispiel hat den Widerstand in anderen Landesteilen inspiriert. Im Himalaja-Vorland etwa, wo sich in den letzten Jahrzehnten immer wieder Bauern durch das Umarmen von Bäumen gegen das Abholzen gewehrt haben. 1973 wurde in Uttar Pradesh eine Bewegung gegründet, die diese Strategie sogar in ihrem Namen führt: »Chipko Andolan«.

Bedenklich ist aber, dass westliche Autoren von diesem Martyrium ohne den geringsten Zweifel berichten, so als wären sie dabei gewesen. Legenden scheinen diesem ach so fernen und ach so exotischen Land ach so sehr zu entsprechen. Dabei wäre es spannender zu erzählen, wie auch die Bishnoi zunehmend Schwierigkeiten begegnen, ihre Natur schonende Lebensweise aufrechtzuerhalten. »Früher waren wir wenige«, sagte mir ein Priester, »also reichten uns die Kuhdungfladen als Brennstoff, gelegentlich ergänzt durch einen vertrockneten Baum. Aber nun ist unsere Zahl gewachsen, und wir sind gezwungen, auch Holz zu verbrennen.«

Die Idylle existiert nur in den Köpfen der Betrachter. Die Bishnoi selbst versuchen, ihre Identität in dem Mahlstrom von Überbevölkerung, technischer Entwicklung und rasanter Verstädterung zu bewahren. Leider spricht nicht viel dafür, dass sie ihrer Tradition nicht so entfremdet werden wie der Bishnoi-Fahrer des Jeeps, der mich von Dorf zu Dorf fuhr. Ohne auszuweichen, ohne zu bremsen, überfuhr er auf der Rückfahrt ein unentschlossenes Eichhörnchen.

Selbst die Götter werden überschwemmt: Der Kampf um den Narmada

Von Rainer Hörig und Ilija Trojanow

Die Millionen von Vertriebenen sind nichts anderes als Flüchtlinge in einem geheimen Krieg. Unachtsamkeit kann ihr Verschwinden nicht erklären. Auch nicht Karma. … Die Mehrheit von ihnen endet in Ghettos am Rande der großen Städte. Sie sind keine Gefangenen, aber sie geben dem Wort »Freiheit« eine neue Bedeutung.

Arundhati Roy

Gleich nach dem Aufwachen, eine kurze Nacht auf hartem Boden in den Gliedern, spüren wir, dass wir in einer völlig fremden Welt zu Gast sind, einer Welt, die nichts gemein hat mit klingelnden Weckern, hupenden Autos oder gleißenden Neonlichtern. Wir richten uns auf in der Lehmhütte, treten hinaus und erblicken den weiten Fluss, der ein Leben trägt, das sich seit Jahrtausenden nicht geändert hat. Ein Leben, das der Natur entnimmt, was die Natur ihm bietet, und sich mit dieser Gabe begnügt. Frauen schöpfen Wasser mit Kalebassen; Männer verrichten ihre Notdurft im Hirsefeld; Holzfeuer werden entfacht und Kühe gefüttert. 50 Kilometer sind es zur nächsten Stromleitung und 100 zum nächsten Telefon. Wer hier aufbricht, der marschiert durch den Dschungel zu einem der benachbarten Dörfer oder paddelt mit seinem Boot zum Fischen hinaus.

Doch die friedliche Stimmung trügt. Denn es wird nicht lange dauern – vielleicht nur wenige Tage, vielleicht ein Jahr, wenn die Regenfälle fortdauern –, bis dieses Dorf und alles Land vor unseren Augen überschwemmt wird. Deshalb spitzt sich an diesem wolkenverhangenen Tag ein erbitterter Kampf zu, den die Einheimischen seit 15 Jahren gegen die Regierungen dreier indischer Bundesstaaten sowie verschiedene Baufirmen führen. Es ist ein Kampf, der weit über den 1300 Kilometer langen Fluss Narmada im Herzen Indiens hinausreicht, ein Kampf zwischen Land und Stadt, zwischen Natur und Technik, zwischen Bewahrung und Zerstörung. Und es ist ein Kampf zwischen verschiedenen Entwicklungskonzepten. Sollten sich die hier beheimateten Adivasi, die Ureinwohner, in diesem ungleichen Kampf nicht behaupten können, werden sie im wahrsten Sinne des Wortes untergehen. »Nicht nur das Land werden wir verlieren«, sagt die Bäuerin Pervi Bhilala, die uns Obdach gewährt hat, »auch unser Vieh, unseren Wald, unsere Götter – unser Leben wird für immer verloren gehen. Und von den Segnungen des Staudamms werden wir nie etwas zu sehen bekommen.«

30 große Staudämme sollen den Strom der Göttin Narmada, gemäß der hinduistischen Vorstellung eine Tochter Shivas, abklemmen. Zwei davon sind schon in Betrieb und zehn weitere im Bau, ein kolossales Vorhaben, das weltweit nur von dem Dreischluchten-Dammprojekt am Jangtse in China übertroffen wird. Die Pläne stammen aus den 1950er-Jahren und somit aus der Blütezeit jenes blinden Glaubens an die Gigantomanie, mit der die Planwirtschaft die Entwicklung vorantreiben wollte. Durch die Wasserkraftwerke sollte der Strombedarf Westindiens gedeckt, durch ein Netz von Kanälen die Bewässerung der Landwirtschaft ermöglicht werden. Die Behörden bedienten sich eines kolonialen Gesetzes aus dem Jahre 1894, gemäß dem sie nur einen »öffentlichen Bedarf« erklären mussten, um das Land gegen eine bescheidene Kompensation zu enteignen. Als erster Damm ging 1989 Bargi in Betrieb: Er hatte das Budget um ein Zehnfaches überschritten, wesentlich mehr Land überschwemmt als geplant und bewässert heute nicht einmal fünf Prozent der einst vorgesehenen Fläche. Die Erfahrungen aus den seitdem vergangenen elf Jahren lassen die betroffene Bevölkerung mehr als nur ahnen, was sie erwartet, wenn die anderen Talsperren ihre volle Höhe erreichen. Zuerst werden die Urwälder samt ihrer einzigartigen Fauna und Flora verschwinden. Selbst dem Krokodil, auf dem die Göttin Narmada in den gängigen Darstellungen reitet, droht die Vernich-

tung, wenn es seinen gewohnten Lebensraum – seichtes Wasser und Sandbänke – verliert. Im Laufe der Zeit werden bislang seltene Krankheiten wie Malaria, Bilharziose und Diarrhöe auftreten, deren Erreger in großen stehenden Gewässern gedeihen. Das Klima wird sich spürbar verändern. Doch viele der Einheimischen werden diese negativen Folgen nicht erleben, denn sie werden aus ihrem angestammten Gebiet vertrieben und ihre Tempel, heiligen Haine und Ahnensteine werden überflutet werden.

Keiner der Staudämme wird schwerwiegendere Folgen nach sich ziehen als der Sadar Sarovar, der in den letzten Jahren eine Protestbewegung zum Leben erweckt hat, wie sie sich in Indien seit Gandhis Zeiten selten geformt hat. Im Sommer 1999 reisten Städter aus dem ganzen Land an den Fluss, um Menschen wie Pervi Bhilala zu treffen und zu ermutigen – die überwiegende Mehrheit von ihnen nur angetrieben von der eigenen Überzeugung.

Auf der fünftägigen Reise entlang des Flusses, in Bussen, Booten und zu Fuß, treffen wir Studenten aus Bombay, Lehrerinnen aus Madras, Kleinunternehmer aus Pune, Akademiker aus Delhi und Basisaktivisten aus allen Regionen. Wo immer wir hinkommen, stehen Tausende von Dorfbewohnern Spalier, feiern uns und sich euphorisch, ehe wir uns gemeinsam auf dem Hauptplatz versammeln, um stundenlang Reden zu lauschen. »Wir sind nicht gekommen, um eine Botschaft zu bringen, sondern um von den Menschen zu lernen«, erklärt die weltberühmte Autorin Arundhati Roy (*Der Gott der kleinen Dinge*), die mit einem umfangreichen Essay in einer Wochenzeitschrift dem Widerstand massive Rückendeckung gegeben hat. »Wir werden zuhören, wir werden zugucken.«

Für viele ist die weite Reise zum Narmada eine Gelegenheit,

von eigenen Kämpfen zu erzählen. Eine Gruppe aus Orissa beklagt das Schicksal des Chilika-Sees: Eine Krabbenmafia hat mit stillschweigender Duldung der Regierung die althergebrachten Fischereirechte der Anwohner durch extensive, künstliche Krabbenfarmen eingeschränkt. »Wir wollen ein Auskommen, die Mafia will Geld«, erklärt einer der Betroffenen. Ein Mann aus Andhra Pradesh deklamiert mit viel Mimik und in wechselnden Tonlagen ein Gedicht, das nur aus dem Refrain »Wem gehört der Fluss? Wem gehört das Land?« besteht. Eine Frau erklärt den Journalisten, dass man Land nicht wie Kinder erschaffen könne, und Puppenspieler aus Rajasthan führen ein Stück über ihre dahinschwindenden natürlichen Ressourcen auf. Ein Bauer schwört vor 8000 Menschen, auf keinen Fall zu weichen, selbst wenn die Fluten ihn ertränken sollten. Das erinnert an die Mahnung, die der gebrechliche Baba Ante, seit seinem vorbildlichen Lepraprojekt in Wardha bei Nagpur eine lebende Legende, von seinem Bett aus den Protestierenden ans Herz gelegt hat: »Siegreich ist jener, der selbst in der Niederlage nicht aufgibt.«

An Aufgeben denkt niemand, nicht zuletzt wegen der Bewegung *Narmada Bachao Andolan* (Rettet den Narmada) und ihrer Anführerin Medha Patkar. Die früh ergraute, 45-jährige Sozialwissenschaftlerin hat ihren Beruf aufgegeben, die Metropole Bombay verlassen und ihr ganzes Leben der Erhaltung des Flusses gewidmet. »Sie ist eine von uns«, sagt die Adivasi Lotun Pawra. »Sie schläft in unseren Hütten; sie isst unser Essen; sie spricht unsere Sprache. Ihr werdet wieder weggehen, aber sie wird für immer bei uns bleiben.« Seit 15 Jahren kennt die energische Medha Patkar kein Zuhause, gönnt sich keine Ruhe. Mit dieser Hingabe steht sie in einer bemerkenswerten indischen Tradition, die im Laufe der Geschichte immer wieder Menschen hervorgebracht hat, die bereit waren, sich einem

Ideal zu verschreiben. Nicht zufällig wird in diesen Tagen der Name Mahatma Gandhis wieder beschworen, nicht wie so häufig an offiziellen Gedenktagen als blutleeres Lippenbekenntnis, sondern als gelebtes Vorbild. Auch die von Medha Patkar proklamierte *satyagraha*, die Suche nach der Wahrheit, sei es durch Fasten, Ausharren oder Verweigern, ist seinen Lehren verpflichtet.

Mit der Beharrlichkeit des steten Tropfens stellt Medha Patkar eine entscheidende Frage: »Wie viel darf der Fortschritt kosten und wie sehr nutzt er jenen, die seine Lasten zu tragen haben?« Zieht man die bisherigen Erfahrungen heran, fällt die Bilanz verheerend aus. Arundhati Roy rechnet vor, dass die 3600 großen Staudämme, die seit der Unabhängigkeit errichtet worden sind, 33 Millionen Menschen vertrieben haben. Walter Fernandez, ein führender Experte auf diesem Gebiet, kommt bei vorsichtigerer Schätzung auf fast 20 Millionen. Selbst das ist eine ungeheure Zahl, die noch ungeheurer wirkt, wenn man erfährt, dass nur 25 Prozent dieser Menschen Umsiedlungshilfen von der Regierung erhalten haben. Für die allermeisten endete die Suche nach einer neuen Existenz in den Slums. Die Mehrheit der Vertriebenen gehörte zu den ärmsten und unterprivilegiertesten sozialen Gruppen Indiens, den Adivasi und den Dalits (wörtlich: die Gebrochenen, die so genannten Unberührbaren). Dieses Schicksal blüht nun auch den Menschen im Narmadatal. Allein der Sadar-Sarovar-Staudamm wird laut offiziellen Zahlen etwa 100 000 Menschen entwurzeln. Doch nicht alle gelten als *project-affected persons*, wie die behördliche Terminologie jene bezeichnet, deren Lebensgebiet überschwemmt werden wird. Überhaupt nicht berücksichtigt werden etwa jene, die ihren Lebensunterhalt verlieren werden, weil sie nicht mehr im Flussbett Sand abbauen können. Selbst diejenigen, die in den Genuss von Entschädigungen gelangen sollten, werden kaum einen gleichwertigen Ersatz erhalten. Sie werden Bestechungsgelder zahlen müssen, um überhaupt einen Antrag stellen zu dürfen, und im Erfolgsfall minderwertiges Ackerland zugewiesen bekommen. Dorfgemeinschaften werden auseinander gerissen, soziale Bande durchtrennt werden. Die Betroffenen werden Identität und Orientierung verlieren.

Eine von der Weltbank in Auftrag gegebene Untersuchung (*Morse Report*) kam schon 1992 zu dem Ergebnis, dass die Stauung des Narmada keineswegs im öffentlichen Interesse liege: »Wir glauben, dass die Umsiedlung und Rehabilitierung der Vertriebenen unter den herrschenden Umständen nicht möglich ist und dass die ökologischen Folgen nicht angemessen bedacht worden sind. Offensichtlich haben technische und wirtschaftliche Notwendigkeiten jegliche soziale oder ökologische Rücksichtnahme verdrängt. Die Weltbank trägt ebenso wie der Gläubiger Schuld an der Entwicklung dieser Situation.« Doch die Weltbank wäre nicht die Weltbank, wenn sie gleich Einsicht gezeigt hätte und aus der Projektfinanzierung ausgestiegen wäre. Stattdessen beauftragte sie eine zweite Untersuchung, die anhand der gleichen Informationen zu einem weitaus weniger drastischen Schluss kam, trotzdem aber einige Bedingungen an die indische Regierung stellte. Nachdem diese nicht erfüllt wurden, zog sich die Weltbank im März 1993 tatsächlich aus dem Projekt zurück, ein Novum in der Geschichte dieser Institution.

Die enormen Opfer, argumentieren die Befürworter des Staudammprojekts, werden durch den enormen allgemeinen Nutzen aufgewogen. Ein zentrales Argument, denn Indien benötigt dringend Energie und Wasser. Nur stellt sich die Frage, wer den Schaden hat und wer den Profit. Erfahrungsgemäß werden Strom und Wasser den Städten, den Industriegebieten sowie den Plantagen, die Baumwolle, Zuckerrohr und Weizen in großem Stil anbauen, bereitgestellt. Die dörfliche Bevölkerung, die am meisten der Entwicklung bedarf, geht leer aus. Ihre Lage wird sich erst ändern, wenn die Bauern sich selbst organisieren und nachhaltige Kleinprojekte aus eigener Kraft verwirklichen. Wie in Saurashtra, einer sehr trockenen Region im Südwesten Gujarats, dessen Einwohner seit zwei Jahrzehnten mit dem Versprechen hingehalten werden, der Narmada-Staudamm werde über einen 500 Kilometer langen und einige hundert Meter breiten Kanal ihren Durst stillen. In Erwartung dieses Allheilmittels haben die Menschen alle paar Jahre grauenhafte Dürren erlitten. Bis sie vor kurzem in etwa 2000 Dörfern mit eigener Arbeitskraft, unterstützt von bescheidenen staatlichen Zuschüssen, eine Reihe kleiner Auffangbecken gegraben haben. In diesen konnten sie im Sommer 2000 das Wasser der wenigen Regenfälle sammeln und die große Dürre überleben. Als Herren ihres eigenen Schicksals haben sie dadurch an Vertrauen zu sich selbst gewonnen, anstatt weiterhin auf einen Kanal zu warten, dessen Bau und Nutzung fremdbestimmt sind und der Schätzungen zufolge im besten Fall ein Rinnsal in die ferne Wüste tragen wird, und das auch nur in Jahren mit besonders reichhaltigen Regenfällen.

In Maheshwar, einem traditionellen Weberzentrum, wird ein Schleier über den Narmada gespannt. Der Schleier, ein Symbol für Reinheit und Keuschheit der Frau, erstreckt sich nun in einer zarten Geste des Schutzes und der Verbundenheit über die gesamte Breite des Flusses. Der flatternde Stoff erinnert an die religiöse Bedeutung großer Ströme wie die des Narmada in Indien. Auf den *ghats*, jenen Treppen zum Wasser hin, wickelt Balwan Singh nach einem reinigenden Bad weiße Kleidung um seinen hageren Körper. Dann hebt er seinen Stock und sein kleines Bündel auf – das ist alles, was er mit sich trägt. Nach dem Tod vier seiner Kinder entschloss er sich zu einer *yatra*, einer Pilgerreise. Seit über einem Jahr folgt er barfuß der uralten Route entlang des Flusses, die er in drei Jahren, drei Monaten und drei Tagen zu bewältigen hat. »Heutzutage kann man schon einmal mit dem Bus fahren, aber es ist unbedingt notwendig, dass man den ganzen Fluss umrundet und dass die Reise dort zu Ende geht, wo sie begonnen hat. Ich habe auf meinem Weg Gottes Gnade und Segen erfahren; ich habe eine tiefe Zufriedenheit und Freude gespürt, die man nicht mit Worten beschreiben kann. Ich vertraue auf die Fürsorge von Mutter Narmada. Die Menschen freuen sich, einen Pilger zu bewirten. Sie kümmern sich um uns, schützen uns. Selbst wenn dir Räuber alles wegnehmen, im nächsten Dorf erhältst du es wieder.«

Balwan Singh kann sich die Stauung des Flusses überhaupt nicht vorstellen. Nicht nur seine Spuren, auch die Spuren von unzähligen anderen Pilgern würden ausradiert werden. In den Stauseen würden nicht nur Tausende von Tempeln und die Topographie einer Pilgerroute untergehen, sondern auch die Bande gegenseitiger Fürsorge, die den Fluss mit Anwohnern und Reisenden vereinen.

Der Protestmarsch endet in Domkhedi. Hier verengen Bergketten das Tal auf nur einen Kilometer Breite. Nach heftigen Monsunregenfällen bildet sich ein Rückstau hinter der Staumauer, der den Wasserspiegel innerhalb von Stunden rapide ansteigen lässt. Domkhedi droht überschwemmt zu werden, weshalb die Aktivisten der *Narmada Bachao Andolan* eine Hütte gebaut haben, in der sie Wache halten wollen. Sie haben geschworen, sie auf keinen Fall zu verlassen. Eine Woche nach unserer Abreise – alle Beteiligten waren am Ende ihrer Kräfte – stieg das Wasser gefährlich hoch an. Medha Patkar stand mit zwei Dutzend anderen Aktivisten 15 Stunden lang bis zur Hüfte im Wasser. Dann griff die Polizei ein und verhaftete die Demonstranten. Wenig später nahm eine neue Gruppe von Dorfbewohnern und Aktivisten den Platz der Verhafteten ein. »Wir sind nicht hier, um Selbstmord zu begehen«, hatte uns Medha Patkar am letzten Abend erklärt. »Der Widerstand tritt in die entscheidende Phase. Wir wollen endlich Antworten auf all die Fragen, die wir aufgeworfen haben. Doch falls der Damm weitergebaut werden sollte, werden wir den Freitod wählen!«

Antworten sollte der Oberste Gerichtshof geben, der den Bau schon mehrmals gestoppt hat, weil die Richter die Frage der Umsiedlung nicht hinreichend geklärt sahen. Die Staumauer durfte deswegen lange Zeit nicht über die existierende Höhe von 85 Metern hinaus gebaut werden. Im Oktober 2000 fällte das Oberste Gericht nach einem sechsjährigen Verfahren seine endgültige Entscheidung: Der Damm darf um weitere fünf Meter erhöht werden, und danach Schritt für Schritt bis 138 Meter hoch gezogen werden, vorausgesetzt bestimmte Maßgaben werden eingehalten. Denn das Gericht nahm besorgt zur Kenntnis, dass die betroffenen Bundesstaaten nicht annähernd genug Land für die fällige Umsiedlung bereitgestellt haben. Nun soll eine Behörde mit dem wunderbaren Namen *Grievance Redressal Authority* (Amt für Beschwerdebeseitigung) die zufrieden stellende Umsiedlung aller betroffenen Familien bestätigen, bevor die Staumauer um weitere fünf Meter wachsen darf. Ebenfalls soll die indische Regierung nach jedem dieser Bauschritte eine ökologische Unbedenklichkeitsgarantie abgeben.

Der Richterspruch hört sich auf dem Papier vernünftig an. Er wird sich aber an der indischen Realität messen lassen müssen. Der Landesvater des Bundesstaates Madhya Pradesh hatte in einer notariellen Erklärung dem Gericht kategorisch bestätigt, dass er kein Land für die Umsiedlung auffinden könne. Selbst die durch den kleineren Bargi-Staudamm vor mehr als zehn Jahren Vertriebenen warteten noch auf Zuteilung. Die Regierung in Maharashtra äußert sich ähnlich zurückhaltend. Das Urteil geht davon aus, dass die genannten Institutionen einwandfrei und gerecht funktionieren – eine höchst unrealistische Annahme. Die Opfer der Stauseen sind mit diesem Verdikt wieder schutzlos dem Staatsapparat überlassen. Die beteiligten Banken und Konsortien hingegen luden zu einem großen Fest am Ufer des Narmada ein; die Regierung von Gujarat feierte mit.

Und die *Narmada Bachao Andolan*? Medha Patkar brach zwar bei der ersten Pressekonferenz nach der Urteilsverkündung zusammen, doch noch am selben Tag gab sie sich wieder kämpferisch: »Der friedliche, gewaltlose Kampf wird sich nun in einen friedlichen, gewaltlosen Krieg wandeln.« Egal, wie dieser Krieg ausgeht, die Narmada Bachao Andolan wird in die Geschichte eingehen als jene Bewegung, die im Bewusstsein der indischen Öffentlichkeit einen nachhaltigen Zweifel an gigantischen Entwicklungsprojekten gesät hat.

Der Traum von Harmonie: Ayurveda in Kerala

Der Ozean brodelte. Schäumte wie ein Epileptiker, wie ein geschundenes Pferd. Die Götter (devas) und die Dämonen (asuras) quirlten das Milchmeer. Sie waren sich in ihrem Ehrgeiz gleich: den anderen zu vernichten und die ewige Jugend wiederzugewinnen, die sie aufgrund eines Fluches verloren hatten. Doch das Milchmeer wurde von einem schrecklichen Gift bedroht: Kalakuta, das Gift der Welt. Shiva der Zerstörer vernichtete das Gift, indem er es trank, worauf sich sein Hals blau färbte. Das Wasser wurde geschleudert, es trennten sich die festen von den flüssigen Bestandteilen und 13 Schätze kamen zutage. Unter den Schätzen befand sich Dhanvantari, der Arzt der Götter, der indische Hippokrates, der Urschöpfer des Ayurveda, der in seinen Händen einen Topf voller Nektar hielt: amrita, der ultimative Preis, um den sich sogar Götter und Dämonen bekriegen, der Trank der Unsterblichkeit.

Obwohl Ayurveda so alt ist wie diese Legende selbst, scheint es für die moderne Zivilisation wie geschaffen zu sein. Ayurveda wirkt gegen unsere zeitgenössischen Gebrechen, hilft, Stress zu lindern und den Körper zu entgiften. Vielleicht erklärt dies, neben der ewigen Faszination des Unbekannten, den neuerlichen, weltweiten Erfolg der ältesten überlieferten Heilkunde der Menschheit.

Kerala scheint für den westlichen Touristen wie geschaffen zu sein: das ganze Land ein blühender Garten, die Küstenregion ein Netz von Kanälen, Lagunen, Flussarmen und Seen, die Menschen friedlich und freundlich. Obwohl Kerala so dicht wie kein anderer Bundesstaat besiedelt ist, wuchern in diesem tropischen Küstenstreifen keine Slums. Fast alle Menschen können lesen und schreiben; fast jeder Familie gehört ein Stückchen Land, auf dem sich die Palmen, schwer von Kokosnüssen, im Wind wiegen. Einige Wochen Urlaub in diesem Paradies auf Erden können helfen, Körper und Geist wieder in Einklang zu bringen. Was liegt also näher, als sich eine Ayurveda-Kur in Kerala zu gönnen?

Die Keralesen sind ein wunderbar vielfältiges Volk. Ob der heilige Apostel Thomas im 1. Jahrhundert nach Christus tatsächlich in Muziri gelandet ist, wird wohl auf ewig ungeklärt bleiben. Unbestritten ist aber, dass in Kerala die ersten christlichen Gemeinden des Subkontinents entstanden und dass einer der örtlichen Könige den Juden Asyl gewährte, die nach dem Fall von Jerusalem auf einigen Schiffen Richtung Osten geflohen waren. Die Juden haben in einer fruchtbaren Symbiose mit der einheimischen Herrscher- und Händlerschicht die Malabarküste fast 2000 Jahre lang mit geprägt. Zwar treffen sich am Sabbat nur noch ein Dutzend Menschen in der 1568 erbauten, ältesten Synagoge des British Commonwealth, aber die traditionelle Toleranz zeichnet weiterhin den Alltag aus. In Kerala leben etwa gleich viel Christen (neben Orthodoxen auch Katholiken und Protestanten), Hindus und Moslems, und im Gegensatz zu vielen anderen Regionen kommt es zwischen ihnen selten zu Konflikten – eine Ausnahme bildet das ganz im Norden gelegene, mehrheitlich von Moslems bevölkerte Kannur, wo es in letzter Zeit mehrfach zu blutigen Kämpfen zwischen den verschiedenen Religionsgemeinschaften gekommen ist. In Kerala wird niemand verbrannt und niemand gesteinigt. Der Verkehr wird nicht von gewalttätigen Horden, sondern von organisierten Streiks lahm gelegt. Die Liebe der Keralesen zum Streik und zu politischen Streitgesprächen ist bei den Indern so sprichwörtlich wie bei uns Europäern jene der Italiener. 1957 kam in diesem Staat die weltweit erste frei gewählte kommunistische Regierung an die Macht. Sie nannte sich marxistisch-leninistisch, gebärdete sich aber eher sozialdemokratisch. Zwar hat sie sich wie alle anderen Korruption, Nepotismus und Betrug zuschulden kommen lassen, aber auch zwei unbestrittene Leistungen vollbracht: eine umfangreiche Landreform (90 Prozent aller Bauern besitzen eigenen Grund) und eine allumfassende Alphabetisierung. Mehr als 12 000 Schulen, 133 Colleges und fünf Universitäten sorgen für den Alphabetenanteil von etwa 94 Prozent. Das hohe Bildungsniveau hat gewiss eine wesentliche Rolle beim erfolgreichen Stopp des Bevölkerungswachstums gespielt. Heute ist Kerala in dieser Hinsicht mit westeuropäischer Wachstumsstagnation zu vergleichen.

Es ist gewiss kein Zufall, dass die ganzheitliche Lehre des Ayurveda mit ihrer Betonung der Harmonie in dieser Ecke Indiens besonders geschätzt wird. Wenn man gemächlich durch die schmalen Kanäle paddelt, vorbei an Arbeitern, die im Wasser plantschen, und an einer Oma, die ihren Erstklässler im Einbaum abholt, wenn die Reisfelder glühen und ein türkisfarbener Eisvogel zwitschert, dann fühlt man sich bereit, den naturnahen Prinzipien des Ayurveda zu folgen.

Alleppey, dieses von Kanälen durchäderte, zwischen dem Meer und einem lang gezogenen See gelegene Städtchen, gilt in der Sprache der Werbeprospekte und Reiseführer als das »Venedig Indiens«. Das Palm Grove liegt – so wie es der Name verspricht – inmitten eines Palmenhains. Der Besitzer, ein syrisch-orthodoxer Christ namens Abraham Philip, hat den familieneigenen Grund erst vor kurzem zu einem Hotel mit einigen bescheidenen, aber reizenden Hütten umgebaut. Der Ort könnte nicht idyllischer sein, doch die Erzählungen von Herrn Philip deuten die ersten Risse in dem paradiesischen Bild an: »Ich würde gern noch einige Hütten bauen, aber mir fehlen die Mittel. Meine Tochter heiratet nämlich bald, und für ihre Hochzeit werde ich viel Geld ausgeben müssen. Das wird uns in Schulden stürzen. Aber es geht nicht anders. Wir müssen die Aussteuer zahlen. Obwohl Mitgift vom Gesetz her eigentlich verboten ist und beide Familien christlich sind. Leider spielt das keine Rolle.

An dem Brauch, dass der Vater der Braut dem Bräutigam viel schenken muss, lässt sich nicht rütteln. In unserem Fall ist es unter anderem ein Auto. Dabei ist die andere Familie wohlhabend, reicher als wir. Sie leben in der Großstadt. Aber sie bestehen auf der Aussteuer. Das liegt unseren Leuten im Blut. Wie die Kastenzugehörigkeit. In unserer Kirche gibt es viele Brahmanen. Es wäre für die meisten von ihnen undenkbar, dass ihr Kind jemanden aus der Gemeinde heiratet, der einer niedereren Kaste angehört. Unser Schwiegersohn ist auch Brahmane, natürlich, wie wir.«

Abraham Philip gibt uns seinen Bootsmann mit, der uns durch das Geflecht der Kanäle paddelt. Zu beiden Uferseiten zeigt er uns schmucke Villen, die von Heimkehrern erbaut worden sind. Der Wohlstand ist nämlich nicht nur hausgemacht. Fast in jeder Familie gibt es einen Gastarbeiter, der in den arabischen Golfstaaten arbeitet und einen Großteil seines soliden monatlichen Einkommens nach Hause überweist. Andere Eigenarten Keralas werden uns bei jedem Andocken gezeigt: die staatseigenen Toddy-Shops, in denen Besoffene unter Hammer & Sichel und der Wirkung des Palmweins lallen; die Seerosenplage, die durch das entfesselte Wachstum fast nicht auszurupfender Grünschlingen die lebenswichtigen Wasserverkehrswege verstopft; die Osmose von Süß- und Meerwasser, die es den Bauern ermöglicht, halbjährig Reis zu ernten und halbjährig Fisch zu fangen – Letzteres, indem das Wasser einfach durch die Deiche ausfließen darf und die Fische nur noch vom schlammigen Boden aufgespießt werden müssen. Das Paradies wird relativiert, aber faszinierend und bezaubernd bleibt es weiterhin, selbst nach dem Blick auf seine düsteren Seiten.

In Alleppey erfahren wir auch, was für eine Touristenfalle Ayurveda sein kann. Wenn man in der Stadtmitte an dem bunten südindischen Tempel vorbeigeht, dessen Dach aussieht wie der Fundus eines überlebensgroßen Puppentheaters, gelangt man zu einem illustren *Ayurveda Clinic*-Schild, hinter dem sich ein ärmlich eingerichteter Salon versteckt. Man klopft, tritt ein und wartet eine Weile, bis ein junger Mann auftaucht, der sich den Schlaf aus den Augen reibt und einem die Preisliste in die Hand drückt, anstatt sie zu schütteln. Die Preise sind gesalzen – für eine Ganzkörperölmassage fallen 20 Euro an. Wenig später lässt sich der Betreiber blicken, die Figur eines Kugelstoßers, das Mittagessen noch auf der Oberlippe. Er führt ein dreijähriges Ayurveda-Studium in Trivandrum, der Hauptstadt von Kerala, als Qualifikation an, während er lustlos etwas Öl über meinen Rücken schüttet und danach beginnt, mich zu drücken und zu kneten, wobei er zunehmend angestrengter atmet und mehr Schweiß auf meinem Körper verteilt als zuvor Öl.

»Müssen Sie wissen«, stöhnt er, »anstrengend ist es.«

Nach einigen Minuten geht dem Mann die Puste aus, und sein junger Adjutant darf weitermachen. Zwar hat der keine Schwierigkeiten mit der Kondition, aber seine Kompetenz lässt den Kunden vor Schmerz aufheulen. Nach einer durchlittenen Stunde wird der Besucher ermahnt, die gesundheitsfördernde Wirkung stelle sich nur ein, wenn er mindestens zwei, eigentlich drei Massagen verabreicht bekäme, weshalb es unbedingt notwendig sei, dass er am nächsten Tag wiederkäme. Und wenn sein Boot schon um zehn in der Frühe abfahre, so sei der Ayurveda-Doktor bereit, ausnahmsweise um acht Uhr eine Kureinheit anzusetzen. Da die Dusche nur tröpfelt, verbringt man den restlichen Tag mit einem öligen Kopf.

»Heutzutage weiß jeder«, sagt Abraham Philip beim abendlichen Langustenessen, »was Ayurveda ist.«

Eine wirklich fachmännische Betreuung erhält man im *Taj Ayurveda Centre* in Calicut, einem Zusammenschluss der besten Hotelkette des Landes mit einem der renommiertesten Ayurveda-Institute. Schon beim ersten Gespräch gibt sich der Chefarzt betont ernsthaft und vorsichtig, als gelte es, sich gleich von den New-Age-Adepten abzusetzen. Er stellt klar, dass Ayurveda weder ein Allheilmittel sei noch schnelle Erfolge bieten könne. Zwar zeigt diese »Lehre vom Leben«, wie man Körper und Geist erfrischt, entspannt, stärkt und verjüngt. Sie hilft, Rheumatismus, Arthritis und Lähmungserscheinungen zu überwinden, Migräne, Schlaflosigkeit und Psoriasis zu bekämpfen.

»Wir kennen aber auch unsere Grenzen«, sagt Dr. Mahadevan mit noch mehr Ernst in der Stimme. »Wenn wir jemandem nicht helfen können, bei Infektionen etwa, bei nervösen Erkrankungen oder wenn ein operativer Eingriff nötig erscheint, überweisen wir ihn gleich an Ärzte der Allopathie.« – Mit Allopathie bezeichnet man in Indien die westliche Medizin. Nach dieser Vorbemerkung, die eigentlich nur die Binsenweisheit zum Ausdruck bringt, dass Ayurveda alternativ und keineswegs ausschließlich anzuwenden sei, erklärt mir der Arzt das zentrale Element von Ayurveda: Vorbeugung. Der Großteil des überlieferten Schrifttums widme sich der Vorsorge (bekanntlich die beste Medizin). Für jede Jahreszeit seien Reinigungsprozesse vorgesehen, ausgehend von der Erfahrung, dass der Körper zu bestimmten Jahreszeiten für bestimmte Krankheiten anfällig sei. Die wichtigste Säule der Vorbeugung sei die tägliche Routine. »Wir raten Ihnen sehr, diese einzuhalten«, meint der Doktor, worauf er mir einen Terminplan überreicht, der auf den ersten Blick wie ein Tagungsprogramm aussieht.

Der Tag beginnt früh um sechs, denn laut Ayurveda ziemt es sich nicht, später als die Sonne aufzustehen. Nach einem Tee oder Kaffee – glücklicherweise brühen die Südinder den einzig guten Kaffee Indiens – geht es um sieben zum Yoga, eine der Säulen des Ayurveda. Auf Yoga folgt Frühstück, zubereitet gemäß den Prinzipien des *annayoga,* des richtigen Essens. Wie überall in Indien wird auch bei Ayurveda der Reinheit der Mahlzeiten höchste Bedeutung beigemessen, denn die Verdauung gilt als zentraler körperlicher Vorgang. Die Wertschätzung der Köche führte einst zu ihrer Ehrenbezeichnung Maharadschas. Woher die Produkte kommen, wer das Essen zubereitet, serviert, berührt, galt und gilt noch immer als sehr wichtig. Wie auch die Auswahl und Kombination der Zutaten.

»Ein Menü für die Patienten zusammenzustellen, das ist eine enorme Herausforderung.« Das glaubt man dem Chefkoch Mohamed Siddiq gern, der als Moslem eigentlich eher Fleischgerichten zugeneigt ist. Schließlich umfasst das Konzept der richtigen Diät nicht nur Regeln über die Art der Zubereitung, die der Hygiene dienen, sondern auch eine lange Liste von Verboten. Neben offensichtlichen Tabus wie Fleisch, Fett, Zucker und Weißmehl dürfen auch keine fermentierten Zutaten, keine Tomaten, Kartoffeln oder Pilze verwendet werden. Und bei Gewürzen, dem Lebenselixier der indischen Küche und zugleich wichtigstem Exportgut Keralas, sollte Mäßigung die Hand führen. »Erstaunlicherweise sind kaum Rezepte überliefert. Also mussten wir experimentieren, um den Gästen ein abwechslungsreiches Menü anbieten zu können.« Herausgekommen ist eine erstaunliche Mischung aus Spinat und Erbsen, Reis und Fladenbrot, Zwiebeln und Knoblauch, Kümmel und Kardamom. Auch wenn einem die Gerichte – trotz aller Mühen von Mohamed Siddiq – keinen kulinarischen Genuss bereiten, wird man angeregt, sich Zeit zum Essen zu nehmen, sich entspannt hinzusetzen, sich auf jeden Bissen zu konzentrieren. Hilfreich zur Einhaltung der Diät erweist sich eine uralte Sanskrit-Maxime, nach der man so viel essen soll, dass man nicht mehr ans Essen denkt.

Nach dem Frühstück oder Mittagessen – je nach Termin – begibt man sich zur Behandlung, zu einer Stunde des reinsten Genusses. Auf einem gewölbten Holztisch liegend, im Hintergrund läuft klassische indische Musik, wird man langsam mit warmem Öl, das ein wenig nach Sesam, ein wenig nach Kokosnuss riecht, eingerieben. So lange, bis die Haut einen Viertelliter aufgesogen hat. Auch der Kopf wird leicht massiert, mit einem speziellen, kalten Öl. Mit einem Strich Kajal auf dem unteren Augenlid werden die Augen, mit Öltropfen die Nase und die Ohren gereinigt. Am Ende wird man mit einer Linsenpaste abgerieben und gewaschen. Danach sollte man einige Stunden lang möglichst nichts tun, was nicht jedem leicht fallen dürfte, da sich die Enthaltsamkeit auch auf Fernsehen, Computer und Bücher bezieht. Denn alle Energien des Körpers sollen darauf verwendet werden, Giftstoffe zu entfernen und den Körper zu erneuern.

Diese tägliche Routine wird eine Woche lang wiederholt. Je nach Beschwerden des Patienten unterzieht er sich für die zweite Woche einer der vielen anderen Behandlungsmethoden. Bei *dhara* etwa wird Heilöl millimetergenau auf die Stirn, bei *pizhichim* in vorgegebenen Bahnen über den gesamten Körper gegossen; und bei *ngawara* wird der ganze Körper mit einer Reispaste eingeschmiert. In der dritten Woche – denn drei Wochen werden für eine umfassende Behandlung empfohlen – wird man wieder mit Heilöl eingerieben und genießt ansonsten viel Ruhe und Entspannung. Diese scheinbar einfachen Mittel entfalten eine erstaunliche Wirkung: Ich jedenfalls fühlte mich schon nach sechs Tagen wie neugeboren.

Als beste Jahreszeit für eine Kur gelten die Monate Juni bis September. Während des tropischen Monsunregens, der die

Natur erblühen lässt, öffnet sich der Körper und nimmt die Behandlung schneller an. Zudem ist die nötige Medizin frisch vorrätig.

Ayurveda begreift den Menschen als Abbild des Universums. Jedes Lebewesen und jede Pflanze vereinigen in sich fünf Grundelemente: Feuer, Erde, Wasser, Luft und Äther. Ausgehend von diesen Grundelementen gibt es drei physiologische Prinzipien oder Temperamente, *doshas* genannt, mit denen sich alle körperlichen Funktionen beschreiben lassen: *pitta* (Hitze und Feuer), *kapha* (Erde und Wasser) sowie *vata* (Luft und Äther).

Der erste namentlich bekannte Arzt hieß Charaka, der irgendwann zwischen dem zehnten und dem siebten Jahrhundert vor Christus gelebt haben soll. Er schrieb das medizinische Grundwerk *Charaka-Samhita,* das als eine der drei Säulen des Ayurveda gilt. Das zweite zentrale Werk ist die 200 Jahre später entstandene Abhandlung *Sushruta-Samhita.* Viel später, im 7. Jahrhundert nach Christus, sammelte der Arzt Vagbhatas in seinem *Astangahrdaya* das gesamte vorhandene medizinische Wissen aus Indien, Tibet und China.

Als etwa 250 vor Christus unter Kaiser Ashoka der Buddhismus zur Staatsreligion erhoben wurde, wurden im ganzen Land Krankenhäuser errichtet, Ärzte und Pfleger ausgebildet und Heilkräutergärten angelegt. Während dieser Zeit gehörte das ayurvedische Wissen zum Rüstzeug der in ganz Asien missionierenden buddhistischen Mönche. Alle klassischen Texte basieren auf einer Philosophie der Bescheidenheit und Mäßigung, einem durch und durch buddhistischen Ideal. Der Buddhismus hat Ayurveda gewiss maßgeblich beeinflusst, vielleicht mehr als im heutigen, überwiegend hinduistischen Indien zugegeben wird.

Diese wachsende Bedeutung des Ayurveda hat zu dem wohl weltweit ersten urbanen System von Gesundheitsversorgung geführt. Der weit gereiste chinesische Pilger Fa Hsien beschrieb im fünften Jahrhundert die Stadt Pataliputra: »Die Häupter der wohlhabenden Familien errichten wohltätige Krankenhäuser. Alle Armen und Mittellosen, Waisen, Witwen und kinderlosen Männer, alle Krüppel und alle Kranken wenden sich an diese Häuser, wo sie jede Hilfe erfahren und Ärzte ihre Krankheiten untersuchen. Sie erhalten die nötige Medizin und Nahrung, und wenn es ihnen besser geht, verlassen sie den Ort aus eigenem Willen.«

Im Vergleich dazu schneidet das gegenwärtige Indien mit seinem miserablen staatlichen Gesundheitswesen eher schlecht ab – vor allem in Patna, dem heutigen Pataliputra, der Hauptstadt von Bihar, dem ärmsten und rückständigsten indischen Bundesstaat.

Der Doktor in Calicut runzelt verärgert die Stirn, als ich ihm von der schmerzhaften Massage in Alleppey berichte. Das Einreiben mit Öl, erklärt er, dürfe nie wehtun. Und eine gesundheitsfördernde Wirkung entfalte es nur bei regelmäßiger Anwendung, mindestens eine Woche lang. Einmal ist wie zweimal keinmal. »Es gibt Gesetze, wie Ayurveda anzuwenden ist. An diese halten wir uns genau, ohne irgendwelche Kompromisse einzugehen. Vielerorts wird verabreicht, was dem Kunden gefallen könnte. Das hat mit Ayurveda wenig zu tun. Vielleicht dient es der Schönheitspflege.«

Es wäre naiv zu erwarten, dass Stümper und Scharlatane nicht von dem Boom zu profitieren versuchten. Doch obwohl Ayurveda gelegentlich von Esoterikern und Hochstaplern unterlaufen wird, ist seine wachsende Verbreitung außerhalb Indiens durchaus positiv zu bewerten. Denn der westeuropäische

Kulturraum scheint erkannt zu haben, dass er nicht für alle Probleme und Bedürfnisse der Menschheit die allein selig machenden Lösungen bereithält. Das Nebeneinander von Allopathie, Homöopathie, Akupunktur und Ayurveda, die Möglichkeit, unter diesen Alternativen individuell zu wählen, ist Ausdruck eines bemerkenswerten zeitgenössischen Reichtums. In diesem Zusammenhang wird mir eine Aussage Dr. Mahadevans lange in Erinnerung bleiben: »Manche Ärzte bei uns sind radikal gegen die westliche Medizin eingestellt, manche Ärzte bei euch sind radikal gegen die indische Medizin eingestellt. Doch es gibt westliche Ärzte, die Patienten zu uns schicken, wenn sie diese nicht heilen können. Ich stamme aus einer Familie von Ärzten. Mit mir übt jetzt schon die sechste Generation diesen Beruf aus. Meine Vorfahren haben immer nur von ihren Vätern gelernt. Ich bin der Erste, der Ayurveda an einem College studiert hat. Und im Studium haben wir auch moderne Medizin durchgenommen: Anatomie, Physiologie, Pharmakologie. Wenn einer wie ich nun mit den modernen Medizinern zusammenarbeitet, dann kommen die Patienten wahrlich in den Genuss der besten Behandlung.«

Von Regen und Liebe: Jährlich wenn der Monsun fällt

Das Wort Monsun kommt vom arabischen »Mausim« – die Jahreszeit – und bezeichnet einen klimatischen Kreislauf: Wenn in Indien die Hitze des Frühjahrs aufsteigt, entsteht ein Unterdruck, der kühlere Meeresluft anzieht. Die meeresgesättigten Wolken, die vom Südwesten angetrieben werden, stoßen auf das Festland und regnen sich aus, vor allem über der Bergkette namens Western Ghats, die wie eine riesige natürliche Festung über die Westküste wacht. Das Besondere an diesem feuchten Wolkenkissen ist seine Dicke von mehr als 1000 Metern, ein Dreifaches der üblichen Ausdehnung von nasser Luft. Die Kondensation heizt die Luft über Land zusätzlich auf, so dass zum Ausgleich weitere Feuchtigkeit vom Meer aufgesogen wird. Zugleich zieht es den Monsun nach Norden, angelockt von dem Sirenengesang der trockenen Ebenen. Gegen Herbst, wenn die Hitze milder geworden ist, wendet er sich und bläst nun gen Ostafrika. Wie kein anderes Naturphänomen hat der Monsun die Geschichte der ganzen Region geprägt, Handel und Eroberung ermöglicht, das Auskommen der Bauern garantiert. Bis zum heutigen Tag. Doch so sehr sich Meteorologen bemüht haben, ihn vollständig zu begreifen, so unfassbar und unvorhersehbar ist er geblieben. Kein Wissenschaftler hat seinen Mechanismus vollständig beschreiben, keiner seine Gesetze gänzlich verstehen können.

Seit Tagen wartet alles auf den ersten Regen. Die Wolken, aufgequollen und schwarz, schrumpfen die Sonne zu einem glitzernden Teich. Wellen schlagen gegen die Kaimauer, immer höher, schlagen über sie hinweg. Die Häuser behaupten sich gegen den Dunst. Einige Vögel irren schrill und im Steilflug durch die Luft. Das Meer springt mit hungriger Zunge auf die Uferpromenade und reißt ein erstes Opfer mit sich, eine unachtsam schlendernde Frau – die Helikopter der Marine können sie in dem aufgewühlten, braunen Wasser nicht finden. Zeitungsfetzen flattern hinauf, höher als die Vögel. Bäume biegen sich wie Halme. Der erste Tropfen ist friedlich; andere folgen ihm in einem Spitzentanz. Die Regentropfen bilden zarte Miniaturen am Fenster, aus Punkten, die vor dem Zerfließen einen Augenblick lang innehalten. Hinter ihnen lässt ein milchiger Schleier Straßen, Märkte, Häuser, Viertel verschwinden, verhüllt die Stadt. Das Meer ist deutlich zu vernehmen und Schreie, die ekstatisch klingen. Dann schlägt der Regen zu; die Zeit zieht sich zurück; der Monsun fällt ein.

Am nächsten Morgen, dem ersten Tag der dreimonatigen Regenzeit, strömt ein Fluss, wo am Abend zuvor noch eine Straße war. In seiner Mitte waschen einige fröhliche Männer einen Lastwagen, dessen Räder nicht zu sehen sind. Auf der ganzen Brücke, die über die nahen Eisenbahngleise führt, sind Autos geparkt, so dicht, dass der Verkehr nur zaghaft durch eine Rinne in der Straßenmitte fließen kann. Nur wer auf der Brücke geparkt hat, kann hoffen, sein Auto nicht nur zu finden, sondern auch fahren zu können. Das rasante Tempo der Stadt hat sich verlangsamt, gehorcht nun dem Rhythmus altersschwacher Scheibenwischer und Bremsen. Wer zu Fuß unterwegs ist, versucht mit hoch gekrempelten Hosenbeinen, die Schuhe in der einen und den Regenschirm in der anderen Hand, einigermaßen trocken sein Büro zu erreichen. Selbst die sonst so zuverlässigen Nahverkehrszüge, die täglich 5,9 Millionen Passagiere transportieren, laufen verspätet in den Geschäftsvierteln ein, zumeist weil das automatisierte Signalwerk wegen Kurzschluss ausgefallen ist. Die Züge haben in solchen Fällen an jeder Station einige Minuten länger zu warten, denn jedes Signal muss durch eine schriftliche Anweisung des Stationsvorstehers ersetzt werden.

Einige Tage später, nach neuerlich ausgiebigem Niederschlag, sieht man nur noch an einigen wenigen Stellen die Gleise aus dem Wasser ragen. Solange die Gleise nicht tiefer als zwölf Zentimeter unter Wasser liegen (dann müsste der Betrieb der Züge eingestellt werden, weil Wasser in den Motor einsickern könnte), kriecht die örtliche S-Bahn durch die Eintagsseen, und die Menschentrauben, die aus den überfüllten Waggons heraushängen, spiegeln sich im Wasser.

In den Slums, die sich überwiegend in den niedrig gelegenen Stadtteilen befinden, entstehen Teiche und Seen. Und Kanäle, die daran erinnern, dass Bombay zum Großteil auf Sümpfen und Lagunen erbaut worden ist. Wie in einem verwahrlosten Venedig, einem Venedig des Elends. Die Slumbewohner, die mehr als die Hälfte der Bevölkerung ausmachen, haben unter den flutartigen Güssen am meisten zu leiden. Da die bis zu einem Jahrhundert alten Abflussrohre und Gräben von der korrupten und verantwortungslosen Verwaltung wie üblich nicht rechtzeitig von Schlamm und Schlick befreit worden sind, staut sich das Wasser in den engen Gassen zwischen den Behausungen knöchelhoch, taillehoch, kinntief – vermischt sich mit der offenen Kanalisation zu einer riesigen Jauchegrube. Nach dem Verrinnen hinterlässt das Wasser eine Schicht von Kot und Dreck. Die Vermengung von Abwasser und Trinkwasser verursacht natürlich eine Vielzahl von Erkrankungen, Cholera etwa, Tuberkulose, Diarrhöe und Gastroenteritis. Da viele Slumbewohner ihre Unterkünfte auch als Werkstätten oder kleine Manufakturen nutzen, erleiden sie zudem schwere finanzielle Verluste. Noch schlimmer ergeht es den Bürgersteigbewohnern, denen der Regen den Lebensraum raubt.

Zu Überflutungen in allen Stadtteilen kommt es hingegen nur, wenn starke Niederschläge mit einem hohen Flutstand einhergehen. Da Bombay eine Hafenstadt ist, führen alle Kanalisationsrohre ins Meer, so dass sich der Abfluss staut, wenn die Flut Gegendruck erzeugt. Erst wenn der Meeresspiegel absinkt, können sich die unzähligen Teiche und Flüsse wieder entleeren. Alle Jahre wieder bricht die Stadt unter einer solchen Überschwemmung zusammen. Die letzte war im August 1997, und von ihr wird schon wie von einem legendären Ereignis berichtet. »An jenem Tag«, so Rajesh Iyer, ein Büroangestellter, »fielen alle Züge und Busse aus, und Taxis waren keine aufzutreiben. Wir liefen los, weil wir hofften, weiter im Norden wäre die Lage besser. Manche beschlossen, im Büro zu bleiben und zur Not dort zu übernachten, aber die meisten machten sich doch auf den Weg. Zu Tausenden wateten wir im Gänsemarsch durch die Straße, als würden wir durch einen Fluss gehen. Es hatte schon seit zwei Tagen ohne Unterlass geregnet – wir waren sofort pitschnass. Wir konnten zwar bald ein Taxi ergattern, aber für einen einzigen Kilometer benötigten wir fast zwei Stunden, und schließlich begann das Taxi leckzuschlagen. Es dunkelte schon, und von Bussen oder Zügen gab es weiterhin keine Spur. Da wurde mir klar, dass ich den ganzen Weg nach Hause würde laufen müssen. Das sind gut und gern 20 Kilometer. Die Menschen haben Grüppchen gebildet, je nachdem, wohin man unterwegs war. Viele der Anwohner halfen uns, feuerten uns von ihren Fenstern aus an. Manche reichten uns Wasser. Die Läden blieben die ganze Nacht auf. Und wir ermutigten uns gegenseitig. Nach mehr als sechs Stunden hatte ich es geschafft. Es war mitten in der Nacht. Doch wer weiter weg wohnte, der kehrte erst in den frühen Morgenstunden heim. Am nächsten Tag sind wir natürlich alle zu Hause geblieben.«

Auch ohne solche Katastrophen sind die Zustände auf den Straßen während des Monsuns schlimm genug. Zwar veröffentlicht die Polizei Tabellen, denen zu entnehmen ist, wann die Flut die kritische Grenze von vier Metern übersteigt und wann dies mit dem Berufsverkehr zusammenfällt, aber weder die stündlichen Radiodurchsagen noch die Zusammenarbeit mit den Stadtwerken kann verhindern, dass viele Autos zu viel Wasser schlucken und stehen bleiben, und dass Lastwagen in den unzähligen, kratergroßen Schlaglöchern einbrechen. Da die Polizei stehen gebliebene Fahrzeuge nicht wegräumt, schlängelt sich in manchen Straßen der lebendige Verkehr durch einen Autofriedhof. Gruppen von Jungs haben daraus ein Geschäft gemacht – sie schieben die Autowracks gegen ein wetterabhängiges Entgelt weg. Wenn nicht genügend Autos liegen bleiben, helfen sie nach, indem sie sich mitten auf der Straße auf einen vom Wasser bedeckten Stein stellen und somit den fälschlichen Eindruck erwecken, wo sie sind, sei es nicht tief. Die Autofahrer steuern diese Seite der Straße an und hören nur, wie der Vorderreifen in ein Schlagloch kracht, ehe sie zu fluchen beginnen. Doch dann bleibt ihnen nichts anderes übrig, als die Jungs, die sich plötzlich in größerer Zahl um den Wagen herum versammelt haben, mit dem Anschieben zu beauftragen. Eine besonders grausige Gefahr droht von den Kanalschächten, die oft nicht bedeckt sind, sei es, damit stehendes Wasser schneller abfließen kann, sei es, weil jemand den Deckel gestohlen hat. Jedes Jahr werden bei Hochwasser einige Menschen von diesen Löchern verschluckt und tauchen nie wieder auf.

Monsungeschichten dieser Art kann Rao, der Leiter der Feuerwehr von Bombay, zuhauf erzählen. Während der Regenzeit werden seine Männer täglich durch eingestürzte Gebäude, gestrandete Menschen, herabgefallene Äste, Stromschläge und vom Meer verschluckte Obdachlose, die in den Wellenbrechern hausen, überfordert. Am meisten setzen ihnen die Einstürze zu, die in manchen Jahren bis zu 200 Todesopfer fordern. Wobei selten ältere Gebäude zusammenfallen, sondern fast nur Betonbauten aus den letzten 20 Jahren, die – nachdem der Bauherr am Material gespart hat – auch noch schlecht unterhalten werden. Zwar wurde eigens für dieses Problem ein Amt geschaffen, das baufällige Gebäude identifiziert und die Eigentümer benachrichtigt, aber jene unter ihnen, die nicht selbst in dem Haus leben, schlagen solche Warnungen meist in den Wind. Und die Bewohner des gefährdeten Gebäudes können es sich gar nicht leisten auszuziehen. Nach jedem Zusammensturz, während die Feuerwehrleute noch ihre nach deutscher DIN-Norm ausgerichteten Luftkissen einpacken, wird ein schrilles öffentliches Theater aufgeführt, werden eifrig Kommissionen angekündigt und Verfahren angedroht. Die Drohungen und Schuldzuweisungen verdampfen mit dem ersten Sonnenschein; einstürzende Bauten werden weiterhin zum städtischen Regenalltag gehören.

Doch der Monsun hat auch seine romantischen Momente. An den Stränden der Großstadt stehen Menschen in Gruppen schweigend nebeneinander und bestaunen den verschleierten Sonnenuntergang nach dem ersten großen Regen. Schulkinder heißen den Monsun mit Liedern willkommen. Pärchen spazieren auf der Promenade Marine Drive, springen lachend und quietschend den sich überschlagenden Wellen aus dem Weg. Kinder tollen am Rand der steilen Straßen in den Sturzbächen herum, die Alternative der Armen zu den am Stadtrand florierenden Wasserparks. Keine andere Jahreszeit, heißt es, habe die Dichter mehr inspiriert, allen voran den großen Kalidasa, der mit *Meghaduta* ein ganzes Werk den Wolken widmete und in dem Epos *Die Jahreszeiten* den Monsun in vielen Strophen beschwor. Die indische Musik kennt spezielle Regen-*ragas* (klassische Stücke in einer vorgegebenen Form), denen man einst nachsagte, sie würden in ihrer Schönheit den auf zwei Hengsten oder auf einem weißen Elefanten mit vier Stoßzähnen reitenden Gott Indra zum Loslassen des Regens bewegen. Dieser Gott des Himmels spendet Regen, indem er mit dem Blitz in seiner Hand die vollen Wolken spaltet. Die erotische Konnotation ist durchaus beabsichtigt. In den Visionen manch altehrwürdigen Dichters war der Liebesakt als erfüllte Sehnsucht die vorrangige menschliche Metapher für den Monsun.

Eine Symbolik, die sich bis zum heutigen Tag gehalten hat. In den Videos der Musiksender laufen öfters Liebespaare im strömenden Regen durch sattgrüne Felder und singen inbrünstig, sie seien füreinander geschaffen, wie die Erde und der Regen.

Eine ungewöhnliche Freude am Monsun manifestiert sich in den weiß berobten und schwarz verhüllten Gestalten, die in den Nobelhotels Taj oder Oberoi am Fenster der Cafés sitzen und hinausblicken. Stundenlang. Es sind Scheichs aus den Arabischen Emiraten, die sich einen besonderen Urlaub gönnen: eine Woche Regen. Wenn ihre Kinder aufspringen und jauchzend zum Ausgang eilen, hat der Familienvater den nächsten Spaziergang angesagt. Dann hält der imposante Sikh-Portier die Glastür auf, die Familie schreitet hinaus, und schon bald sind glucksende Laute des Wohlbehagens zu vernehmen.

4

Reisen

Am Busbahnhof hängen an jeder Säule, hinter jedem der wartenden Busse, Bildschirme, auf denen Hindi-Filmlieder zum Tanz aufspielen. Sie wurden vor knapp zwei Jahren aufgestellt. Im Bus glitzern silberfarbene Götter über der Fahrerkabine, umrandet von unermüdlich blinkenden roten Lichtern. Über den Göttern zeigt ein Fernseher einen Hindi-Film, mal mit Ton, mal ohne. Vor einem Tempel am Wegrand hält der Bus. Der Priester steigt zu und gießt geschmolzene Butter in jede spendende Hand, bevor er die Stirn des Spenders mit einem Punkt segnet. Der Film wird nicht unterbrochen. Bis wir ankommen, wird er dreimal gezeigt. Die Lieder bohren sich in meinen Kopf wie ein tägliches Gebet.

Die Festung mit den 99 Türmen: Das mittelalterliche Jaisalmer in nuklearer Zeit

Nach dem Absitzen zeigt der Kameltreiber auf eine Düne und sagt: »Willkommen, meine Herberge.«

»Ein Fünfsternehotel«, sage ich.

»Nein«, widerspricht er lachend. »Hotel hat eine Million Sterne.«

Soll man Jaisalmer eher mit Quedlinburg oder mit Rothenburg ob der Tauber vergleichen? Mittelalter, erstarrt in bröckeligem Stein. Vergangener Reichtum, in goldene Fassaden ziseliert. 99 flimmernde Täuschungen. Was muss das einst für eine Ankunft gewesen sein. Wenn man mit seiner Karawane – die grausige Wüste Thar überstanden – in diese prachtvolle Stadt einkehrte, um Handel zu treiben und sich auszuruhen, bevor man in einigen Tagen weiterzog, die nächste Wüste flimmernd vor Augen, und mit jedem Ruckeln des Dromedars die erfahrene Labsal zu einer Mirage zerfloss. Diese unglaubliche Existenz erklärt die einstige Macht Jaisalmers, das sich dort aus der heißen nackten Wüste erhob, wo nichts stehen sollte.

Mitte des 12. Jahrhunderts verlegte ein Fürst seine Hauptstadt von dem nahe gelegenen Lodruva (heute eine Ruine) hierher. Wenn ihn jemand gefragt hätte, wie sich die Investition in seine sogleich errichtete prächtige Festung rentieren solle, hätte Fürst Rawal Jaisal wahrscheinlich auf eine sich nähernde Staubwolke gedeutet. Jaisalmer lag auf einer ehemaligen West-Ost-Karawanenroute, die an Bedeutung in Asien nur der Seidenstraße nachstand. Rawal Jaisal hatte alle Absichten, sich dieses durchziehenden Reichtums zu bedienen. Er und seine Nachfahren wurden als Wegelagerer, Banditen, Vagabunden berüchtigt. Seine Soldaten nannte man Wüstenwölfe.

Gut 100 Jahre später wurde Jaisalmer das erste Mal zur Rechenschaft gezogen. Der Sultan von Delhi rächte sich für die Plünderung einer seiner Karawanen. Nach einer achtjährigen Einkesselung wurde die Festung – die wie alle Festungen als uneinnehmbar galt – erobert. Die 24 000 Frauen der Stadt begingen *jauhar* – den rituellen Selbstmord der Rajputen –, sie stürzten sich ins Feuer. Zwei weitere Male starben die stolzen Damen Jaisalmers den kollektiven Tod; bei der dritten Belagerung zu voreilig, denn der Angriff konnte in letzter Minute zurückgeschlagen werden. Bald darauf unterwarf sich Jaisalmer Delhi, ein friedlicher Wohlstand brach an. Wie so oft in der Geschichte von Handelsbeziehungen wurde nun aus Raub Zoll, aus Nötigung Kommission. Jaisalmer blühte auf; die großen Handelshäuser bauten sich Residenzen von unbescheidener Pracht, die sehenswerten *havelis* der Stadt.

Seit Jahrzehnten nimmt in Jaisalmer die Zahl der Einwohner ab und die der Touristen zu. Da die nahe gelegene Grenze zu Pakistan 1947 gesperrt wurde, ist der Handel versickert. Die starke Militärpräsenz, vor allem nach dem Grenzkrieg von 1965, bietet einen ungenügenden Ersatz. Und die Atomwaffenversuche im nahen Pokharan haben die Entwicklung der Region auch nicht gerade gefördert.

Im Gegensatz zu vielen anderen Forts ist die Festung noch bewohnt: Etwa 2000 Rajasthanis, überwiegend Handwerker, leben dort. Von der kriegerischen Vergangenheit ist in ihrem Verhalten wenig zu spüren, mehr dagegen von der merkantilen. In einem Laden breitet der Händler verführerisch einen Stoff nach dem anderen aus und lässt ihn gekonnt zu Boden gleiten, so als würde eine Frau ihr schönes zusammengebundenes Haar lösen, ausschütteln und auf die Schultern fallen lassen. Jeden Stoff prägt er mit einem Kaufargument. Als ich mir Bedenkzeit erbitte, weiß der Mann mit einer weiteren Entgegnung zu parieren: »Wieso denn warten, Sahib? Es gibt Männer und es gibt Frauen, und die Männer, die eine Frau nicht nehmen, weil um die Ecke vielleicht bessere Frau, schönere Frau, reichere Frau wartet, die Männer bleiben am Ende ohne Frau. Heute kaufen ist besser als morgen versprechen. Heute ist sicher, niemand weiß, was morgen ist.«

Nur ein Teil des Forts wird von dem Palast eingenommen. Der Rundgang erweist sich als ein Streifzug durch unwirklichen Reichtum. Doch aufklärerische Überlegungen, was für eine Kluft zwischen den goldenen Ornamenten, den kunstvollen Steinmetzarbeiten, den erlesenen Stoffen und den unzähligen Räumen auf der einen Seite und dem Leben der Untertanen auf der anderen Seite – früher wie auch heute – klafft, dürften nur den einen oder anderen europäischen Besucher belasten. Beim Hinausgehen kommt mir eine Gruppe Bauern entgegen, ärmlich in ihre – im Ausland durch Gandhi bekannt gewordenen – *dhotis* gekleidet; allesamt barfuß, weil sie am Eingang des herrschaftlichen *mahal* aus Respekt die Schuhe ausgezogen haben. Langsam steigen sie die Treppen hinauf und streichen mit ihren Händen verzaubert über die verzierte Wand. Sie stoßen spitze, kurze Schreie der Bewunderung aus und drehen ihre Turbanköpfe eifrig nach allen Seiten.

Wer längere Zeit in Jaisalmer verbringt, begibt sich auf eine mehrtägige Kameltour. Weil die Kameltreiber weder gebildet noch organisiert sind, bucht man über eines der fest in blaublütiger Hand befindlichen Hotels und Reisebüros. 10 Euro pro Tag, alles inklusive – das erscheint nicht viel, bis man von Deeraj, dem wunderbar humorvollen Kameltreiber erfährt, dass dieser nur ein Fünftel dieses Betrags erhalte. Worauf sich eine mustergültige Diskussion anbahnt: »Wieso verlangt ihr nicht mehr?«

»Weil die Herren dann jemand anderen beauftragen würden!«

»Wieso organisiert ihr euch nicht?«

»Wer sollte das machen?«

»Du könntest damit beginnen.«

»Dann werden die anderen die Arbeit an meiner Stelle übernehmen und mich für dumm halten.«

»Du musst sie überzeugen, dass ihr alle davon profitieren würdet, wenn die Einnahmen gerechter verteilt werden.«

»Viele haben Angst vor den Herren.«

»Die Herren müssten Angst vor euch haben. Ohne euch können sie keine Kamelsafaris anbieten.«

»Wir brauchen aber die Herren, damit die Touristen zu uns kommen.«

»Ihr könntet euer eigenes Geschäft in der Stadt aufmachen: ›Das Reisebüro der Kameltreiber‹. Und ihr könntet weniger verlangen.«

»Das wird niemals klappen. Wir werden niemals genug Leute zusammenbringen.«

Worauf der Besucher seufzt und in der letzten Zitadelle des ohnmächtigen Touristen Zuflucht sucht: dem Trinkgeld. Mit einem großzügigen Bakschisch wird für einen Moment für ausgleichende Gerechtigkeit gesorgt.

Die Tour ist von Anfang an reich an Verunsicherungen. Wie stürmische See verhält sich das aufstehende Kamel unter dem Kiel des Steißbeins. Ein schwankender Beginn. Erst wenn man sich an die drei Meter Abstand zur Erde und die wiegende Vorwärtsbewegung gewöhnt hat, fasst man Zutrauen. Das sich irgendwann in Sympathie, um nicht zu sagen Zuneigung, wandelt, und zum Abschied drückt man Deeraj noch einige Münzen in die Hand, damit er seinem Kamel eine neue Halskette schenken kann. Beim Hinsetzen glaubt man jedes Mal aus dem Sattel zu fallen, wenn sich das Tier zuerst vorne auf die Knie, dann hinten auf das Hinterteil und schließlich wieder vorne auf den dreieckigen, hornhäutigen Fleck an seinem Bauch, der als Aufsetzer dient, niederlässt.

Die Wüstensafaris sind gewiss sehr touristisch. Die Begegnungen mit Dorfbewohnern eher steif und peinlich, aber die Bekanntschaft mit dem Kamel ist ein Erlebnis. Man lernt die liebenswerten Details kennen, die eine glückliche Beziehung ausmachen. Wie die Glöckchen an seinem Halsband läuten, wenn es ein wenig schneller zu traben beginnt, den Kopf nach vorne gereckt, wie ein Neugieriger, der seine große Nase in fremde Angelegenheiten hineinsteckt, rasch wieder herauszieht und sogleich – von der Neugier nicht losgelassen – wieder nach vorne streckt. Wie es häufig furzt (»Du furzt wie ein Kamel« eignet sich bestens als Sprichwort) und einen Geruch wie karamellisierte Schweinerei, wie süßliche Schande, wie einen parfümierten Fauxpas aussondert. Wie es nachts dasteht, die hinteren Beine etwas gespreizt, und in eine Richtung starrt, endlos lange, und man nicht weiß, ob es einem meditierenden Weisen oder einem dumpfen Idioten ähnelt. Nach einigen Tagen kann man verstehen, dass das Kamel für Deeraj sein Ein und Alles ist. Nicht nur wegen des Auskommens.

Am zweiten Tag halten wir an einem Gehöft. Es gleicht einer kleinen Festung und einem großen Kunstwerk. Die Mauern sind abgerundet, die Türstöcke mit weißer Farbe konturiert. Auf dem Boden vor dem Eingang zum Wohnzimmer erblasst ein weißes Blumenornament, das zu einem Festtag von den Töchtern des Hauses gemalt worden ist. Die farblose Unwirtlichkeit der Außenmauern verwandelt sich auf der anderen

Seite in eine verzierte Behaglichkeit. Draußen kann der Sand Dünen aufwerfen, im Innenhof ist die Familie geschützt. In der Nähe befindet sich ein verlässlicher Brunnen sowie eine Grundschule, die seit Tagen ohne ihren Lehrer auskommen muss. Wir traben weiter…

Nachts breiten wir unsere Decken auf einer Düne aus. Im Gegensatz zu uns schläft das Kamel höchstens 20 Minuten. Davor und danach kaut es, mampft und schmatzt, die ganze Nacht hindurch. Was tagsüber gierig hinuntergeschluckt wurde, muss nun bearbeitet werden. Auf Wiedervorlage. Das Grünzeug, das die Kamele von Büschen und Bäumen picken, reicht zu ihrer Ernährung nicht aus. Deeraj muss Futter mitnehmen. Denn das Kamel kann zwar drei Tage ohne Wasser auskommen, selbst wenn es mit 300 Kilo beladen ist und 50 Kilometer marschieren muss (lange Distanzen sind die Spezialität des Jaisalmeri-Kamels). Doch es braucht täglich Futter.

Nur schwer, erzählt Deeraj, sei das Kamel während der dreimonatigen Brunftzeit zu handhaben.

»Das Männchen wittert ein williges Weibchen auf zehn Kilometer Entfernung. *Are Bapre,* wenn ich da einen Touristen aufsitzen habe! Es wird bockig, seine Zunge bibbert. Die Männer kämpfen gegeneinander um das Weibchen und richten sich übel zu. Ein Freund versuchte ein Männchen, das auf 100 Weibchen aufpasste, wegzuziehen. Das Kamel drehte sich um und biss den Mann in den Oberschenkel, dann setzte es sich hin und rollte sich auf ihn. Er überlebte nur mit knapper Not.«

Nach drei Tagen habe ich so viel Gefallen an Deeraj und meinem Kamel gefunden, dass ich gern eine große Tour bis ins pakistanische Hyderabad unternehmen würde, außerhalb der Brunftzeit versteht sich. Deeraj schüttelt den Kopf, und in Jaisalmer erfahre ich, dass ich dafür die Erlaubnis des District Magistrates, des Superintendant of Police, der Border Security

Forces und des Division Head of Army in Jodhpur, darüber hinaus des Innen- und Verteidigungsministeriums in Delhi benötige. Und sollte mir dieses Wunder gelingen, würden mich die Pakistanis wahrscheinlich nicht hineinlassen. Also begnügte ich mich damit, zum Abschluss auf der Düne von Khurri zu sitzen und in die Wüste zu starren, um die jederzeit wieder ein Grenzkrieg ausbrechen könnte.

Über den Köpfen des Himalaja: Eine langwierige Reise in das buddhistische Ladakh

Es dauert drei Tage, das Hauptmassiv des Himalaja zu überwinden. Von Delhi aus durchqueren wir die fruchtbaren Ebenen von Haryana, bevor wir in eine Schmalspurbahn umsteigen, die nach Shimla tuckert, der ehemaligen Sommerresidenz der britischen Kolonialregierung. Zwar dauert die Fahrt mit dem Bus nur halb so lange, aber das bedächtige Hinaufwinden des spielzeugartigen Zuges befriedigt aufs Schönste unsere kindlichen Instinkte. Von dem auf einem schmalen Grat gelegenen Hauptplatz aus sehen wir zum ersten Mal die Zähne der Himalajagipfel in ihrer ganzen Pracht. Die Stadt selbst, mit über 100 000 Einwohnern die vielleicht weltweit größte Ansiedlung, die sich an eine steile Bergflanke klammert und über keinen einzigen Meter flacher Erde verfügt, ist seit bald zwei Jahrhunderten »ein Erholungsort für die Reichen, Faulen und Invaliden« (Victor Jacquement). In diesem Ort gilt das Motto: Je höher, desto schicker. Man kann sein Hotel ebenerdig über den sechsten Stock verlassen und zu den mit Läden und Ausblicken gespickten Malls flanieren; oder man stürzt sich vom Erdgeschoss aus gleich in den volkstümlichen Basar, in dem sich Händler verschiedenster Herkunft tummeln. Wenn man ein Taxi benötigt, ruft man einen Träger, der die Treppen und Fluchten kennt, die einen die 200 Meter Höhendifferenz zwischen Hotel und Busbahnhof überwinden lassen.

Weiter geht es mit einem Bus durch die Vorläufer des Himalaja. Vor uns sitzt ein frisch verheiratetes Pärchen auf dem Weg in das Flitterwochenparadies Manali. Die beiden verbringen erst ihren dritten Tag zusammen. Während Apfelplantagen, Nadelwälder, Schluchten und Wiesen als reizvolles Panorama an ihrem Fenster vorbeirauschen, liest die Braut mit achtstündiger Hingabe eine Ausgabe von »Stardust«, dem Vademekum der indischen Filmfans. Als sie zum dritten Mal alles über die neueste Affäre von Twinkle Khanna (oder war es Sonali Bendre?) aufsaugt, fahren wir in das schrecklich zersiedelte Manali hinein, in dem man nur bleibt, weil man sich hier mit einigen Tageswanderungen gut akklimatisieren kann.

Dann, aufgestanden mit der Sonne, brechen wir zur letzten und abenteuerlichsten Wegstrecke auf, der Überquerung des Himalaja-Hauptmassivs über vier hohe Pässe auf der zweithöchsten Straße der Welt (die höchste liegt auch in Ladakh, der Name bedeutet nicht zufällig Land der Pässe). Während der nächsten beiden Tage verändern sich Landschaft und Vegetation immer wieder radikal: Die Obstgärten gehen bei leichtem Nebel in bewaldete Hänge über, die allmählich zu brauner Kargheit ausdünnen. Der erste Pass (Rohtang, 3980 Meter hoch) könnte sich auf dem Mond befinden, liefe unserem Jeep nicht eine Schafherde samt einem vom bissigen Wind unbeeindruckt fröhlichen Schäfer entgegen. In der Ferne ist der ewige Beas-Gletscher zu erkennen. Weiter unten im Tal erreichen wir wieder sattgrüne Täler, die bald einer stark erodierten Landschaft aus goldfarbenem Gestein weichen, durch die ein reißender Bach fließt. Die Steine am Bachufer sind kochend heiß, das Wasser hingegen eiskalt. Auf dem zweiten Pass (Baralachala, 4892 Meter hoch) schützt ein Totem aus Steinhaufen und einem Ziegengeweih vor bösen Dämonen, genannt Serpentinen. Danach glauben wir uns angesichts der endlosen Hochebenen mit spärlichem Grasbewuchs in der Mongolei. Alle paar Stunden werden wir bei einem Kontrollpunkt der Armee aufgehalten. Jedes Mal erleben wir eine tragikomische Szene: Unser Fahrer Phunsok, ein leichtsinniger Schelm, der nur ein T-Shirt trug, als er uns abholte, und schon auf dem ersten Pass in heißer Liebe zu meinem Pullover entflammte, bremst erheblich zu spät. Der Jeep hält erst wenige Zentimeter vor der hoch gehobenen Hand. Der Soldat wird von einer Staubwolke verschluckt, aus der er hustend auftaucht und zu schreien beginnt. Phunsok beteuert mit seiner unschuldigsten Miene, er habe den Offizier zu spät gesehen, wofür er ja nichts könne, und außerdem sei doch nichts passiert. Wir werden besonders genau kontrolliert, aber letztendlich ohne Beanstandung weitergewunken. Phunsok grinst bis zum nächsten Pass hinauf.

Allmählich wird es hochalpin. Reisende mit schwachen Nerven erfahren eine wirkliche Prüfung. Zum Lachlungla (5065 Meter hoch) und Tanglung-La (5360 Meter hoch) hinauf windet sich die unbefestigte schmale Straße durch Bergmassive, wie sie steiler und monumentaler kaum sein können. Wie anspruchsvoll die Straße ist, erkennen wir daran, dass Phunsok beide Hände zum Fahren benutzt und sich nicht mehr bei voller Fahrt umdreht. Endlich am letzten Pass angekommen, könnten wir ihn vor Dankbarkeit umarmen. Doch wir leiden unter der dünnen Luft, die uns schon nach wenigen Minuten von dem grandiosen Ausblick auf die zwei Siebentausender Kun und Nun sowie auf die anderen Köpfe des Himalaja vertreibt. Auf den nächsten 30 Kilometern verlieren wir 2000 Meter an Höhe. Am Ende des Tages fühlen wir uns zu übersättigt und zu müde, um das violett glühende Tal zu genießen, das zum Indus führt. Mit dem Einbruch der Dunkelheit, wenige Kilometer vor Leh, geht – darin sind sich alle Passagiere des Jeeps einig – die schönste Fahrt ihres Lebens zu Ende.

Leh, die Hauptstadt Ladakhs, schmiegt sich an einen nördlichen Berghang des Industals. Sie wird – wie ihre große Schwester Lhasa in Tibet – von einem imposanten Königspalast überragt, zu dessen Füßen die kleine Altstadt liegt. Der kurze Aufstieg zu dem Palast und den Tempeln dahinter gestaltet sich für jeden Besucher zu einem ersten Fitnesstest. In den benachbarten Tempeln gibt es erheblich mehr zu sehen als in dem Palast, der aus dem 16. Jahrhundert stammt. Doch der wahre Reiz liegt in dem Ausblick über das Tal und auf die Zanskar-Berge gegenüber. Hier kann man stundenlang, umflattert von den bunten Gebetsfahnen, über das Wunder der Schöpfung staunen. Ähnlich bemerkenswert ist der Blick von der anderen Seite des Nebentals aus, von der Veranda eines modernen Tempels namens Shanti Stupa. Dieser Tempel wurde mit den Mitteln eines reichen Japaners errichtet, der den Weltfrieden durch den Bau solcher Heiligtümer zu fördern sucht.

Obwohl Leh nur gut 20 000 Einwohner zählt, leidet es – vor allem im Sommer – an Übersiedlung. Flüchtlinge aus Tibet und Kaschmir haben neben dem saisonalen Touristenansturm für einen übermäßigen Zuwachs gesorgt. Die Wasser- und Energieressourcen hingegen sind äußerst begrenzt – die Einwohner erhalten nur jeden zweiten Tag für vier Stunden Strom. Die Ladakhi haben über Jahrhunderte hinweg eine Lebensweise entwickelt, die das Gleichgewicht zwischen Mensch und Natur in einem Gebiet, in dem es so viel regnet wie in der Sahara, aufrechterhält. Auf einen Quadratkilometer kommen weniger als zwei Menschen. Die dichte Besiedlung eines urbanen Zentrums westlicher Prägung erweist sich als tödlich für die fragile Umwelt: Der Grundwasserspiegel sinkt; die Erosion nimmt zu; die Verschmutzung eitert allerorts.

Im Sommer sind die Bauern Ladakhs schwer beschäftigt. Gerade mal vier Monate stehen ihnen für die wichtigsten Arbeiten zur Verfügung. Kurz nach der Schneeschmelze müssen sie die Bewässerungskanäle ausbessern, den Buchweizen aussäen, die Kartoffeln, den Blumenkohl und die Zwiebeln anpflanzen und den lehmigen Boden mit ihren einfachen Pflügen beackern. Anfang September reift das Getreide – in den Monaten dazwischen müssen die Felder, die unter der Höhensonne so schnell austrocknen wie einem selbst der Mund, mehrfach bewässert werden. Zudem müssen einige Mitglieder der Familie ihre Ziegen und Yaks, die Butter, Fleisch und Fell liefern, auf Hochalmen sömmern.

Wenn man den Gelbmützenmönch in aller Herrgottsfrühe den gewaltigen Gong schlagen sieht, ist man geneigt, diesen schmächtigen Mann mit gutmütigem Gesichtsausdruck zu beneiden. Vor ihm, etwa 500 Meter tief, erstreckt sich das Industal wie ein grüner Saum am Fuße der schmucklosen Hänge. Über dem Gong erheben sich die schneebedeckten Gipfel mehrerer Sechstausender. Nur der Hall, der zur Andacht ruft, ist zu hören, und die Luft ist so klar, als sei die Welt gerade erst erschaffen worden. Die Ruhe wird bald gestört von den trippelnden Schritten verspäteter Novizen, die in Schlappen über die vielen Treppen und Sprossen des Tikse-Klosters eilen. In der Dharma-Halle haben die älteren der insgesamt 110 Mönche

Platz genommen und lassen das morgendliche Gebet ertönen. Der Singsang würde jedem Free Jazzer zu höchster Ehre gereichen. Weder die Töne noch die Rhythmen der einzelnen Mantras scheinen aufeinander abgestimmt zu sein. Manche Lamas starren auf ihre Reispapierrolle – beleuchtet von zuckenden Butterlampen –, andere haben die Augen geschlossen und schunkeln mit dem Oberkörper zu einem inneren Takt. Als alle, die beobachtenden Touristen eingeschlossen, in Trance gefallen zu sein scheinen, platzt der Urlaut eines Muschelhorns in den von ersten Sonnenstrahlen durchschnittenen Raum. Mit besonderer Verve pusten die jugendlichen Musiker in ihre Instrumente. Die Jüngsten kabbeln sich darum, die schweren Bottiche durch die Reihen schleppen und den Buttertee austeilen zu dürfen. Die Litanei weicht schlürfenden Lauten. Die Andacht erweist sich als gemeinsames Frühstück. Ein Novize hat derweil eine Eidechse gefangen und spielt mit ihr herum, bis plötzlich der Abt neben ihm steht und ihm eine leichte Kopfnuss nebst strengem Blick verabreicht. Nach zwei Stunden ertönen zum letzten Mal die Muschelhörner, die Sonne wird zur Tür hereingelassen, und Mönche wie Besucher treten hinaus, um ihre Glieder zu strecken.

Der Besuch eines Klosters in Ladakh führt in die altertümliche und doch erstaunlich lebendige Welt des tibetischen Buddhismus. Seit dem 8. Jahrhundert, als der tantrische Weise Padmasambhava von Indien nach Tibet wanderte, haben die Lehren des Gautama den animistischen Bon-Po-Glauben ersetzt. Im 10. Jahrhundert konvertierten die Könige Ladakhs und Tibets zum neuen Glauben. Obwohl in der Folgezeit der vordringende Islam die gesamte Umgebung unterjochte, gelang es dem inzwischen zum veritablen Imperium angewachsenen Ladakh, seine Unabhängigkeit zu wahren, auf Kosten so harmloser Kompromisse wie dem Bau einer Moschee am

Ausgang des Basars von Leh. Durch die chinesische Annexion von Tibet wurde der Buddhismus in Ladakh noch gestärkt, denn unter den vielen Flüchtlingen, die die nahe Grenze überquerten, befanden sich viele Lamas.

Da gemäß der Tradition in Ladakh jede Familie nicht nur einen Sohn, sondern auch die Hälfte des Erbes an ein Kloster abgeben muss, zählen die größeren Klöster zu den Großgrundbesitzern im Land. Die seltenen fruchtbaren Felder um die Dörfer herum gehören meist den Klöstern, die ein Drittel der Ernte als ihr Anteil verlangen. Zudem hüten sie den gesamten Schatz der Kultur und Literatur Ladakhs. Die Bibliothek des weltberühmten Hemis-Klosters beherbergt in großen Rollen, die an Schlafsäcke erinnern, Manuskripte von unschätzbarem Wert. Dem Besucher ist es erlaubt, deren raue Außenhaut respektvoll zu betasten.

Klöster und Berge – so könnte man die Attraktionen Ladakhs zusammenfassen. In den Sommermonaten werden die Klöster von so vielen, teilweise schändlich respektlos auftretenden Besuchern überfallen, dass die Äbte inzwischen die traditionell großzügige Aufnahme jedes Fremden zugunsten praktischer Einschränkungen aufgegeben haben. Ähnlich gedrängt geht es auf den beliebtesten Trekkingstrecken zu. Leider stolpert man über erschreckend viel Zivilisationsmüll. An die amtlichen Aufforderungen, alles, was man auf den Berg hinaufträgt, auch wieder mit hinunterzunehmen, halten sich nicht einmal die Führer und Träger, die jede Gruppe begleiten. Die Dosen und Plastikflaschen am Wegrand wollen so gar nicht recht zu den Steinen neben ihnen passen – von der Zeit liebevoll glatt gestrichen –, auf denen das wichtigste und älteste Mantra des Lamaismus in schwungvoller tibetischer Schrift geschrieben steht, die magische Formel *Om mani padme hung* – Grüße an das Juwel des Lotus, das heißt an den allmächtigen Geist, der überall gleich ist, im Inneren wie auch außerhalb. Der Abfall verhöhnt den Geist sowie die Lebensweise der Bauern mit den schon in jungen Jahren zerfurchten Gesichtern. Die Ladakhi nähren sich von wenig – einer Sommerernte Buchweizen oder Gerste sowie einigen Ziegen und Yaks, die auf der Suche nach Grasbüscheln viele Hänge und Pässe überwinden müssen. Sie leben in meist zweistöckigen Lehmhäusern und lachen viel. Vor allem, wenn ein in rosarote Windbrecher gekleideter Tourist sie in ein gestenreiches Gespräch zu verwickeln versucht. Am späten Nachmittag, wenn der Koch, integraler Teil eines jeden Trecks, Tee und Suppe zubereitet, hält manchmal ein kaum beschuhter Schäfer für einen Plausch vor dem Zelt. Derweil glüht das Hochgebirge zum Tagesabschied in seinen schönsten Farben. Der Abfall liegt hinter einem – Ladakh ist ein beglückender Traum.

Ein heiliges Mosaik aus Steinen und Mikrochips: Eine Fahrt von Bangalore nach Vijayanagar

Schon auf der Fahrt vom Flughafen in die Innenstadt von Bangalore erlebt der indienerfahrene Reisende angesichts der blitzblanken Alleen, leuchtenden Laternen und begehbaren Bürgersteige einen Kulturschock. Zu beiden Seiten des dichten Verkehrs wird eifrig gebaut: Luxushotels, Apartementblocks mit imposanten Namen wie Akropolis und Säulen, die bis in den zehnten Stock hinaufreichen, sowie Einkaufszentren wie das bizarre Kemp Fort – ein Neuschwanstein unter den Shopping Malls, das sich uns schon am Flughafen mit einer in Zellophan eingewickelten Rose empfahl.

Trotz jüngster Unkenrufe von Übersiedlung und Verwahrlosung: Der Großraum Bangalore wird seinem Namen als Silikon-Plateau weiterhin gerecht. Immer noch entscheiden sich viele internationale Investoren für diesen Standort, obwohl mit Hyderabad in den letzten Jahren ein ernsthafter Konkurrent um ihre Gunst herangewachsen ist. Die Sieben-Millionen-Metropole rüstet sich für die Zukunft: Planierraupen ebnen den Weg für eine zweispurige Ringautobahn; die Stadtväter planen den Bau einer Hochbahn, und am Stadtrand glänzt die blaue Glasfassade des kürzlich eröffneten internationalen Techno-Parks.

Wer das Gelände betritt, verlässt das gemeine Indien. Drei Bauten, um einen frisierten Rasen gruppiert und unterirdisch miteinander verbunden, bekennen sich zu einer postmodernen Trinität: Entdecker – Schöpfer – Erfinder. Die so benannten Büropaläste haben ein wahres Who's Who der zeitgenössischen IT-Wirtschaft angelockt. 85 Prozent der hier niedergelassenen Firmen stammen aus dem Ausland, darunter auch SAP und Siemens. Die etwa 5000 Mitarbeiter hingegen werden – von einigen Geschäftsführern abgesehen – allesamt vor Ort angeworben. Denn vier renommierte Hochschulen in Bangalore bringen jährlich eine beachtliche Ernte an qualifizierten, ambitionierten Fachkräften hervor, die sich gewiss glücklich schätzen, in diesem (laut Prospekt) »technischen El Dorado« arbeiten zu dürfen. Tatsächlich erscheint einem der schicke Techno-Park wie aus einer Märchenwelt, wie eine von hohen Mauern eingefasste Insel der Glückseligen mit eigener Stromversorgung und eigener Kanalisation, auf der man sich im Fitnessstudio oder beim Billard von seinen Aufgaben erholt: »Arbeiten – Leben – Spielen« (so der Prospekt). Bank, Bar, Krankenhaus sowie diverse Läden greifen schon auf die zweite Baustufe vor, bei der auch ein Wohnkomplex entstehen soll, um die Entwicklung zur autarken Hightech-Station erfolgreich abzuschließen. Eigentlich fehlt dem golfplatzgroßen Gelände nur eines: ein Tempel.

Religiöse Abhilfe findet sich im nahe gelegenen Ashram Brindavan. Hausherr Sai Baba, dem am 23. November 2000 ein Stadion voller Anhänger zum 75. Geburtstag gratulierte, nennt sich ohne falsche Bescheidenheit Bhagwan – der Noble, der Heilige, der Erhöhte, kurzum: Gott. Kein Wunder, dass er sich selbst zu Ehren einen Tempel mit klassizistisch-orientalischen Kuppeln hat errichten lassen (wer als Gott sonst noch neben ihm steht, kümmert Sai Baba wenig, weswegen Menschen aller Konfessionen zu ihm pilgern). Der Ashram ist so streng bewacht wie der Techno-Park. In beiden Fällen obliegt die Verantwortung für die Sicherheit pensionierten Offizieren der indischen Armee, steif-schlanken Asketen, die in einem merkwürdigen Gegensatz zu den barocken architektonischen Manifestationen ihrer jeweiligen Arbeitgeber stehen.

Sai Baba dürfte der politisch einflussreichste Guru Indiens sein. Zum Geburtstag wartete ihm eine Galerie von Ministern und Philistern auf. Der Wundertätige ist zwar schon mehrfach des Betrugs entlarvt worden – seine Materie-Ist-Energie-Philosophie erwies sich als billiger Zaubertrick –, neuerdings jedoch geriet er abermals in unrühmliche Schlagzeilen. Eine Reihe ehemaliger Verehrer haben ihn des sexuellen Missbrauchs bezichtigt und Medien in Australien, Schweden, London und München orale Details anvertraut. Der Skandal sickerte – wie so oft – zuerst ins Internet. Für wahre Gläubige kein Grund zur Skepsis, denn der Guru lehrt, dass »wir nicht ins Internet, sondern ins innere Netz blicken sollten«. Zudem sei jede Handlung des Babas ein »Lehren« – was Unverständigen falsch oder verwerflich erscheinen mag, wird zweifellos trotzdem seinen rechten Grund und Sinn haben. Dem Erfolg des aus ärmlichen Verhältnissen in die Sinnstiftungselite aufgestiegenen Sektenführers wird diese Kontroverse wenig anhaben können. Das gerade fertig gestellte Shri Sai Baba Institute of Higher Learning, ein gigantischer »When-Xanadu-meets-Stalin-Bau«, setzt den Errungenschaften des Heiligen ein philanthropisches Denkmal. Sai Baba scheint die okkulten Bedürfnisse der Ersten Welt ebenso effizient zu befriedigen wie der Techno-Park die professionellen.

Hinter Bangalore, nachdem man die National Aerospace Laboratories, das Indian Satellite Research Center und die Hindustan Aeronautics Limited hinter sich gelassen hat, fällt man durch ein Zeitloch und landet irgendwo im Mittelalter. Der Strom der Moderne erweist sich als urbanes Binnenmeer ohne Abflüsse. Die Menschen leben in Lehmhütten mit Palmdächern; die Frauen tragen Wasserkrüge zum Brunnen und trennen die Spreu vom Weizen, indem sie das Getreide aus vollen Tellern in den Wind schütten. In einem seltenen Zugeständnis an die Technologisierung breiten sie das Korn über der Straße aus und bedienen sich der Autoreifen zum Dreschen. Ansonsten benötigt man nicht viel Fantasie, um das 15. Jahrhundert heraufzubeschwören, die Blütezeit des großen Hindu-Reiches mit seiner gleichnamigen Hauptstadt Vijayanagar.

Die enigmatische Geschichte dieses Ortes beginnt in den Legenden. Auf dem Hemakutta-Hügel soll einst der Gott der weltlichen Liebe Kama vom dritten Auge Shivas (Virupaksha) zu Asche verbrannt worden sein, weil er es gewagt hatte, im Sinne der verliebten Parvati den meditierenden Gott zu stören. Eigentlich platzieren die Puranas diese Geschichte im Himalaja, dessen Tochter Parvati immerhin ist, doch in Indien werden bekannte Mythen oft lokal verortet. Einige Sagen später herrschten hier beispielsweise die Affenkönige Vali und Sugriva über ein Königreich der Primaten namens Kishkinda. Ihre gelangweilten Soldaten häuften bei männlichen Kraftspielen Steinbrocken zu jenen bizarren Formationen auf, die dem Gebiet seinen landschaftlichen Reiz verleihen. Hier traf der Botschafter der Affen Hanuman laut dem Nationalepos Ramayana den Prinzen Rama, der verzweifelt seine entführte Braut Sita suchte. Die Affenarmee erhielt daraufhin den Befehl, Sita aus den Klauen des zehnköpfigen und 20-armigen Dämons Ravana zu befreien. Das Gewichtheben im heimischen Steinbruch erwies sich nun als nützliches Training: Die Affen setzten nach Sri Lanka über, indem sie die Meerenge mit Felsen überbrückten.

Von flüchtigen Legenden zu steinernen Inschriften, deren älteste ins 7. Jahrhundert zurückreicht. Eine Tafel aus dem Jahre 1199 belegt die Existenz einer Stadt samt Tempeln und einem Gouverneur. Doch zur Residenz eines Geschlechts, das mehr als zwei Jahrhunderte lang an der Macht blieb, wurde dieser Ort erst 1336. Es herrschten damals unruhige Zeiten. Die moslemischen Sultane in Delhi waren schon mehrfach in den Süden vorgestoßen und hatten ein chaotisches Interregnum zurückgelassen. Die Radschas von Vijayanagar nutzten dieses Machtvakuum, um den Süden zum letzten großen hinduistischen Imperium Indiens zu vereinen. Als ihre Hauptstadt 1565 von moslemischen Truppen erobert, geplündert und gebrandschatzt wurde, zerfiel das Reich in kleine Fürstentümer, die dem bald darauf anschwellenden Kolonialismus machtlos gegenüberstanden.

Die 26 Quadratkilometer große Anlage, die mehrere Dutzend Tempel und Nutzbauten umfasst und archäologisch noch nicht vollständig untersucht worden ist, wurde 1986 zum Weltkulturerbe auserwählt. Seitdem prallt das museale Konzept der UNESCO auf die Realität Indiens. Nach Vorstellung der Kulturbürokraten sollte Vijayanagar respektvoll-distanziert betrachtet, keineswegs aber bebaut, bewohnt, belärmt werden. Letzteres scheint sich jedoch nicht vermeiden zu lassen, da der Virupaksha-Tempel im ganzen Land unter den Anhängern Shivas großes Ansehen genießt und sich daher jährlich Zehntausende indischer Pilger neben etwa 8000 ausländischen Touristen einfinden. Die Besucher wollen gefüttert, gelabt und umfassend versorgt werden. In den letzten Jahren ist in Flussnähe, auf dem Gelände des einstigen Marktes, ein Viertel mit dem Namen Hampi Bazaar entstanden. In der Geschäftszeile, die vom Haupteingang des Tempels zu einem bemerkenswerten Hügel führt, hat man sich die Bausubstanz der antiken Alkoven zunutze gemacht. Wenn man sich die Strukturen genauer ansieht, merkt man, dass massive, uralte Fundamente die wackeligen Neubauten tragen. Mal wurde mit Zement nachgeholfen, mal mit Farbe verschönert.

In Shivas Hotel sitzt ein weißer Jesus in Batikhemd und Pumphosen und liest die Klatschseite der »Times of India«. Neben ihm zwei Frauen, die sich irgendwo in Indien ihrer Weiblichkeit entledigt haben und nun darauf warten, auf einen der Hochstapler hereinzufallen, die sich zur Hochsaison in die Gewänder eines Sadhus werfen, um auf Touristenfang zu gehen. Hinter den Internetcafés, den Essbuden und Souvenirläden befinden sich kleine Hotels, die jene wachsende Zahl von Aussteigern beherbergen, die Vijayanagar von Goa aus entdeckt und zu einem meditativen Refugium auserkoren haben. Anfangs übernachteten sie wild auf einem der vielen Hügel, dankten dem Vollmond für Einsichten in Ewigkeit und Vergänglichkeit und beschwerten sich lautstark bei der Polizei, wenn sie ausgeraubt wurden. Als sie eine weihnachtliche Technoparty zwischen den Ruinen steigen ließen, wurde es selbst den toleranten indischen Behörden zu viel.

Die UNESCO hat sich wohl oder übel damit abgefunden, dass Kühe im königlichen Palast grasen und jedes freie Stückchen Land mit Bananenstauden bepflanzt ist, doch als 1999 mit dem Bau einer Brücke begonnen wurde, die wahrscheinlich die Abgeschiedenheit von Vijayanagar für immer zerstört hätte, schritt sie ein. Die zwei verlassenen Brückenträger, die entfernt an die mittelalterliche Waage des königlichen Schatzmeisters erinnern, zeugen von dem durch massive Drohungen erzwungenen Baustopp. Dadurch wurde auch die Tradition der Corecal-Boote bewahrt, jener runden Korbgondeln, mit denen schon portugiesische Reisende im 16. Jahrhundert ans andere Ufer des Flusses Tangabhadra übersetzten.

Weil sich an der Stelle des Virupaksha-Tempels einst Shiva mit Parvati vermählt hat, wird der Tempel gerne für das Trauungsritual aufgesucht. Wenn reiche Paare heiraten, wird die Feuerstelle vor dem Sanctum Sanctuorum angezündet und das prächtig gewandete Paar kreist dreimal um die Flammen, unter den aufmerksamen Blicken dreier steinerner Nandis (der Bulle, auf dem der Gott Shiva reitet), die – passend zu diesem Anlass – die Trinität von Vergangenheit, Gegenwart und Zukunft symbolisieren. Eine Bauernhochzeit hingegen erweist sich als bescheidenere Affäre. Ein schlecht gelaunter Priester sitzt unter dem Baldachin und kommandiert das scheue Paar herum, während Touristen durch die Zeremonie stapfen, um das von ihrem Führer gepriesene Deckengemälde aus dem 16. Jahrhundert zu bewundern. Ein Affe wagt sich heran und wird verscheucht. Das Paar schaut sich nicht an, der Priester spricht etwas vor, das die beiden unsicher wie schlechte Schüler nachmurmeln. Dann werden sie mit Reis beworfen und gehen dreimal um eine klitzekleine Ölflamme herum. Draußen gibt eine bestellte Band den blechernen Rhythmus dieses gesegneten Tages vor.

Die anderen Tempel sind weniger vom Alltag überfrachtet. Da für Hindus ein Tempel mit der Zerstörung seines Idols seine Heiligkeit verliert, halten sich nur noch Fledermäuse in den kühlenden Gewölben auf (Fledermäuse, teilt uns die allwissende Führerin Nagaveni Naidu mit, helfen bei Rückenschmerzen). In den abgelegeneren Ruinen kann man in völliger Ruhe die Reliefs auf den Säulen lesen, wie frühe Comics, die das Ramayana oder Mahabharata nacherzählen. Erst im Malyavanta-Ragunata-Tempel begegnen wir wieder Priestern. Im Gegensatz zu den Brahmanen von Virupaksha, die ihre lukrative Position einer alten Familientradition verdanken, stammen diese Priester aus dem fernen Bihar. Die Gastarbeiterbewegung macht auch vor dem Beruf des Heiligen nicht Halt. Im Norden Indiens herrscht ein äußerst ungünstiges Verhältnis von Priestern zu armen Bauern. Als diese ausgehungerten Gottesdiener von einem durchreisenden Sadhu erfuhren, im Süden gebe es einen verwaisten Rama-Tempel, packten sie ihre Schale, ihre Gebetskette und ihren Gehstock und machten sich auf die lange Reise. Sie wollen abwarten, sagt der Jüngste unter den drei Priestern, wie viele Leute zu ihnen kämen, ob sie genug Geld verdienen könnten, um hier zu bleiben. Er gibt Auskunft in dem Tonfall eines Vertreters, der sich über die Absatzchancen eines neuen Produktes äußert.

Von dem Rama-Tempel aus überblicken wir fast die ganze Ruinenstadt: die Elefantenställe, die 500 Dickhäutern ein königliches Zuhause boten; die schönen Bäder für König und Königin sowie das gewaltige Schwimmbecken für ihre Untertanen. Die Sonne sinkt, und die Bauern verlassen, zu Fuß oder auf Karren, die umliegenden Felder der Großgrundbesitzer, auf denen sie für 1,50 Euro Tageslohn schuften. Von der großen Tradition des Hinduismus dürfte ihnen kaum mehr als die grundsätzliche Trinität von Brahma (der Schöpfer), Vishnu (der Wirkende) und Shiva (der Zerstörer) vertraut sein. In ihrer »kleinen« Welt wird noch der Dorfvorsteher mit der Flussgöttin vermählt, werden Steine und Bäume angebetet sowie unzählige Geister und Dämonen respektiert. Das hat sich in den Jahrhunderten seit der Blütezeit der mittelalterlichen Millionenstadt Vijayanagar kaum geändert, trotz der Überfälle von Islam, Kolonialismus und Cyberspace.

5

Kultur

Auf meinem Schreibtisch steht ein kleiner *kavad*, ein hölzerner Altar mit mehreren ausklappbaren Türen. Wenn fahrende Geschichtenerzähler in Rajasthan diese farbigen Türen öffnen, beginnen die aufgemalten Bilder als Szenen Sinn zu ergeben. Sie begleiten visuell – einem sparsamen Comic gleich – die Geschichte, die der Erzähler in jedem Dorf und jedem Gehöft vorträgt, die zentrale Geschichte aus dem Epos *Ramajana*. Alle Zuhörer kennen und verstehen sie. In dieser Geschichte spiegelt sich eine ganze Welt, ihre Welt. Erzähler und Zuschauer können mit jeder Vorführung eine Gemeinschaft begründen, untereinander und mit den Göttern, bezogen auf Gegenwart und Herkunft. Vor einigen Jahren lief das *Ramajana* als aufwendige Verfilmung im staatlichen Fernsehen, jeden Sonntag. Im ganzen Land versammelten sich Bauern vor den wenigen Fernsehern ihrer Dörfer. Die Bilder der eigenen Identität wurden nicht mehr auf- und zugeklappt, sie wurden ein- und ausgeschaltet.

Im Bann des roten Balles: Indiens skurrile Leidenschaft

Im Krankenhaus gab es weder Zeitungen noch anständige Tische, noch brauchbare Ventilatoren. Hin und wieder ein Buch, hin und wieder Nachrichten über ein Kricketmatch aus dem Radio, abwechselnd auf Singhalesisch und Englisch. Bei besonderen Anlässen oder in den entscheidenden Stunden eines Testmatches war im Operationssaal ein Transistorradio erlaubt. Wenn der Reporter Englisch sprach, musste Rohan, der Anästhesist, einspringen und das Ganze ins Singhalesische übersetzen. Er war der Zweisprachigste von allen, weil er das Kleingedruckte auf den Sauerstoffbehältern lesen musste. Oft dämmerten Patienten auf der Chirurgischen Station ins Bewusstsein zurück und fanden sich mit der Dramatik eines Kricketmatches konfrontiert.

Aus dem Roman *Anils Geist* von Michael Ondaatje

In Bombay wird auf den Dächern gespielt; in Delhi auf engstem Raum zwischen Schulhaus und Mauer; in Ahmedabad auf einem Müllplatz, neben einem Bulldozer, der die stinkenden Haufen platt walzt. In der Fußgängerzone von Shimla wird zwischen den flanierenden Touristen gespielt, die den beidseitigen Blick auf die Gipfel des Himalaja genießen. Und sonntags wird in allen Städten Indiens gespielt, überall, auch mitten auf der Straße, mit einem Tennisball und einem Eimer, einem Deckel oder einem an einen Stein gelehnten Karton als Ziel, genannt *wicket*. Kricket ist Indiens Nationalsport. Jeder Junge träumt davon, ein Kricketstar zu werden. Keine andere Sportart auf der Welt hat in einem Land so viele Anhänger wie Kricket in Indien. Und das, obwohl dieser Sport angesichts der indischen Verhältnisse denkbar ungeeignet scheint: Er erfordert eigentlich viel Platz (ein ovales Feld, größer als ein Fußballplatz), und er kostet viel Geld (neben Ball und Schläger werden Handschuhe, Schienbeinschützer, Helme sowie Arm-, Brust- und Unterleibsschoner benötigt). Trotzdem hat sich Kricket in den letzten Jahrzehnten zu einer nationalen Passion entwickelt, die jede Zeitung und jedes Gespräch dominiert.

In Zeiten schneller Tempi und forcierter Dynamik wirkt Kricket sympathisch anachronistisch. Ein Testmatch erstreckt sich über fünf Tage, den ganzen Tag von der Frühe bis kurz vor Sonnenuntergang, unterbrochen nur von einer Stunde Mittagspause und 20 Minuten Teatime. Manchmal geschieht minutenlang nichts, weil sich eine Mannschaft taktisch umstellt. Manchmal passiert stundenlang (fast) nichts, weil der Werfer (*bowler*) und der Schläger (*batsman*) sich belauern. Und zu allem Überfluss endet ein Testmatch nach fünf Tagen oft in einem Unentschieden! In den 1950er- und 1960er-Jahren gab es zwischen Pakistan und Indien in 15 Auseinandersetzungen nur einmal einen Gewinner. Doch entgegen dem internationalen Trend boomt Kricket in Indien. Während im Mutterland England einige gelangweilt wirkende ältere Herren auf Klappstühlen zart nickend einen guten Schlag abnehmen und bei sensationellen Ereignissen dreimal wohl dosiert in die Hände klatschen, strömen in Indien die Massen mit Feuerwerkskörpern, Fahnen, Schildern und kleinen Geschenken in die Stadien, johlen, stampfen und hüpfen und überfluten am Ende des Spiels den Platz, worauf sich die Spieler vor so viel Zuneigung rennend in Sicherheit bringen müssen.

Vorspiel

Nachdem Anfang 1999 die Nachricht bekannt gegeben wurde, sprach ganz Indien von nichts anderem: dem ersten Testmatch gegen den Erzrivalen Pakistan auf heimischem Boden seit zwölf Jahren. Einige Monate zuvor hatten sich die beiden Staaten bei Nuklearwaffenversuchen zu übertrumpfen versucht – und einige Monate später führten sie gegeneinander Krieg –, nun sollte ein kleiner roter Ball aus Hartgummi die Ambitionen der beiden Völker befriedigen. Kaum hatte sich die erste Aufregung gelegt, störte ein 70-jähriger Mann aus Bombay die Vorfreude. Bal Thackeray, Führer der nationalistischen Shiv Sena und Demagoge von der schlimmsten Sorte, verkündete zunächst, dass die pakistanische Mannschaft in Bombay nicht willkommen sei. Dann drohte er, seine Anhänger würden dafür sorgen, dass Pakistan nirgendwo in Indien spielen könne. Das waren keineswegs leere Drohungen: Einige seiner Anhänger gruben den Platz in Neu-Delhi wie Maulwürfe um. Doch schon bei diesem ersten Zwischenfall kippte die scheinbare Konfrontation zwischen Regierung und Shiv Sena in eine Schmierenkomödie um. Die »Soldaten Shivajis« boten ganze fünf Maulwürfe auf. Da sie vorab die Presse informiert hatten, wurde ihr Sabotageakt im Fernsehen ausgestrahlt. Die Polizei war natürlich nicht so gut im Bilde wie die Medien. Am nächsten Morgen zeigten die Fotos in den Zeitungen die Protestgärtner im Scheinwerferlicht. Der eine blickte wie der Shakespeare-Bösewicht einer Provinzaufführung in die Kamera, ein anderer – wohl neu im Geschäft – konnte ein selbstzufriedenes Lächeln nicht verbergen. Nach einigen Tagen eifriger öffentlicher Wortgefechte zwischen den wahren Patrioten und den wahren Liberalen, drangen einige Schlägertypen in das Büro des indischen Kricketverbandes in Bombay ein, verwundeten den Sekretär und zerschlugen die von Indien 1983 gewonnene Weltmeisterschaftstrophäe. »Das Einzige«, wie ein Freund klagte, »was wir jemals gewonnen haben.« Eine Woge der Empörung ergoss sich über Bal Thackeray. Das schlug dem Fass den Boden aus. Die Kommentatoren waren sich einig, dass Thackeray mit diesem Sakrileg zu weit gegangen war. Dabei war es ihm als Lokalpolitiker gelungen, zur bekanntesten Figur im Lande zu werden. Der Innenminister musste nach Bombay fliegen und eine Stunde lang bitten, drohen, schachern, bis die Shiv Sena einlenkte. Zufrieden traten beide Seiten vor die Presse: *The games can go on.*

Donnerstag – der erste Tag

Der Ferozeshah-Kotla-Kricketplatz in Neu-Delhi ist der kleinste der Testmatchplätze in Indien. Die Tribüne fasst nur 28 000 Zuschauer – Eden Gardens in Kalkutta hingegen hat eine Kapazität von 100 000. Darum sticht die starke Polizeipräsenz besonders ins Auge. 1500 Polizisten bewachen die Zufahrtsstraßen, die Eingänge, die Ränge. Ich werde viermal kontrolliert, ehe ich auf die Pressetribüne darf. Alles, was gefährlicher als ein Kaugummi ist, wird vorsichtig wie Sprengstoff inspiziert und konfisziert. So auch mein Taschenmesser. Thackeray hatte vor seiner Kapitulation gedroht, seine Männer würden Kobras in den Stadien aussetzen, also hat die Polizei in Neu-Delhi auch 30 Schlangenbeschwörer vor dem Stadion postiert. Später erzählte mir ein Journalist, die Schlangen wären von einem bestimmten Stamm aufgekauft und in Essboxen versteckt worden. Im Falle einer Kontrolle hätten die Schlangenterroristen ihre Reptilien in Plastiktüten gesteckt und unter die Unterhose geschoben. »Dort schaut die Polizei nie nach.«

Nachdem fast die gesamte politische Elite des Landes die Spieler einzeln begrüßt hat, kann das Spiel beginnen. Die zwei Schiedsrichter, der eine stammt aus der Karibik, der andere aus Indien, schreiten einsam über den sattgrünen Rasen, das Weiß ihrer Schürzen – ja, sie tragen Kittelschürzen über ihren schwarzen Hosen – wandert über das Spielfeld, bis es erstarrt. Überflüssige Bewegungen sind von nun an unbedingt zu vermeiden. Der Jamaikaner Steve Bucknor versieht sein Amt mit der Würde einer antiken Statue. Nur die übergroße Hutkrempe und die dick mit Sonnencreme beschmierten Wangen untergraben diesen Eindruck etwas.

Dann spazieren die Spieler auf den Platz, gelassen und mit Muße – kein Sprinten, kein Tänzeln, kein Hüpfen. Jeder nimmt seinen Platz ein. Der erste Ball kann geworfen werden. Spätestens jetzt sollte ich die Spielregeln erklären. Keine leichte Aufgabe. »Da beneide ich Sie aber nicht«, sagte mir der deutsch-jüdische Physiotherapeut der pakistanischen Mannschaft, Dan Siegel. »Ich habe Monate gebraucht, die Regeln zu kapieren.« Nun, es ist wie mit der französischen Grammatik: Die Regeln an sich sind einfach, die Ausnahmen machen es einem Nichteingeweihten jedoch schwer. Im Prinzip hat Kricket einiges mit Brennball gemein. Mitten auf dem Platz stehen zwei knapp 20 Meter voneinander entfernte Hölzer (*wickets*). Die zwei Mannschaften zu je elf Spielern wechseln sich mit Werfen (*bowling*) und Schlagen (*batting*) ab. Jeweils zwei Spieler der battenden Mannschaft stehen an diesen Hölzern – der eine versucht, mit einem Schläger (*bat*) den ihm zugeworfenen Ball so im Feld zu platzieren, dass er mit seinem Partner die Positionen wechseln kann, ehe die gegnerische Mannschaft den Ball zu den Hölzern zurückwirft. Dies bringt einen Punkt (*run*) ein. Ähnlich wie im Baseball kann er den Ball über die äußere Markierung schlagen und, ohne zu laufen, gleich vier Punkte (wenn der Ball rollt) oder sechs Punkte (wenn er drüber fliegt) erzielen. Die werfende Mannschaft, die sich vollzählig auf dem Feld verteilt hat, versucht den Ball so schnell wie möglich wieder zu den Hölzern zurückzuwerfen. Denn wenn diese berührt werden, bevor der laufende Batsman sie erreicht, scheidet er aus. Ebenso, wenn der von ihm geschlagene Ball gefangen wird. Oder wenn der Bowler die Hölzer direkt trifft. Wenn einem Batsman vom Schiedsrichter »Aus« erteilt wird, muss er vom Feld; er wird vom nächsten Batsman ersetzt, bis alle elf an der Reihe waren und der Durchgang (*innings*) zu Ende geht. Nun muss die bislang werfende und im Feld stehende (*fielding*) Mannschaft versuchen, mehr Runs zu erzielen als der Gegner. Das skurrilste Detail im Kricket, das zudem für die meiste Aufregung sorgt, heißt »lbw« (*leg before wicket*). Der mit breiten Schienbeinschonern ausgestattete Batsman könnte stets seine Beine vor das schmale Wicket stellen und somit ausschließen, dass der Bowler je die Hölzer trifft. Um diese Unsportlichkeit zu verhindern, darf die werfende Mannschaft ein »lbw« reklamieren, wenn der Ball die Schoner getroffen hat und angesichts seiner Flugkurve mit an Sicherheit grenzender Wahrscheinlichkeit die Hölzer getroffen hätte. Die Reklamation (*appeal*) sollte durch den Ausruf »*How was that?*« oder »*How's that?*« oder »*Howzat?*« vorgetragen werden. Tatsächlich springen Werfer und Mitspieler wie von Bienen gestochen auf, reißen die Arme in die Höhe und die Augen weit auf und beschwören den Schiedsrichter, Gerechtigkeit walten zu lassen. Wenn zudem das ganze Stadion aufgrölt, kann es einem Umpire schwer fallen, die mögliche Flugkurve des über 100 Stundenkilometer schnellen Balles nüchtern zu beurteilen. Hebt er seinerseits den rechten Arm, muss der Batsman das Feld verlassen. Bleibt er steinern, blickt der Bowler so verblüfft und verletzt drein, als wäre sein Heiratsantrag gerade abgelehnt worden.

Die Geschichte des Krickets in Indien

Vielleicht war Sir Vibhaji Ranjitsinhji ein progressiver Herrscher seines winzigen Fürstentums in Gujarat, mit Sicherheit war er aber der begnadetste Kricketspieler seiner Zeit – einer Epoche, in der vor den Klubs Bombays das Schild »Zutritt für Inder und Hunde untersagt« hing. In den Jahren zwischen 1895 und 1912 erzielte Ranji mit einer flüssigen Bewegung, die seine Knochen zu negieren schien, Jahr für Jahr die meisten Runs, schlug alle Rekorde und erzielte bei seinem Debüt für England gegen Australien erstaunliche 154 Runs. Er schrieb das erste moderne Lehrbuch des Sports, das *Jubilee Book of Cricket*. Obwohl er in einem der renommierten Colleges von Cambridge eingeschrieben war, wäre ihm dieser Ruhm fast versagt geblieben, denn Ranji trug unter seinem weißen Seidenhemd eine braune Haut. Doch Snobismus wog noch schwerer als Rassismus – in der Annahme, es handele sich bei Ranji um einen echten indischen Prinzen, wurde er in die Universitätsmannschaft berufen. Dabei war er vom Königshaus nur adoptiert worden.

Kricket in Indien war zu Beginn ein Zöglingssport. Gegen Ende des 19. Jahrhunderts spielten es nur die Parsen, einst aus Persien nach Indien geflohene Anhänger des zoroastrischen Glaubens, die sich kulturell und politisch an die englischen Kolonialherren anlehnten. Sie gründeten als Erste ihre eigenen Kricketvereine und veranstalteten Spiele gegen britische Mannschaften. Das führte dazu, dass Kricket in Bombay, wo es zuerst Wurzeln schlug, bis in die 1930er-Jahre hinein innerhalb kommunaler Grenzen organisiert war. In einem Viereckturnier spielten die Parsen, die Hindus, die Moslems und die Engländer eines Orts gegeneinander.

In den Jahren zwischen den Weltkriegen übernahmen die Prinzen der etwa 500 Fürstenhäuser Indiens die Initiative. Sie waren verrückt nach Sport. Ihre reichlich bemessene Freizeit füllten sie mit Polo, Pferderennen und Kricket aus. Besonders extravagant und dem prinzlichen Image angemessen galt das Batten, das flamboyante Schwingen des Schlägers, das zu schnellen Ergebnissen führen konnte, ehe der gefürchtete Ennui einsetzte. Alle anderen Tätigkeiten auf dem Feld überließen die Maharadschas ihren Dienern. Schließlich war es eines Herrschers unwürdig, einem Ball hinterherzulaufen. Auch bei den Regeln pickten sich die Prinzen die Rosinen heraus. Der Maharadscha von Kaschmir etwa pflegte meist nach der Teatime zu entscheiden, dass es ihn zu batten gelüste. Ungeachtet des Spielstandes ließ sich der kleinwüchsige Fürst von vier Dienern einkleiden, stolzierte auf das Feld, gefolgt von zwei Adjutanten, die seinen Schläger beziehungsweise seine Handschuhe trugen. Wenn ihm nach einer halben Stunde die Lust verging, signalisierte er dem Schiedsrichter (*umpire*), ihm »Aus« zu erteilen, und dieser entschied beim nächsten Ball gehorsam auf »lbw«. Solange der Maharadscha spielte, achteten alle Feldspieler peinlichst genau darauf, Bälle vom königlichen Schläger nicht zu eifrig zu stoppen oder gar zu fangen.

Im unabhängigen Indien traten große, meist staatseigene Firmen die Nachfolge der Prinzen an und leisteten sich eigene Teams. Kricket wurde zunehmend als eine Möglichkeit des sozialen Aufstiegs und Prestigegewinns angesehen. Gleichzeitig erhielt die wachsende Mittelklasse vermehrt Zugang zu Schulen, wo Kricket trainiert und begabte Spieler entdeckt werden konnten. Ab den 1970er-Jahren konnte man durch Kricket zu einem sicheren Job kommen, denn die Banken und Konzerne garantierten den Spielern ihrer Mannschaften Arbeitsplätze auf Lebenszeit – dem ehemaligen System in den Ostblockländern nicht unähnlich, wo Armee, Staatssicherheit oder Polizei eine vergleichbare Patronage betrieben. Einer der großen Spieler der 1970er-Jahre, Gundappa Viswinath, ist auch heute noch bei der State Bank Of India angestellt, wo sich seine Arbeit auf gelegentliche, öffentlichkeitswirksame Auftritte beschränkt. Ansonsten bequemt er sich gegen 10.30 Uhr ins Büro, trinkt einen Tee, unterhält sich ein wenig mit den Kollegen und steht dann pünktlich um zwölf Uhr am ersten Abschlag des Golfplatzes. Kricketspieler aus der obersten Liga erhielten automatisch die kaum definierte Position eines »Officers«. Doch wirklich arbeiten mussten sie selten. Zunehmend investierten Firmen in viel versprechende Spieler. Sachin Tendulkar, der Superstar der jetzigen Generation, wurde von Sun-Grace Mafatlal adoptiert, was bedeutete, dass diese Firma alle Kosten für seine schulische und sportliche Ausbildung, inklusive eventueller Studienaufenthalte oder Spiele im Ausland, trug. Trotz dieser Fördermöglichkeiten stammen die Mitglieder der Nationalmannschaft bis zum heutigen Tag fast ausschließlich aus der Ober- und Mittelschicht. Tendulkars Vater war ein Literaturprofessor, und die Väter seiner Vorgänger in der Rolle des Volkshelden waren ebenso allesamt sozial abgesichert: Kapil Dev – Holzfabrikant, Sunil Gavaskar – Vertriebsleiter, S. M. H. Kirmani – Assistent des stellvertretenden Finanzministers. Erst in den letzten Jahren sind einige Spieler aus ärmeren Verhältnissen ins Rampenlicht getreten. Vinod Kambli hat sich mit seinem Bat aus den Slums von Bombay herausgespielt, und der Vater des jungen, international noch nicht erprobten Laxmi R. Shukla betreibt in einem Vorort von Kalkutta eine Telefonzelle.

Der Durchbruch zum Nationalsport erfolgte Anfang der 1970er-Jahre. 1971 gewann die indische Mannschaft zuerst gegen die der Westindischen Inseln (Karibik), damals die weltbeste Mannschaft, und danach gegen England. Die Massen erfuhren von diesen Triumphen über den Hörfunk, denn inzwischen besaßen viele Familien ein Radiogerät, und Sender wie »All-India Radio« oder BBC sowie im Süden »Radio Ceylon« berichteten live und in voller Länge. Als im Oktober 1972 das Fernsehen in Indien eingeführt wurde und die Fans ihre Helden im Bild schlagen und werfen sehen konnten, war der Siegeszug des Krickets nicht länger zu stoppen. Zumal im einzigen Konkurrenzsport um die Volksgunst – Hockey – keine Erfolge mehr erzielt werden konnten.

Freitag – der zweite Tag

Jeder Spielzug wirkt wie eine Aneinanderreihung von Ritualen. Der Bowler überreicht dem Schiedsrichter seine Mütze und seinen Pulli. Vorsichtig faltet ihn der Umpire und zieht ihn durch eine Lasche, die scheinbar für diesen Zweck an der Seite seiner Schürze befestigt ist. Nach sechs Würfen (einem *over*) reicht der Schiedsrichter die Mütze mit der Linken und den Pulli mit der Rechten an den Bowler zurück. Der Anlauf eines Werfers ist so einstudiert wie der eines Weitspringers. Einige langsamere, kürzere Schritte, dann die Beschleunigung und die Umsetzung der Geschwindigkeit in Wurfenergie. Zwischen zwei Würfen wandert der Ball von Spieler zu Spieler, durch die halbe Mannschaft, ehe er wieder zum Werfer zurückgelangt. Dabei wird er von einem Spieler oder mehreren Spielern immer wieder in der Leistengegend an der Hose gerieben. Überhaupt wird um den Ball ein ziemlicher Fetischismus getrieben. Wie ein Diamant wird er immer wieder genau betrachtet, auf Risse, Dellen und andere Mängel untersucht.

So harmlos Kricket aussieht, es ist ein gefährlicher Sport, nicht zuletzt wegen der Härte des Balles, vor allem wenn dieser noch ziemlich neu ist. In England gibt es jährlich im Kricket mehr Sportverletzungen als im wüsten Rugby. Einige berühmte Spieler sind nur knapp mit dem Leben davongekommen, so etwa der ehemalige indische Kapitän Nari Contractor, der auf Barbados von einem schnellen Ball auf dem Kopf getroffen wurde und eine Schädelfraktur sowie Gehirnblutung erlitt.

Kricket und Geld

Heute ist Kricket *big big business*. Jeder Konzern will von der Popularität profitieren und richtet die Aufmerksamkeit seiner Werbeabteilung nur auf die berühmtesten Spieler. Andere Sportarten erhalten kaum Sponsoring und sind in der Werbewelt nicht existent. Mit Kricketstars wird dagegen für alles geworben, auch für Banken, Versicherungen und Autohersteller. Überall im Land versuchen Geschäftsleute, von der Euphorie zu profitieren. Ess-Stände am Straßenrand investieren in kleine Fernseher, um die Lastwagenfahrer anzulocken. Gezeigt wird – wenn das Gerät läuft, und das ist fast immer – Kricket. Denn Kricket ist wie geschaffen fürs Fernsehen. Mit geringen Kosten deckt man ein ganzes Tagesprogramm ab, und am Abend kann man die Highlights in einer zweistündigen Zusammenfassung zeigen. Für die Nachtschwärmer erfolgt zu später Stunde eine Reprise, Ball für Ball, mit dem Originalkommentar. Und wenn Regen das Spiel unterbricht, kann man den vorhergehenden Spieltag noch einmal zeigen, und wenn es immer noch regnet, den vorvorhergehenden Tag. Zwischen jedem Spielzug gibt es reichlich Zeit, die letzte Aktion in fünf Zeitlupen aus drei verschiedenen Perspektiven zu wiederholen, zu analysieren. Alle zwei bis drei Minuten, nach jedem Over, erfolgt eine Pause, vorgeblich, um den Bowler und die Seiten zu wechseln. Tatsächlich handelt es sich um eine schlecht verschleierte Werbepause in der Länge eines Pepsi- oder Coca-Cola-Spots. Als Zuschauer kann man nebenbei arbeiten oder ein Schläfchen halten. Wenn man wieder hinschaut, ist alles beim Alten, nur steht auf der Ergebnisanzeige am rechten oberen Rand statt 212/3 nun 221/4. Das riesige Spielfeld und die rein weiße Kleidung der Spieler bieten die größte Werbefläche im modernen Sport: Die Werbespruchbänder ziehen sich um den gesamten ovalen Platz herum, der Sonnenschutz ist mit drehbaren Tafeln ausgestattet, die zur Reklame benutzt werden, wenn der Batsman sie nicht im Blick hat. Und auf dem grünen Rasen setzt sich das aufgemalte Logo des Hauptsponsors hervorragend ab, dessen Schriftzug auch auf dem monströsen Wagen prangt, der zu Getränkepausen auf den Platz geschoben wird.

Trotz ihrer beachtlichen Einnahmen sind die Spieler immer noch Amateure. Die Einführung eines Profistatus bekämpfen sie selbst mit allen Mitteln, denn als Amateure müssen sie keine Steuern für ihre Preisgelder zahlen. Das Geld wird allerdings sehr ungleichmäßig verteilt. Die besten und berühmtesten fünf bis zehn Spieler erhalten alles; für weitere 20 bis 30 fällt auch noch genug ab; der Rest erhält fast nichts. In der nationalen Liga wird Geld weder eingenommen noch ausgezahlt. Die Spieler müssen sich durch Nebenjobs über Wasser halten.

Samstag – der dritte Tag

Manchmal ist das Aufregendste an dem Geschehen der Schatten eines kreisenden Falken. Beide Seiten belauern sich – ein Schachspiel wirkt im Vergleich dazu dynamisch. Die indischen Kollegen sind bemüht, mir die taktischen Finessen zu vermit-

Vor Beginn einer Safari durch die Wüste Rajasthans

Typische Gopura eines südindischen Tempels

Jodhpur – die »blaue Stadt« in Rajasthan

Raigad Fort in Maharashtra

An einem Dorfbrunnen nahe Jaisalmer

Ein junger Ayappa-Pilger ruht sich auf den Stufen
eines alten Tempels in Karnataka aus

Koranlektüre in der Freitagsmoschee in Alt-Delhi

Kameltreiber auf dem Markt in Pushkar

Die motorisierte Rikscha, das wichtigste Taxi in den indischen Städten (hier Hyderabad)

Verkäufer von Kumkum, ein für religiöse Rituale benutztes Pulver

Dorfhaus in Karnataka

Der »Goldene Tempel« von Amritsar

teln – es erinnert mich an Helmut Pflegers Schachanalysen im Fernsehen, bei denen er einem zu erklären versuchte, wieso Springer auf G3 im 17. Zug wegen Dame auf E3 im 22. Zug ein großer Fehler gewesen wäre. Spätestens am dritten Tag begreife ich, dass Kricket keineswegs eine Sportart ist, sondern eine zenbuddhistische Meditationsmethode, mit dem Ziel, in die endlose Geduld einzugehen. Denn Geduld gehört nicht nur zu den wichtigsten Voraussetzungen für einen guten Spieler, sondern auch für einen guten Zuschauer. Der Mangel an solcher kann einem teuer zu stehen kommen. Als ich nach einer ereignislosen Stunde (und eine Stunde kann einem sehr lange erscheinen) aufstehe und dem Spiel den Rücken zudrehe, um mir die Beine etwas zu vertreten, erzielt Sachin Tendulkar, das Idol, der Göttliche, zuerst eine Zwei, dann eine Vier. Beim dritten Ball werden seine Hölzer getroffen und er muss das Spielfeld verlassen. Die Aufregung im Stadion ist enorm – nur habe ich alles verpasst.

Angesichts der ewigen Wiederkehr der Pause gibt es reichlich Gelegenheit, alles Mögliche zu diskutieren. Besonders beliebt sind unter den Journalisten die Spekulationen über den Zustand des schmalen Streifens (*pitch*), auf dem geworfen wird. So wie die Seher der Antike aus den Innereien des Fisches die Zukunft lasen, wird von den indischen Fachleuten anhand von Indizien, die vom Wetter bis hin zur Geologie reichen, unablässig der Zustand dieses Streifens analysiert. »Das ganze Lesen des Platzes ist Humbug«, meint ein alter Hase. Und ein anderer Veteran fügt hinzu: »Der Platz ist wie eine Frau – du weißt nie, wie sie sich entpuppen wird!«

Nach dem dritten Tag scheint diese Frau den Indern wohlgesinnt zu sein. Sie haben den Pakistanis ein Ziel von 420 Runs gesteckt. Noch nie hat eine Mannschaft im letzten Durchgang einen solchen Rückstand aufholen können.

Zweifellos hat der erste Teil der Tournee die verbalen Feindseligkeiten im Vorfeld Lügen gestraft. Die Pakistanis wurden überall herzlich empfangen. In Madras spendete ihnen das Publikum großzügig Applaus, auch als die eigene Mannschaft knapp verlor. Die Siegerrunde der Pakistanis wurde vom indischen Publikum mit Standing Ovations quittiert – ein bewegender Augenblick in der Geschichte dieses Sports. Plötzlich schienen wieder die Gemeinsamkeiten zwischen den zwei Ländern – und eine davon ist die Begeisterung für Kricket – im Vordergrund zu stehen.

Am Abend des dritten Tages sind Spieler, Funktionäre und Journalisten beim Premierminister eingeladen. Einige Tage zuvor waren sie alle beim Präsidenten zu Gast. Nach dem Match sollen sie dem Innenminister die Ehre eines Besuches erweisen. Die Politiker haben von den Geschäftsleuten gelernt; etwas von dem Kricket-Glanz soll auch auf sie fallen. Das Match ist überfrachtet mit Erwartungen: Normalisierung der indisch-pakistanischen Beziehungen, Beginn einer neuen Ära, innenpolitischer Flankenschutz für zwei angeschlagene Premierminister. Doch an einer anderen Front geht der kriegerische Alltag weiter. Gelegentlich veröffentlichen die Zeitungen den neuesten Bericht aus Siachen, einem Gletscher am Ende der Welt, genauer gesagt in den östlichen Bergen Ladakhs, wo Soldaten beider Staaten öfter an Erfrierungen, Lawinen und Stürmen sterben als am gegenseitigen Beschuss.

Auf der morgendlichen Fahrt ins Stadion komme ich täglich an der alten Festung Purana Qila vorbei, in der 1947 nach der Teilung der britischen Kolonie in Indien und Pakistan die Moslems Alt-Delhis zu Tausenden Zuflucht suchten. In jenen Tagen waren Millionen auf der Flucht, schwer beladen mit Habseligkeiten und Leiden. Auf den Straßen bildeten sich kilometerlange Züge. Hunderttausende starben.

1940 hatte der moslemische Führer Jinnah auf einer Sitzung der Moslemliga in Lahore die Errichtung autonomer islamischer Staaten gefordert und die berüchtigte Zwei-Nationen-Theorie aufgestellt, nach der Hindus und Moslems unterschiedliche Nationen seien. Diese Resolution ging als Pakistan-Resolution in die Geschichte ein. Sie wurde zur ideologischen Grundlage für die Entstehung Pakistans, eines Kunstproduktes der Entkolonialisierung, ein Staat innerhalb von Grenzen, die nie zuvor existiert hatten.

Da die moslemischen Punjabis einen großen Teil der Armee ausmachten, verfügte Pakistan über eine ausgebildete Armee, die in der Folgezeit zur mächtigsten Kraft im Lande wurde und der verhängnisvollen Fehleinschätzung Vorschub leistete, man könne die nachbarschaftlichen Streitigkeiten, insbesondere um den Zankapfel Kaschmir, durch Waffengewalt lösen. Unglücklicherweise hatte in Kaschmir eine Hindu-Dynastie über eine mehrheitlich moslemische Bevölkerung geherrscht. Der Maharadscha konnte sich nach der Unabhängigkeit nicht entscheiden, welchem Staat er beitreten wollte. Pakistan entsandte Freischärler, um ihm die Entscheidung zu erleichtern, worauf sich der Maharadscha an den indischen Staat wandte und dieser seinerseits Truppen nach Kaschmir schickte. Zwar gewann Indien die militärische Auseinandersetzung, doch Nehru gab ein folgenschweres Versprechen ab: Es werde eines Tages eine Volksabstimmung stattfinden. Seitdem klagt jede pakistanische Staatsführung das Autonomierecht des Volkes von Kaschmir ein.

Sonntag – der vierte Tag

An diesem Tag wird eine ganz andere Geschichte geschrieben. Und ich als derjenige, der in ganz Indien am wenigsten von Kricket versteht, darf dieser sportlichen Sensation, dieser unglaublichen individuellen Leistung, die zuvor in der Geschichte des Sports nur einem einzigen Spieler gelungen war, beiwohnen.

Am ersten Tag habe ich den Fehler begangen, mich zu nahe an einen leicht zu übersehenden Lautsprecher zu setzen. Nachdem der erste Batsman ausgespielt war, knackte es plötzlich neben meinen Füßen, und eine Stimme verkündete lautstark: »Saaed Anwar, 12–28–7–1 x 4.« Die Stimme ließ an der Bedeutung ihrer Mission keinen Zweifel. Die von ihr dargebotene Information schien den eigentlichen Mittelpunkt, den wahren Sinn dieses Sports zu enthalten. Ich fand heraus, was uns mitgeteilt wurde: der Name des Batsman, die Dauer seines Battens, die Zahl der entgegengenommenen Bälle, die Zahl der Runs und die Zahl der Vierer oder Sechser. Ähnliches wiederholte sich, wenn ein Bowler ausgewechselt wurde, nur dass die Stimme andere Zahlen verkündete: »Srinath, 6–2–20–1.« Es handelte sich um die aktuellen Aktienkurse der Werfer. Jedes Mal, wenn es im Lautsprecher knackte, ließen die anwesenden Journalisten alles andere stehen und liegen, ergriffen ihre Stifte und schrieben eifrig wie Pennäler mit. Minutiös verzeichneten sie, womit sie am nächsten Tag ihre Zeitungen füllten. Der Ansager erwies sich als kleiner und etwas unscheinbarer Mann, der sich hinter seinem Mikrofon in einen allmächtigen Chronisten verwandelte, der an der Gewissheit wuchs, dass nur seine Aufzeichnung das Nachleben dieses Spieles sicherte.

Wie Baseball ist Kricket ein Spiel für Statistiker. Der Ansager im Stadion bildet nur die Spitze eines riesigen Eisbergs. Die ernsthafteren Statistiker sind in der Association of Cricket Statisticians and Scorers of India organisiert. Die Inder scheinen Zahlen zu lieben (schließlich haben sie ja auch die Null erfunden). Der Spielverlauf wird anhand eines ausgeklügelten Zahlensystems wiedergegeben, und durch einen Blick in die Geschichtsbücher in seiner Einzigartigkeit bestätigt. So findet sich fast immer ein statistischer Lorbeerkranz mit dem selbst das mittelmäßigste Spiel gekrönt werden kann (»die beste Partnerschaft zwischen zwei Linkshändern für das vierte Wicket in einem Testmatch zwischen Pakistan und Indien«). Und Bücher über Kricket verzeichnen im Anhang auf Hunderten von klein gedruckten Seiten so wichtige Informationen wie: »Mit seinen 77 Runs im zweiten Innings wurde Sunil Gavaskar der 16. Batsman, der gegen England 2000 Runs erzielt hat.« Der schönste Rekord nahm vor kurzem eine halbe Seite der renommierten »Times of India« ein: Einem neuseeländischen Spieler war es gelungen, 101 Minuten zu batten, ohne einen einzigen Run zu erzielen! Monthy Python lässt grüßen!

An diesem Sonntagvormittag hat der Chronist wenig bekannt zu geben, da es zu keinen Verlusten für Pakistan kommt. Nach 101 Runs touchiert Shahid Afridi einen Ball, der leicht gefangen wird. Der Bowler heißt Anil Kumble, ein etwas ungelenk wirkender, bescheidener Ingenieur aus Bangalore. Der nächste Batsman, Ijaz Ahmed, spaziert herein und wird von Kumble mit dem nächsten Ball ausgetrickst. Das Stadion tobt. Als Nächster kommt Inzamam-ul-Haq aufs Spielfeld, ein Mann, dessen Figur eher zum Freistilringen geeignet zu sein scheint. »Aloo, aloo!«, ruft es aus Tausenden von Kehlen, »Kartoffel, Kartoffel!« Ganze 13 Minuten hält sich Kartoffel im Spiel, dann ist auch er draußen, hereingelegt von... Anil Kumble! Der übernächste Ball trifft den jungen Yousuf Youhana, den einzigen Christen im Team Pakistans, am Schienbeinschoner. Elf Männer auf dem Feld und 30 000 im Stadion vereinen sich in einer Forderung: »lbw!« Der Umpire hebt den Arm. Innerhalb von 20 Minuten sind vier gegnerische Spieler an Anil Kumble gescheitert. Von nun an wird jeder seiner Bälle von Jubel und Applaus begleitet. Zwei weitere Spieler fallen ihm zum Opfer. Nach der Teatime erobert Kumble sein siebtes Wicket, und der Journalist neben mir zeigt auf ein Blatt, das einen neuen Geheimcode enthält. Kumble, bedeuten die Zahlen, habe die beste Leistung auf diesem Platz in einem Testmatch erbracht. Allmählich wird die bemerkenswerte Brise zu einem historischen Sturm. Im 56. Over schlägt Kumble wieder zweimal zu. Die Zuschauer geraten in Ekstase. Kumble, 9–74–26, krächzt der Statistiker vom Dienst. Fabelhafte Zahlen. Nun ist die Aufmerksamkeit aller auf die Frage gerichtet, ob Kumble alle zehn schaffen wird. Dann ist es so weit, auch der letzte Spieler ist draußen. Kumble reißt einen der Stäbe des Wickets aus dem Boden. Seine Kollegen umarmen ihn, werfen ihn hoch. In der Euphorie wird fast vergessen, dass Indien das zweite Testmatch gewonnen hat.

Kricket und Wetten

Hansi Cronje wirkte als Mensch und Mann so solide, dass Schwiegermütter von ihm träumen konnten. Er war höflich, zuvorkommend, fair, rechtgläubig und zudem, als erfolgreicher Kapitän der südafrikanischen Nationalmannschaft nach der Apartheid-Ära, ein Volksheld. Kaum einer im internationalen Kricketsport hätte vermutet, dass Cronje Anfang 2000 im Mittelpunkt eines der größten Skandale der Sportgeschichte stehen würde.

Als die indische Elitepolizei, die CBI (Central Bureau of Intelligence), anhand aufgezeichneter Handy-Gespräche behauptete, Hansi Cronje sei bestechlich, bereit, gegen Bezahlung, Spiele zu manipulieren, war die Empörung in Südafrika groß. Politiker und Mitspieler stellten sich vor den Angeklagten. Verschwörungstheorien machten die Runde. Wer weiß, wie die Angelegenheit ausgegangen wäre, hätte sich Cronje nicht, nach Beratung mit seinem Priester, zu einem Geständnis durchgerungen. Er gab zu, mehrere zehntausend US-Dollar von Buchmachern erhalten zu haben, als Gegenleistung für gewisse Informationen. Doch er stritt beharrlich ab, jemals absichtlich ein Spiel verloren zu haben.

Die Cronje-Affäre war der Auslöser für ein andauerndes Drama der Entlarvungen und Beschuldigungen. In einer solchen Atmosphäre war keiner mehr über jeglichen Verdacht erhaben. Details aus längst vergessenen Spielen wurden ausgegraben. Im Lichte der düsteren Vermutungen warf sportliches Versagen kriminelle Schatten. Es war etwa so, als würde die Öffentlichkeit in Deutschland daran erinnert werden, dass Franz Beckenbauer in einem Match zwei Eigentore geschossen hat. Das würde verdächtig erscheinen, hätte man herausgefunden, dass auf den unerwarteten Sieg der gegnerischen Mannschaft ungewöhnlich hohe Wetten abgeschlossen worden waren. Der indische Beckenbauer, ein stolzer Punjabi namens Kapil Dev, Weltmeister, Rekordhalter und Nationaltrainer, reagierte mit einem tränenreichen Auftritt in der BBC, und die Nation entzweite sich in Treue, die ihm die Beteuerungen abnahmen, und Skeptiker, die ihn für schuldig und verlogen hielten.

Das CBI setzte seine Untersuchungen fort. Nach mehr als einem halben Jahr veröffentlichte es einen 162-seitigen Bericht, der einige Namen nannte und die Struktur sowie den Umfang der Korruption offen legte. Die Buchmacher hatten weit reichende Beziehungen zu Spielern aus fast jeder Mannschaft, zu Funktionären und Trainern. Mal zahlten sie 50000 US-Dollar, um eine schwangere Mätresse zufrieden zu stellen; mal besorgten sie einen schicken Jeep mit breiten Reifen. Mal ließen sie sich Insiderinformationen über Spielfläche und Strategie der Mannschaft etwas kosten; mal zahlten sie, damit ein Spiel verloren wurde (nicht zufällig waren viele Kapitäne involviert – im Kricket kann nur der Kapitän mit einer gewissen Sicherheit für die Niederlage in einem Spiel sorgen).

Wie Kricket selbst stammt auch das Wetten ursprünglich aus England. Vor etwa 25 Jahren breitete es sich nach Indien aus, ohne dabei gleich große Wellen zu schlagen. Erst in den 1990er-Jahren boomte das Geschäft: Heute werden allein in Bombay, der Hauptstadt der Wettkönige, an einem Spieltag bis zu 50 Millionen Euro Umsatz eingefahren. Bei einer Gebühr von zwei Prozent kann man sich den Profit der Buchmacher an diesem illegalen Geschäft leicht ausrechnen. Vijay, ein süchtiger Wettspekulant aus reichem Elternhaus, erklärte mir eines Abends die Grundzüge des Wettens. In einer Bar, von der aus wir über die lichterreiche Stadt blickten.

»Alles basiert auf Vertrauen und wird über das Telefon erledigt. Wenn du wetten willst, muss ich dich erst einmal einem mir bekannten Buchmacher vorstellen. Wenn er zustimmt, rufst du bei ihm an, und er zeichnet deine Wettzusage auf. Wenn du dich nachher zu zahlen weigerst, wird er sich zuerst bei mir melden: ›Vijay, was ist denn da los? Du empfiehlst mir diesen Kerl, und jetzt rückt er mit der Kohle nicht raus.‹ Solltest du zahlungsunfähig sein, wird er dir Aufschub gewähren, ansonsten wird er dir vielleicht einige Schlägertypen auf den Hals hetzen. Und wenn du trotzdem nicht zahlst, dann schreibt er seine Verluste einfach ab.

Es gibt Betting und es gibt Eating. Wenn du erfährst, dass

die Quotierung 60–65 lautet, bedeutet dies, dass du für einen Betrag von 100 im Falle des Sieges zusätzlich 60 erhalten wirst. Die 65 hingegen bezeichnen das Eating: Wer dagegen wettet, bekommt für den Einsatz von 65 Rupien 100 ausbezahlt.«

Der Bericht des CBI überführte einige der bedeutendsten Sportler Indiens, zuvorderst den langjährigen Kapitän Mohammed Azharuddin, an dem ein Exempel statuiert wurde. Schadenfroh sangen die Zeitungen eine Moritat von Versuchung und Gier. Geld, Autos und Frauen hatten einen der bekanntesten Moslems Indiens zu einem Zuhälter für Mafiabosse und unersättlich reiche Hintermänner werden lassen. Beim dritten Testmatch zwischen Indien und Südafrika im Jahre 1996 hatte er Hansi Cronje einem umtriebigen Buchhalter namens Mukesh Kumar Gupta (alias MK) vorgestellt, und Cronjes Niedergang nahm seinen Lauf. »So haben wir es geschafft«, schrieb ein frustrierter Fan sarkastisch in einem Leserbrief, »selbst den ehrlichen Hansi zu korrumpieren.«

Anstelle des fünften Tages

Kriegsmetaphern werden im Sport häufig bemüht, auch bei dem scheinbar so aggressionslosen Spiel Kricket. Selten wirkten sie aber so brisant wie im Herbst 1999, als Indien und Pakistan, die zu jener Zeit in heftige Grenzscharmützel verwickelt waren, bei der Weltmeisterschaft aufeinander trafen. Vor etwa 30 Jahren wurde eine von Puristen geschmähte Sprintversion namens One-Day-Kricket eingeführt, die ihrem Namen gemäß nur einen Tag lang dauert. In diesem Modus wird seit 1975 alle vier Jahre ein Weltmeister gekürt. Wochenlang standen eine Milliarde Menschen im Bann dieses Turniers. Der ganze indische Subkontinent, durch die Mannschaften von Indien, Pakistan, Sri Lanka und Bangladesch vertreten, schmachtete vor den Bildschirmen. Die Zeitungen berichteten auf unzähligen Seiten, und die Anzeigenkunden investierten insgesamt mehr als 250 Millionen Euro! Jedes Spiel war wichtig, aber das Kräftemessen zwischen Pakistan und Indien erlangte geradezu mythische Bedeutung, zumal es im Mutterland des Krickets, der ehemaligen Kolonialmacht England, stattfand.

Schon zum Spielbeginn um drei Uhr am Nachmittag war Bombay wie verwandelt. Im wuseligen Geschäftsviertel Fort District standen Kulis, Botenjungen, Straßenverkäufer dicht gedrängt vor den offenen Fenstern der Gaststätten, um einige Blicke auf einen kleinen Fernseher zu erhaschen. Krämer im Schneidersitz riefen vorbeifahrenden Kunden mit Kommentaren gewürzte Zwischenergebnisse zu. Überall klingelten Handys: Börsenmakler und Manager tauschten sich über den Spielverlauf aus. Manche Firmen hatten ihren Angestellten freigegeben, einige Behörden frühzeitig ihre Schalter geschlossen. Am Gateway of India, dem kolonialen Monument zu Ehren königlichen Besuchs, wurde ein Bettler mit Transistorradio gesichtet, der seine Bettelschale beiseite gelegt und seine Freunde um sich versammelt hatte. Später am Abend, als Indien ein gutes Ergebnis, nämlich 227 Runs, vorgelegt hatte und Pakistan es zu überbieten versuchte, waren die Straßen leer gefegt wie ansonsten nur am Sonntag um fünf Uhr in der Frühe.

Die Herren in der Bar des altehrwürdigen Cricket Club of India bemühten sich, mir weitere Finessen des Spiels zu erklären. Während die indische Mannschaft immer stärker aufspielte und die nervösen pakistanischen Batsmen zunehmend dominierte, befragte ich die euphorischen Fans an meinem Tisch, die mich zum Glücksbringer ernannt hatten und mir pro ausscheidendem Pakistani ein Bier spendierten, wieso Kricket gerade in Indien so beliebt sei. »Fehlende Athletik«, bemerkte ein schmerbäuchiger Glatzkopf. »Kricket ist neben Volleyball der einzige Mannschaftssport«, äußerte ein steifer Anzugträger, »bei dem es zu fast keinem körperlichen Kontakt kommt. So haben auch schwächere Menschen eine Chance.« Und ein weißhaariger Brillenträger wies darauf hin, dass Kricket keinen Rivalen in der Publikumsgunst habe, da Indien in keiner anderen Sportart – abgesehen von Pistolenschießen und Billard – Weltklasse ist.

Nach acht Stunden stand der Sieger fest: Indien. Feuerwerkskörper explodierten zu Tausenden, auf der Tribüne in Manchester wie auch am Himmel über der 15-Millionen-Stadt Bombay. Auf der Heimfahrt kam mir ein Ausspruch des Schriftstellers Ian Buruma in den Sinn: »Kricket ist ein indisches Spiel, das zufällig von den Engländern entdeckt wurde.«

Der Hybride MTV-India: Wie das Fremde kreativ umgewandelt wird

Chai – indischer Tee wird eingegossen. Ein Junge nimmt den metallenen Korb mit den Gläsern in die Hand, um den Tee zu den Kunden zu tragen. Er läuft los, am Hafen, am Markt vorbei. Vorbei an einem Mann, der am Straßenrand rasiert wird, vorbei an einem Karussell. Der Junge springt durch den Alltag Bombays. Zum Schluss tanzt er vor einer Wand mit verblichenen Filmplakaten, begleitet von einem alten, wunderschönen Filmsong: Je jawani, he diwani – Jung sein, verrückt sein.

Werbespot für MTV-India

Als MTV in Indien eingeführt wurde, dachten die Verantwortlichen, Popmusik sei wie Coca-Cola. Wenn die Verpackung stimmt, kann man sie überall auf der Welt verkaufen. Die internationalen Sendungen wurden einfach auch in Indien gezeigt – das Büro vor Ort sollte sich nur um Vertrieb und Anzeigen kümmern. Doch das Programm befremdete die meisten Inder. Es wurde als grobschlächtig und unhöflich empfunden. Die Musik war zu schwer und zu schwarz – zu viel Grunge von Pearl Jam und zu viel Rap von Puff Daddy. MTV drohte vom indischen Markt vertrieben zu werden. Das Publikum hatte ein Machtwort gesprochen, das sich das Team von MTV-India in den Jahren seitdem sehr zu Herzen genommen hat. Mit Werbespots wie der vom ausgelassenen Teejungen nahm der globale Konzern eine indische Identität an, versprach, ein indischer Sender für indische Zuschauer zu werden. Heute trägt das Logo die Farben Indiens, alle VJs sind Inder, die Englisch mit eingestreuten Brocken Hindi und würzigem Akzent sprechen, und auf dem Bildschirm läuft tagein tagaus Hindi-Filmmusik.

CYRUS/ART DIRECTOR: »Die Leute, die man plötzlich auf MTV zu sehen bekam, hatte man nie zuvor im Fernsehen gesehen. Wir durchbrachen Grenzen. Wir zeigten normale Menschen und Versatzstücke unserer Straßenkultur: Bettler, die sich mit einer Peitsche geißeln. Eitle, Bidi-Zigaretten rauchende Taxifahrer. Friseurläden, in denen du eine Massage abbekommst, bei der dir der Kopf fast abgerissen wird. Und diese Szenen unterlegten wir mit Remixes alter Hindi-Filmsongs.

Musik bedeutet bei uns nicht dasselbe wie im Westen. Wenn ich jemanden nach einem Protestsong frage, wird er 30 Tage lang grübeln. Es hat bei uns kaum rebellische Studenten gegeben. Konfrontation funktioniert nicht. Also müssen wir mit Provokationen vorsichtig sein. Wir haben eine eigene Mischkultur geschaffen, bei der vor allem Humor im Mittelpunkt steht. Wir lachen über uns selbst, was in Indien sehr ungewöhnlich ist.

Wir begreifen unsere soziale Verantwortung als einen ernst zu nehmenden Teil dieser Mischkultur. Gleich im ersten Jahr haben wir zehn Spots über Aids gedreht, in denen offen über Kondome geredet wurde. Diese liefen zwei Monate lang auf *Heavy rotation*. Und aus den USA haben wir die Kampagne *Rock The Vote* übernommen: Junge Leute reden vor der Kamera über das, was sie wirklich interessiert und bewegt. Die Message war: ›Geht wählen, eure Stimme zählt!‹«

Zum 50-jährigen Jubiläum Indiens verkündete MTV: »There is a song for everyone!« Auch für Mädchen, die an den Straßenkreuzungen Blumengirlanden verkaufen. Auch für Bauarbeiter, die für einen Hungerlohn vom Land in die Großstadt ziehen. Auch für Transsexuelle, die als hijras betteln oder bei Hochzeiten auftreten. Sie alle wurden direkt von der Straße ins Studio geladen. Der alte Schlager, der die würdevollen Gesichter der Arbeiter untermalte, beschwor: »Ich bin das Herz eines alten Mannes, die Seele und der Geist dieses Landes.« Menschen, die man bislang eher aus den Sonntagsreden der Politiker kannte, zogen plötzlich ins schicke Werbefernsehen ein.

SANGEETA/MARKTFORSCHUNG: »Wir geben uns viel Mühe, die Ziele und Werte der jungen Inder herauszufinden. Es gibt so viele Mythen und Vorurteile darüber, was junge Menschen interessiert. Anfänglich dachte man bei MTV, Jugendkultur sei eine globale Bewegung. Hip-Hop und Piercing, Fluchen und Heavy Metal. Doch die indischen Kids wollen das nicht. Sie mögen keine Rockmusik, sie achten ihre Eltern, und sie ziehen sich gern gut an. Unser Programm muss im Kern mit diesen Werten übereinstimmen, nur an der Oberfläche können wir etwas Neues wagen.«

Vor zehn Jahren konnte man nur zwischen zwei staatlichen Fernsehkanälen wählen. Ausländische Musik wurde kaum importiert, und es existierte keine einheimische Popmusik. Die berühmten Playbacksänger des Hindi-Films gaben keine eigenen Kassetten heraus. Veröffentlicht wurden nur die Soundtracks der populären Filme, auf Kassetten in schlechter Qualität. Als sich Indien nach Jahrzehnten der selbst auferlegten Isolation Anfang der 1990er-Jahre zu öffnen begann, wurden die verpassten Musikstile im Zeitraffer nachgeholt. Moden wechselten wöchentlich. Heute tanzen Jennifer Lopez und Lou Bega Westen und Osten gleichzeitig heiß. Sony, BMG und Polygram haben indische Filialen aufgemacht. In jedem Stadtteil sprießen schicke Musikgeschäfte. Im letzten Jahrzehnt ist die Zahl der Mittelklassehaushalte gestiegen, sind Jugendliche selbstbewusster geworden. Sie haben mehr Interesse für Mode und Musik entwickelt und können wenigstens gelegentlich in eine Disco oder Kneipe gehen. Und sie gucken viel MTV!

Ein Pärchen wandelt auf einer Weide, bewegt sich züchtig zu jauchzenden Geigen. Küsse werden angedeutet. /Schnitt/ Ein Auto fliegt in die Luft, ein Mensch brennt, ein Maschinengewehr rattert. /Schnitt/ Eine Frau in futuristischen Designerklamotten eilt zu leichten Technorhythmen ihrem Privatflugzeug entgegen. /Schnitt/ Ein Ort wie Grönland. Ein blauer Sari flattert vor der Gletscherwand, und ein schnurrbärtiger Mann irrt durch die Eiswüste. /Schnitt/ Blühende, gepflegte Gärten, in denen vor Brunnen und Denkmälern mit den Hüften gewackelt wird, während eine Frauenstimme dazu piepst.

So sehen die Songs in den *Masala Movies* aus, jenen stark mit Klischees, Brutalitäten und Absurditäten gewürzten Filmen, die mehr als alles andere die indische Popkultur prägen. Bombay, Sitz von MTV, ist die größte Filmstadt der Welt. Das lässt sich weder übersehen noch überhören. Von jedem Bus und jeder Wand blicken einen die Kinohelden der Stunde siegessicher an. Aus jedem Radio und jedem Fernseher ertönen die Lieder, ohne die kein Film auskommen kann. Das erste Wort, das ich auf Hindi lernte, war dank der Filmplakate *dil* (Herz): *Wem gibst du dein Herz? Ich bin in deinem Herzen gewesen. Jemand mit Herz wird die Braut rauben. Vom Herzen.* Oder noch einfacher: *Herz.* Indische Filme entsprechen ihren Titeln: süß und seifig, der Gesang voller Schmalz, die Bilder voller Schaum. Da jeder Film mindestens sechs Songs enthält, die seit eh und je wie Videos gedreht werden und die meist wenig oder gar keine inhaltliche Verbindung zur restlichen Handlung haben (falls es eine solche überhaupt gibt), eignen sie sich bestens für MTVs Wunschsendungen, Hitlisten und Rückblicke. Kein Wunder also, dass ein Großteil der gezeigten Videos aus Filmen stammen.

KALYAN/PROGRAMM: »Wir haben ein sehr gutes Verhältnis zu Bollywood. Bevor ein Film anläuft, zeigen wir zuerst einen etwa 30 bis 60 Sekunden kurzen Trailer. Etwas später folgt das Video zu einem der Filmsongs. Und zur Erstaufführung stellen wir den Film ausführlich anhand von Ausschnitten vor. Die Filmproduzenten sind dazu übergegangen, extra Videos für uns zu produzieren, anstatt nur die Tanzszenen aus dem Film zu entnehmen. Das haben Playbacklegenden wie Asha Bhosle und ihre Schwester Lata Mangeshwar, die beide mit ihren gut 60 Jahren jeweils über 15 000 Lieder aufgenommen haben (ein Weltrekord!), ausgenutzt. Sie treten jetzt zum ersten Mal in ihrer Karriere vor der Kamera auf und haben einen enormen Erfolg. Die Kids stehen auf diese Musik. Die Damen ragen aus dem Getue der Glamourgirls heraus. Ich denke, wir werten die traditionell starke Rolle der Filmmusik noch mehr auf. Heute hängt der Erfolg eines Films im Wesentlichen davon ab, wie die Musik im Vorfeld ankommt. Und über die Musik kann ein Film einen beachtlichen Teil seiner Kosten wieder einspielen.

Unsere Umfragen haben gezeigt, dass die Mehrheit der Jugendlichen auf alte Hindi-Filme steht, dass sie die Musik ihrer Eltern für bedeutender als die heutige Filmmusik halten. Also spielen wir oft alte Filmclips. Als Lieblingssänger wurde am häufigsten Mohammed Rafi genannt, ein moslemischer Playbacksänger aus den 1960er- und 1970er-Jahren. Michael Jackson stand an zweiter Stelle, und hinter ihm kamen schon die Schwestern Lata Mangeshwar und Asha Bhosle. Die einzigen weiteren ausländischen Stars waren Madonna und die Spice Girls auf den Plätzen elf und 18.

Eigentlich gibt es keine indische Popmusik. Es fehlt die nötige Leidenschaft; es mangelt an langfristiger musikalischer Entwicklung. Alle Labels suchen verzweifelt nach neuen Namen, aber leider verwenden sie zu viel Energie auf die Verpackung und zu wenig auf den Inhalt. Prominenz ist ihnen wichtiger als Qualität. Den allerersten Poperfolg erzielte Baba Sehgal im Jahre 1990, als für sein Lied *Dil* (!) *Dharke* ein Video produziert wurde. Nach der Ausstrahlung auf MTV-Asia, das damals nur von wenigen Haushalten empfangen werden konnte, wurden innerhalb kürzester Zeit eine Million Platten verkauft. Danach war der Weg vorgezeichnet. Die Zahl der produzierten Videos stieg von drei im Jahre 1990 auf 30 im Jahre 1996. 1999 waren es mehr als 600! Anfänglich waren die Videos westlich beeinflusst. Allmählich hat man sich wieder unserem Film und seinen Traditionen zugewandt. Die Sänger verschwinden aus dem Bild, um Models Platz zu machen. Für den größten Hit des letzten Jahres wurden fünf verschiedene Videos produziert, auf denen der Künstler kein einziges Mal auftauchte.«

Unter der Woche läuft täglich um drei Uhr am Nachmittag LOVELINE, meist von VJ Malaika moderiert, die so knapp bekleidet ist, dass sie sich nur mit übereinander geschlagenen Beinen vor der Kamera zeigen kann. Die Sendung spart nicht an rosafarbenen Herzen. Die Fragen der Zuschauer kreisen um Romantisches, Unschuldiges: »Soll ich ihm sagen, dass ich in ihn verliebt bin?«, »Er beachtet mich nicht!«, »Ich kann meine Gefühle ihr gegenüber nicht ausdrücken.« Über Sex wird nie geredet. Manchmal klingt das Gespräch wie eine Eheberatung: »Es ist dein Leben, fass dir ein Herz (!), und heirate sie.« Doch schon im nächsten Satz erfolgt der Rückzieher: »Du musst es deinen Eltern sagen.« VJ Malaika weiß, was sich gehört. Wenn ein Anrufer über eine Affäre sprechen möchte, wird der Beitrag aus der Sendung geschnitten. Die halbstündige Sendung wird sowieso von den drei langen Werbeblöcken und den drei langen Videos bestimmt. Der Abspann hingegen geizt nicht mit erotischen Reizen. In dieser Sendung klaffen Visuelles und Akustisches weit auseinander.

NATASHA/PRODUKTION: »Ausländische Videos nehmen wir nur ins Programm, wenn sie keine Nacktszenen, keine Obszönitäten, keine schmutzigen Sprüche, keine übermäßige Gewalt enthalten. Bei dem Video *Thank You India* von Alanis Morisette haben wir den unteren Teil ihres nackten Körpers abgedeckt. Die Brüste wurden ja schon von ihrem Haar versteckt. Das entspricht der üblichen Einstellung in Indien: Lasst uns vom Westen lernen, aber nur das übernehmen, was zu unserer Kultur passt. Deswegen haben wir momentan nur MTV-Grind aus dem internationalen Angebot übernommen, eine Sendung, in der Jugendliche ausgelassen am Strand oder am Schwimmbecken tanzen. Mit dem restlichen Programm können wir wenig anfangen.

Als wir die weltweit erste VJ Hunt bekannt gegeben haben, erhielten wir 7000 Bewerbungen aus dem ganzen Land, aus allen sozialen Schichten. Die elf Teilnehmer der Endrunde kamen in Bombay zusammen. Die Sendung hatte sehr hohe Einschaltquoten. Allerdings konnten wir aus technischen Gründen das Publikum leider nicht wählen lassen, sondern mussten die Entscheidung einer Jury überlassen. Wir suchen VJs, die in der Lage sind, die kulturelle Vielfalt Indiens widerzuspiegeln. Sie müssen zum Beispiel zweisprachig sein, denn neuerdings legen wir besonderen Wert auf gute Hindi-Kenntnisse.«

VJ HUNT 1999: Die kulturelle Vielfalt widerspiegeln? Fast alle Kandidaten sehen gut aus, haben durchtrainierte Figuren (die Jungs zeigen gern freien Oberkörper). Zuerst müssen die Bewerber mit einem Sketch beweisen, wie abgedreht sie sein können: Jennifer aus Kalkutta, ein Liza-Minnelli-Verschnitt, verkleidet sich als Mann und albert herum. Aasif gibt eine Stegreifkomödie auf Hindi zum Besten. Poonam aus Assam tanzt zu den Klängen von La Vida Loca. Mini aus Delhi fingiert ein Interview mit einer Filmdiva. Raman aus Pune verkleidet sich als Gott Rama, spricht ein Gebet und macht sich über Michael Jackson und die ganze Welt lustig. Cyrus aus Delhi singt vor einer heiligen Kuh aus Pappkarton. Mini, Aasif und Cyrus gewinnen – eine Hindu, ein Moslem und ein Parse! Eine Schöne, ein Komiker, ein Sänger.

Kommerziell gilt MTV-India als großer Erfolg. Da die Zuschauer für den Empfang nichts zahlen müssen, wird das Geld durch Werbungen eingefahren: 1997 verzeichnete der Sender beim Anzeigenvolumen ein Wachstum von 240 Prozent (in Europa waren es im selben Zeitraum nur 17 Prozent). Alle Shows werden von großen Markenartikelherstellern gesponsert. Indem die Jugendlichen als lukrative Adressaten für Werbung entdeckt wurden, hat MTV den Anzeigenmarkt in Indien verändert und damit in einem weiteren Land die weltweit unschlagbare Kombination von populärer, oberflächlicher Kultur und schickem, modischem Warenzeichen etabliert. In dieser Hinsicht gebärdet sich MTV-India als brave Tochterfirma eines globalen Konzerns, der Hand in Hand mit Pepsi, McDonald's und Levis auftritt. Indische Elemente sind bei diesen profitablen Symbiosen weder nötig noch erwünscht. Die Vergnügungslust, die aus dem allgegenwärtigen Motto *Enjoy* herausspricht, wirkt in einem Land, in dem auch junge Menschen in viele Verantwortungen verstrickt sind, sehr verführerisch. Sie verlockt aber auch zum Kauf jener Produkte, die den Kern des viel beschworenen Globalismus ausmachen.

Die vielen Gesichter der Zensur: Der Kampf um die wahre Kultur

Schlecht erging es der Regisseurin Deepa Mehta bei ihrem letzten Projekt. Noch bevor die Dreharbeiten in der Stadt Varanasi begonnen hatten, schlug eine Gruppe von etwa 100 Nationalisten die Filmbauten kurz und klein. Der Anführer des Protests behauptete, das Drehbuch beschmutze den heiligen

Ruf der Stadt. Der in den 1930er-Jahren spielende Film mit dem Titel *Wasser* sollte darstellen, wie hinduistische Witwen aus Not in die Prostitution abglitten. Zudem kommt es zu einer verbotenen Liebesbeziehung zwischen Menschen aus verschiedenen Kasten. Ram Kishore Gupta, Sprecher der hinduistischen *Suprabhatam,* brachte die Ablehnung seiner Kulturorganisation auf einen selbstgerechten Punkt: »Wenn sich in einem Film eine junge Witwe in einen Mann aus niederer Kaste verliebt, dann verstößt das Thema selbst gegen die grundlegende Tradition unserer Gesellschaft.« Rückendeckung erhielt der Mann von dem Premierminister des Bundesstaates Uttar Pradesh, der umgehend die Drehgenehmigung zurückzog. Der Film wurde vorerst verhindert.

Schon bei einem früheren Projekt hatte Deepa Mehta erfahren müssen, dass die Zeichen nicht auf Toleranz stehen. Als ihr Film *Fire* anlief, beschädigten Aktivisten der Shiv-Sena-Partei diejenigen Kinos, die trotz ihrer Warnungen und Drohungen an der Ausstrahlung des Films festgehalten hatten. In *Fire* schildert die Regisseurin subtil, wie zwei von ihren Männern vernachlässigte und missverstandene Frauen die Liebe zueinander entdecken. Wie so oft in solchen Fällen öffentlicher Empörung, hatten die Protestierenden den Film gar nicht gesehen – »so einen Dreck schaue ich mir doch nicht an!« Sie handelten auf Geheiß ihres Führers, des Demagogen Bal Thackeray – »Wenn er mir sagt, der Film ist Schund, dann ist der Film Schund!«

Der Mob bildet eine späte Eingriffstruppe zum Schutz der Moral und Tradition. Ihm vorgeschaltet ist eine amtliche Zensurkommision, der jeder Film und jede Werbung vorgelegt werden müssen. Nur mit dem Siegel dieser Instanz darf ein Film in die Kinos gelangen. Nun ließ aber die Zensurstelle *Fire* zum großen Ärger der hinduistischen Rechtgläubigen ohne Beanstandungen passieren. Also musste der angebliche Zorn der Massen beschworen werden. Verängstigt von den Überfällen nahmen die Kinobetreiber den Film wieder aus dem Programm. Eifrige Politiker verwiesen ihn nochmals an die Zensur, die er ein zweites Mal problemlos passierte. Als ein führender Schauspieler gegen die Blockierung des Films Klage erhob, zog sich ein Regiment der Shiv-Sena-Partei vor seinem Haus bis auf die Unterhose aus. Ein schmerbäuchig unwürdiger Anblick. In der Zwischenzeit diskutierte die intellektuelle Öffentlichkeit darüber, ob lesbische Liebe Teil der indischen Kultur sei. Eine liberale Zeitschrift strafte alle Traditionalisten Lügen, als sie eine klassische, sakrale Skulptur abbildete, die darstellt, wie sich zwei Frauen innig liebkosen. Als eine hysterisch erregte Aktivistin das Schreckensbild heraufbeschwor, die Einführung lesbischer Praktiken würde die Institution der Ehe unterlaufen und die Fortpflanzung verhindern, erwiderte ein geistreicher Leserbriefschreiber, was könne Indien bei einer Bevölkerung von etwa einer Milliarde Besseres widerfahren. Letztendlich berücksichtigte der Filmverleih einige Veränderungswünsche von Bal Thackeray und erkaufte sich dadurch seinen Frieden, während Thackeray sich ein weiteres Mal als Retter der geschmähten und beleidigten »Mutter Indien« ausweisen konnte. Als der Film nach einigen Wochen wieder anlief, standen die Zuschauer im größten Kino Bombays unter Polizeischutz.

Noch schlimmer erging es dem renommierten Regisseur Mahesh Bhatt mit seinem Film *Zakhm* (Wunde), der sich dem heiklen Thema der blutigen kommunalen Unruhen Anfang 1993 in Bombay widmet, bei denen in grauenvollen Metzeleien etwa 1600 Menschen ums Leben kamen. In der etwas konstruierten Geschichte wächst ein unehelicher Junge als Hindu auf; seine Mutter aber pflegt weiterhin im Verborgenen ihre moslemischen Traditionen. Äußerlich nicht als Moslemin erkennbar, wird ihr Wagen während der Unruhen von einigen Moslems angehalten und angezündet. Im Krankenhaus erfährt der Sohn, inzwischen ein erwachsener Mann, vom wahren Glauben seiner sterbenden Mutter. Im selben Krankenhaus wird auch einer ihrer verletzten Mörder behandelt. Nach dem Tod der Mutter wollen die aufgestachelten Hindus nicht nur den Mörder lynchen, sondern auch die Leiche der Frau entgegen ihrem letzten Wunsch nach Hindu-Brauch verbrennen. In den emotional sehr aufgeladenen Konflikten kommt es zu mehreren gewalttätigen Szenen. Zum Schluss setzt sich jedoch der Sohn gegen die Fanatiker durch. Obwohl der Regisseur seine Geschichte so angelegt hat, dass einfache Schuldzuweisungen und Schwarzweißmalereien unmöglich sind, zwang ihn die Zensurbehörde sowie das Innenministerium nach monatelangem Hin und Her zu einer Reihe von Kürzungen. Nicht akzeptabel waren etwa die orangefarbenen Stirnbänder mancher Männer im Mob, denn Orange ist die Farbe des Hinduismus. Also färbte sie der Regisseur digital schwarz nach. Entfernt werden musste auch die Szene, in der ein Polizist einen Moslem erschießt, obwohl dies nachweislich geschehen ist – die Polizei hat sich auch mehrfach auf die Seite hinduistischer Schläger und Mörder gestellt und wehrlose Moslems ihrem Schicksal überlassen. Einige weitere umstrittene Szenen mussten neu gedreht werden. Abgesehen vom künstlerischen Verlust erlitt Mahesh Bhatt angesichts des verspäteten Kinostarts und der hohen Zinsen erhebliche Verluste. Zufällig traf ich, kurz nachdem der Film unter die Lupe der politischen Korrektheit genommen worden war, einen der hochrangigen Polizeibeamten, die sich mit *Zakhm* beschäftigt hatten. »Wir haben auch jene Szene beanstandet«, erklärte er mir, »in der die Polizisten sich mit dem Hindu-Mob solidarisieren. Das warf ein schlechtes Licht auf die gesamte Polizei!« Ich fragte ihn, ob es denn solche Fälle wirklich nicht gegeben habe. »Überall gibt es schwarze Schafe, aber die kann man nicht mit der Polizei an sich gleichsetzen.« Diese Denkweise ähnelt auf gespenstische Weise den Einwänden hinduistischer und islamischer Organisationen: Der Einzelne steht für die Gesamtheit; der Fall wird als Prinzip verstanden. Folgerichtig darf eine Figur, die einer bestimmten (Glaubens-)Gemeinschaft zugeordnet werden kann, keine Untat begehen.

Seit 1948 werden die ungeheuerlichen Schrecken der Teilung des Landes in Indien und Pakistan, als Millionen umgebracht und Zigmillionen vertrieben wurden, unter den Tisch gekehrt oder als einseitiges Martyrium verherrlicht. Die Folgen dieser privaten Schutzmaßnahme und öffentlichen Ideologie sind horrend: In dem halben Jahrhundert seither ist es in Indien zu etwa 12 000 kommunalen Ausschreitungen und Massakern gekommen. Immer wieder werden dabei – wie auch Anfang 1993 in Bombay – durch alte Geschichten neue Rachegefühle geschürt: »Das sind jene, die damals unsere Frauen vergewaltigt haben!«

Oft wird der Einwand geäußert, das Thema sei zu heikel – die Wunden der Vergangenheit sollten nicht aufgerissen werden. Die Freiheit eines Künstlers wird beschnitten, weil intolerante Menschen ein Thema so manipuliert und instrumentalisiert haben, dass es zu einem Tabu geworden ist. Deswegen kann sich im Endeffekt nur der Fanatiker über die Zensur freuen, denn er hat sein grobschlächtiges Denken zu dem Maßstab erhoben, mit dem künstlerische Differenzierungen zurechtgestutzt werden. Mit anderen Worten: Nur wer in einem mordenden Hindu alle Hindus sieht, kann die Ablehnung der konkreten Abbildung nachvollziehen. So mag es innerhalb dieses fatalen Teufelskreises logisch erscheinen, dass dem Film von Mahesh Bhatt nicht Ungenauigkeit, sondern zu viel Realität, zu viel Lebensnähe vorgeworfen wurde. Die politische Korrektheit fordert keineswegs einen zeitgenössischen Dokumentarismus, sondern die Beschränkung auf vorgegebene Schablonen mit klaren Konturen, ohne Grauzonen. In seiner dialektischen Perversion ist das dem Sozialistischen Realismus, der ja bekanntlich alles andere als realistisch war, nicht unähnlich.

Auf den Spuren von Günter Grass: Zunge zeigen in Kalkutta

Die Leiber pressen sich aneinander, die Luft reicht kaum zum Japsen aus, der Geruch dringt durch alle Gedanken und »Bündel junger Burschen schließen die immer offenen Waggontüren wie Pfropfen«. Willkommen in Indien, willkommen im Bericht *Zunge zeigen* von Günter Grass! Ob in Kalkutta, wo Grass sich ein halbes Jahr aufgehalten hat, oder in Bombay, wo ich seit mehr als einem Jahr lebe, eine Fahrt mit dem Bummelzug, vor allem zur Schieb- und Stoßzeit, ist anstrengend. Man wird geknetet wie Teig in den Pratzen eines cholerischen Bäckers. Und anstatt auszusteigen, schießt man wie ein Korken hinaus, ehe in gegenläufiger Bewegung die ungeduldig Wartenden aufgesaugt werden. Die Fahrt ist wahrlich kein Vergnügen, und keiner in Bombay oder Kalkutta, der es sich leisten kann, wird freiwillig zweiter Klasse fahren (wobei auch die erste Klasse am frühen Abend kaum Platz für beide Füße bietet).

Doch für einen Autor in der Fremde könnte der Zug eine Fundgrube sein. Er könnte beobachten, wie die Menschen in der Enge miteinander umgehen; er könnte recherchieren, dass für Frauen nicht nur einige Abteile, sondern mehrmals täglich sogar ganze Züge (*ladies local*) reserviert sind, in denen nur der Zugführer männlich sein darf; er könnte sich mit den Leuten unterhalten, die seit Jahren und Jahrzehnten Fahrgemeinschaften bilden, in denen es angesichts einer täglichen Fahrzeit von drei bis vier Stunden sehr familiär zugeht (»der Höhepunkt meines Tages«). Und er könnte die »illegalen« Baracken beschreiben, die so nahe an die Gleise reichen, dass die Passagiere im Vorbeifahren die Fußsohlen eines Schlafenden kitzeln könnten, der auf einem winzigen Balkon von der Schwester gekämmt wird. Stattdessen schimpft Günter Grass, auf die ausgefallenen Ventilatoren, auf die verbogenen Halterungen, auf den verrotzten Boden. Schon bald wird seiner Frau die Enge zu nahe: »Ute fällt zusammen. Das ist zu viel, täglich zu viel; und niemand, auch kein Fontane kann helfen.«

Ute ist nämlich mitgekommen, und als Reiseführer hat sie sich – nein, nicht Banerjee, nicht Ray, nicht Tagore, nicht Basu – Fontane ausgesucht. Leider weiß Fontane wenig über Indien zu sagen. Er vermittelt keinen Eindruck und keine Erkenntnis von diesem Land. Die Tatsache, dass er mit dem großen deutschen Indologen Max Müller, den viele gebildete Inder schätzen oder gar verehren, befreundet war, wird nur am Rande erwähnt.

Auf dem Bahnsteig begegnet Grass einem Bettler. Der Autor vergreift sich und steckt ihm ungewollt einen 20-Rupien-Schein zu – damals etwa der Tageslohn eines Hilfsarbeiters. Erschrocken nimmt der Verkrüppelte den Schein aus der Dose und lässt ihn verschwinden. Genau und gut wird diese Szene beschrieben, aber danach nicht hinterfragt: Will der Bettler diese Einnahme vor seinem Bettlermeister – so etwas wie ein Zuhälter im Geschäft der Barmherzigkeit – verstecken? Hat er

Angst vor der gierigen Gewalt anderer Bettler? Oder fürchtet er sich am meisten vor den größten Parasiten, den Polizisten, die jedem, auch Straßenkindern und Krüppeln *hafta* abknüpfen. *Hafta* – eigentlich Wochenlohn – ist das Schwarzgeld, das die Hüter des Gesetzes gnadenlos eintreiben, um ihr kärgliches Gehalt aufzubessern.

Der Leser erfährt nichts von solchen Zusammenhängen. Was unter dem Offensichtlichen lauert, wird ausgespart. Die anstrengende, bei hoher Luftfeuchtigkeit sehr schweißtreibende Recherche des Befragens und Erkundens darf man von Grass wohl nicht erwarten. In dem ganzen Buch kommt kein einziger Inder ausführlich zu Wort, wird kein Sachverhalt genau unter die Lupe genommen. Stattdessen werden Bruchstücke der Realität wie Insekten aufgespießt und gesammelt. Das festgehaltene Bild hängt als absolute Wahrheit vor den staunenden Augen des Betrachters.

Dabei faszinieren Grass vor allem zwei Aspekte des indischen Lebens: die auf den Straßen und öffentlichen Plätzen übernachtenden Menschen und der allgegenwärtige Kot. Auf hundert Seiten beschreibt er mehr Scheiße, als manche in ihrem ganzen Leben sehen. Alles ist voll geschissen, die Slums, die Bahnhöfe und sogar der Strand, was dem eigenen Verdauungsspaziergang natürlich abträglich ist. Liegt wirklich überall Scheiße herum, oder nimmt nur der aus aseptischen Gefilden stammende Betrachter den Kot so dominant wahr? Gibt es nicht vielleicht einen entscheidenden kulturellen Unterschied zwischen Völkern, die ihre Scheiße mit der Hand abwischen und jenen, die sich davor ekeln? Wie sieht es mit der Verfügbarkeit privater und öffentlicher Toiletten aus? (Es gibt natürlich kaum welche!) Wo sonst soll der Mensch seine Notdurft erledigen, wenn nicht auf der Gasse oder am Strand, wo das Meer und der Regen wenigstens gelegentlich sauber machen?

Solche Überlegungen sucht man bei Grass vergebens. Stattdessen wird mit koprophilem Enthusiasmus das nächste Häufchen beschrieben. Unverzeihlich erscheint mir in diesem Zusammenhang, dass es Grass unterlässt, die Reinlichkeit des durchschnittlichen Inders zu erwähnen, der trotz mangelnden Wassers und erbärmlicher Wohnsituation täglich mit sauberen und glatt gebügelten Kleidern auf die Straße tritt.

Ein trauriger Höhepunkt wird erreicht, als Grass aus einem Überlandtaxi heraus doziert: »Kinder auf Holzsuche, Bauernmädchen mit seitlichem Nasenring. Es heißt, dass Tag für Tag ein bis zwei Mitglieder jeder Familie kilometerweit unterwegs sind. Auch deshalb die vielen Kinder, auch deshalb sterben die Wälder ab, deshalb wächst, außer Kindern, nichts nach.« So einfach geht das: Überbevölkerung und Umweltzerstörung in zwei Halbsätzen erklärt, die allumfassende Impotenz Indiens attestiert. Besonders elegant die Formulierung »es heißt«, die den Autor davon befreit, aus dem Taxi zu steigen und die Mädchen zu fragen, wie weit sie denn täglich laufen müssen.

So wimmelt das Buch von Halbwahrheiten und Unsinnigkeiten, die sich durch die übliche Unzuverlässigkeit des oberflächlichen Blicks ergeben: Angestellte füttern Ratten und Krähen, »wie man anderswo Schwäne und Eichhörnchen füttert« (kein Wort über die Heiligkeit dieser Tiere im Hinduismus, über die als Reittier des Elefantengottes Ganesh verehrte Ratte). Bei einem Tempelbesuch sind »nirgendwo Töpferwerkstätten zu sehen; nicht einmal handwerkliche Nachfolge ist von dieser Kultur geblieben« (ein Trugschluss, denn gerade die traditionelle Töpferkunst ist in Indien sehr weit entwickelt). Der Mittelstand wird mehrfach als faul oder nichtsnutzig bezeichnet, ein Unsinn sondergleichen und zudem eine Beleidigung der Millionen unternehmungsfreudiger und wuseliger Inder, die mehrere Jobs haben, nebenbei ein Familiengeschäft betreiben und bei all dieser Belastung weder von Stadtwerken versorgt noch von Gewerkschaften oder staatlicher Sozialfürsorge unterstützt werden.

Der von Indien sofort enttäuschte Autor wird zum Staatsanwalt und jedes Anderssein – immerhin der Grund für Reisen in die Fremde – zu einem Beweismittel für katastrophale Zustände. Selbst die Ente seines Nachbarn dient als Zeugin der Anklage, weil ihr »Quaken wie gevierteltes Gelächter klingt«. Da einem Ankläger an entlastendem Material wenig gelegen ist, werden ohne Skrupel das Negative, das Hässliche, das Dumme zusammengesucht. In der Fleischhalle versucht ein Hund, »ein ungeborenes Lamm oder Zicklein zu verschlingen«. Kokosnüsse, eine natürliche und gesunde Art, den Durst zu löschen, erscheinen als abgeschlagene Köpfe. Und ihre aufgehäuften leeren Schalen als »wachsende Schädelstätte. Später Krähen darauf, die immer neue Krähen dem Himmel abziehen. Zu Schlussverkaufspreisen Schwärze.« So steht es geschrieben, schwarz auf schwarz!

In Flussnähe tragen junge Männer eine verstorbene alte Frau auf einer Totenbahre zum Verbrennungsplatz. Ein häufiger Anblick, auch in Bombay. Die öffentliche Anwesenheit des Todes. Die meist stumme Trauer einer Prozession auf belebten Straßen. Als könnte sich der Verstorbene noch einmal von der Welt und die Welt sich von ihm verabschieden. Für mich ein schöner Anblick, der als sozialer Mechanismus in eklatantem Widerspruch zu der tabuisierten und ghettoisierten Rolle des Todes in Deutschland steht. Für Grass hingegen Gelegenheit für ein obskures sozialkritisches Statement: »Jeder der jungen Männer besitzt eine Armbanduhr … Die blitzenden Uhren, das bezahlte Geschrei.« Blende aus!

Und überall und immer wieder Slums.

Auch mit den Indern kann man nur wenig anfangen. Selten, dass Grass sich nicht abfällig über seine Gesprächspartner äußert. »Halbgescheites Geplauder« wird ihm eines Abends geboten, und der freundliche Shuva, der ihn kenntnisreich durch Tempelanlagen führt, wärmt »einzig kunstgeschichtlichen Brei auf«. Am Nebentisch sitzt ein hochmütig abweisender Brahmane samt fetter Frau.

Nun könnte man das Buch trotz der jüngsten großen Ehrung dieses Autors als gescheitert zur Seite legen und vergessen, wäre es nicht typisch für den Umgang vieler scheinbar aufgeklärter und kritischer Geister mit der »Dritten Welt«. Von den bornierten Köpfen ist man den kaum verschleierten Rassismus gewohnt, aber von Autoren wie Grass, die ihre Empathie und Solidarität auf dem Revers tragen, hätte man einen genaueren und angemesseneren Blick erwarten können.

Weit gefehlt. Grass steht für den westlichen Intellektuellen, der glaubt, alles beurteilen und kommentieren zu dürfen, selbst wenn er nicht den leisesten Schimmer von der Materie hat (mit Hubert Fichte und Uwe Timm als rühmliche Ausnahmen im deutschen Sprachraum). Er fühlt, dass Indien nicht so sein soll, wie es ist – nur wie es ist, das hat er noch nicht herausgefunden. Diese Überheblichkeit, seit eh und je integraler Bestandteil des »*White man's burden*«, ermöglicht Verallgemeinerungen über ganze Kontinente, die man sich zu Hause nicht einmal über Holstein erlauben würde. So kann Grass behaupten, Indien komme ihm geheimnisloser vor als Dänemark, denn das oft beschworene Unergründliche sei nur ein »abgeschmackter Aberglaube, die Religion«. Doch wenn er an anderer Stelle vermerkt, »nicht Geduld, es ist Ergebenheit in einen Zustand, der als normal gilt«, dann hat er sich durch die vorhergehende Kahlschlagaussage jeglichen Zugang verbaut, das

Verharren in dieser Untertänigkeit, das Fortwirken des Kastensystems, zu begreifen. Immer wieder versucht Grass etwas zu beschreiben und zu bewerten, zu dem er kein Verhältnis entwickelt hat. Es ist, als würde er einen Menschen charakterisieren, den er nicht kennt.

Dieser Mensch kann folglich nur als Opfer erscheinen, als willenlose Figur im Würgegriff eines vage umrissenen Systems, das eher an seinen Folgen (Elend, Kot, Aberglaube) erkannt wird als an seinen Ursachen. Die Individualität der Biografien, die vielfältigen Pfade, die auch Inder einschlagen, gehen verloren. Der allwissende Autor aus den Metropolen berichtet stets aus der Vogelperspektive. Er will oder kann nicht zu den Menschen hinabsteigen und wenigstens einmal, ein einziges Mal die Umgebung aus ihrem Blickwinkel zu sehen versuchen. Selbst in der gelungenen Beschreibung – »Und auf den Schläfern, Todschläfern, die bald wiederleben werden, lasten die Abgase eines nie endenden Tages« – offenbart sich eine Distanz von fragwürdiger Menschlichkeit, die den Beobachteten nur als Objekt zulässt.

Die vereinnahmende Geste dieser intellektuellen Selbstherrlichkeit spiegelt im Endeffekt die wirtschaftlich-politische Hegemonie der ersten Welt wider, die in Lippenbekenntnissen verteufelt wird. Als Grass Kalkutta Mitte der 1970er-Jahre zum ersten Mal besuchte, belehrte er eine Gruppe einheimischer Dichter, die ihn zu einer Lesung eingeladen hatten, man könne doch keine lyrischen Verse schmieden in einer Stadt, die nur Wut auslösen sollte. Mehr als zehn Jahre später besucht er ein Team von Soziologen und moniert, dass diese kein Interesse an seinem vorhergehenden Museumsbesuch gezeigt hätten, und somit kein Interesse an seinen wertvollen Gedanken über die Dürftigkeit der ausgestellten Exponate. »Verfälschung der Geschichte? Man hat andere Probleme.«

Grass liest kaum indische Schriftsteller – zwischen Hans-Joachim Schädlich, Chargoff und Lichtenberg sowie Thomas Mann widmet er sich Schopenhauer, um schließlich festzustellen: »Nahtlos führt diese Lektüre in alle Schrecknisse der Gegenwart.« Kalkutta als verslumte Verkörperung von *Wille und Vorstellung*? Eine kühne These, die unbegründet bleibt, wie alle Thesen in diesem Buch. Dem weltberühmten bengalischen Film und seinen Meistern, wie Satyajit Ray oder Mrinal Sen, stehen drei Sätze zu, obwohl – oder vielleicht gerade weil – diese Regisseure ein Leben lang kritische und bewegende Kunstwerke über indische Not, Trauer und Misere gedreht haben.

Neben der Besserwisserei stößt besonders die Attitüde der Empörung auf. Empörung als Selbstzweck, als Wiedergutmachung, als Beruhigung des eigenen schlechten Gewissens. Kalkutta steht nach heftigen Regenfällen unter Wasser: »Jeder Gedanke an die zumeist tief liegenden Slums macht zornig.« Was bringt diese Aussage dem Leser, und was dem Slumbewohner, der gerade sein Hab und Gut auf die Hochbetten hievt? Die Zunge zu zeigen gilt in Indien als Ausdruck von Scham. Man wird als Leser den Eindruck nicht los, Grass versuche seine eigene Scham zu verarbeiten. Deutlich ist es in seinem Buch *Kopfgeburten oder: Die Deutschen sterben aus* formuliert: »Natürlich ist das zynisch, was wir machen«, lässt Grass einen deutschen Touristen in Bombay sagen. »Eigentlich müssten alle unsere Konsum-Demokraten mal ein, zwei Nächte in einem Slum übernachten, um ihren verdammten Überfluss endlich satt zu kriegen.« Ein der Konsumgesellschaft Überdrüssiger geißelt sich selbst, komponiert Ablassfantasien und lügt sich mit dieser scheinbar aufklärerischen Haltung in die eigene Tasche. Damit ist aber weder dem Slumbewohner geholfen, der schuftet und ackert, um eine Satellitenschüssel auf seinem Wellblechdach aufstellen zu können, und der gerade deswegen aus der Provinz nach Bombay oder Kalkutta gezogen ist, weil er hier Chancen hat, sich ein wenig dieser Konsumwelt zu nähern, und sei es auch nur in kleinen Schritten, die Grass nicht wahrnimmt. Noch wird bei dem satten Konsum-Demokraten ein pädagogischer Erfolg zu erzielen sein, denn dieser wird sich schnell an das Elend gewöhnen. So wie jene Wohlhabenderen, die in den Slums leben, in mehrstöckigen Häusern aus Zement. In der Huldigung der eigenen Empörung verpasst Grass ein wirkliches Wahrnehmen der Fremde. In sechs Monaten Indien gelingt es ihm nicht, neue Erfahrungen zu sammeln, weil er seine schnell gefassten, durch eine tägliche Ration von Kot und Schmutz genährten Vorurteile nicht relativieren kann. Günter Grass bleibt immer Günter Grass, ein Menhir auf Reisen, der sich nie selbst in der Verunsicherung durch eine andere Perspektive verliert.

Gegen Ende seines Aufenthaltes imaginiert der Autor seine Rückkehr nach Deutschland. »Wo waren Sie? In Kalkutta. Ist es nicht schrecklich dort?« Doch! Genau das – und nur das – hat Grass selbst vermittelt: Kalkutta ist schrecklich. Kein Wunder, dass indische Intellektuelle (und andere haben keine Möglichkeit, die aufwendig wie ein Kunstkatalog gestaltete Ausgabe in Hindi oder Englisch zu kaufen und zu lesen) die ihnen gezeigte Zunge gar nicht schätzen. Die Ärmeren, darin bin ich mir sicher, fühlen ähnlich. Schließlich hört kein Mensch gern, seine Welt sei ein einziger Scheißhaufen.

6

Bombay

Es war einmal eine goldene Stadt am Meer. Aber das Gold war verkleidet in Schmutz, Ausschlag und Fäulnis. Trotzdem sah jeder Neuankömmling auf dem Bahnhof, wohin er auch blickte, nur Gold. Diese Stadt wurde aus sieben Inseln, aus Mangrovenwäldern und schlierigen Lagunen erschaffen. Weil die Seufzer der enttäuschten Einwohner seit jeher direkt in den Ozean gelangen, ist das Meer vergiftet worden und nicht einmal mehr durch ein Wunder zu retten. Alle Jahre wieder verspricht eine Kröte, die Stadt so blank zu lecken, dass sie wieder golden glitzert. Wenn dieses Versprechen nicht eingehalten wird, wählen die Bürger die Kröte wieder ab.

Ein Laboratorium für die Zukunft der Menschheit: Spaziergänge durch Bombay

Bombay wird für den Tourismus allgemein als unattraktiv eingeschätzt. Das liegt an einer Vorstellung von Tourismus, die sich der Welt als eine weitere Form des Kolonialismus aufzwingt: Fremde Kulturen existieren nicht für sich selbst, sondern nur zum Vergnügen und zur Zerstreuung westlicher Besucher.

Jeremy Seabrook

Taxiräuber: Das Außenministerium warnt Touristen davor, frühmorgens in Mumbai, dem früheren Bombay, ein Taxi von der Innenstadt zum Flughafen zu nehmen. Verstärkt komme es zur frühen Morgenstunde auf der zum Airport führenden Straße zu Raubüberfällen. Es sei besser, auf Flüge zu warten, die mit Bussen zu erreichen sind.

Agenturmeldung

Um die Schönheit Bombays zu erkennen, sollte man früh aufstehen. Zur Morgenstunde liegt die Stadt so entspannt und friedlich am Meer, dass sich keiner traut zu hupen. Es sind aber auch kaum Autos unterwegs. Dafür umso mehr Spaziergänger, Frauen in Saris und Turnschuhen, Männer in zu engen Tennishosen. Die Obdachlosen schütteln den harten Bürgersteig aus ihren Knochen, waschen sich am Straßenrand mithilfe eines Plastikeimers. Die herrenlosen Hunde lungern herum. Der *chaiwallah* bereitet seinen Samowar vor, wärmt Milch auf, wäscht seine kleinen Teegläser. Und einige persisch aussehende Männer eilen vorbei: Parsen auf dem Weg zum Feuertempel. Die ersten Straßenverkäufer packen ihre geschmuggelten Waren aus den Plastikbeuteln. Und in den Parks treffen sich die Mitglieder der Lachklubs. Nach einer halben Stunde gemeinsamen Lachens fühlen sie sich für einen weiteren anstrengenden Tag gerüstet. Denn nur zwei Stunden später ist die Stadt nicht wiederzuerkennen – gehetzt, laut, überfüllt und voller hupender Aufschreie.

Nirgendwo kann man den Sog, den Bombay ausübt, besser spüren als um zehn Uhr morgens an der Victoria Terminus Station. Alle drei Minuten rollt ein Nahverkehrszug an, aus dem die ersten Passagiere noch während der Fahrt herausspringen. Als seien Schleusen geöffnet worden, überfluten sie den Bahnsteig und behindern draußen den Verkehr, wenn sie die Straße ungeachtet der Ampel überqueren. Fast sechs Millionen Besucher transportieren diese Züge täglich, morgens aus den Wohngebieten im Norden der Stadt in die Geschäftsviertel des Südens und abends wieder zurück. Insofern bietet es sich an, eine Fahrt mit dem Zug in entgegengesetzter Richtung zu unternehmen. Auf der Harbour Line, einer der drei Strecken des Netzes, fährt man bald durch Stadtviertel, die in keinem Reiseführer stehen. Nach der Station Kurla verlangsamt der Zug seine Fahrt auf 20 Stundenkilometer, weil direkt neben den Gleisen Barackensiedlungen wuchern: Behausungen aus meist verrostetem Wellblech, Strohmatten und schwarzen Plastikplanen. Dazwischen gelegentlich etwas Lehm oder Ziegel. Diese langjährigen Provisorien haben meist zwei Stockwerke. Ein Mädchen, das von ihrer Schwester gerade gekämmt wird, sitzt vor einer klitzekleinen Tür im oberen Stock – die

Passagiere könnten mit ausgestreckter Hand ihr glänzendes, schwarzes Haar berühren. Die Anwohner scheinen nicht wahrzunehmen, dass ein Zug durch ihr Wohnzimmer braust. Zwischen zwei Gleisen haben sie einen Markt mit festen Ständen aufgebaut. Auf dem Bahndamm werden Kleider getrocknet. Kleine Schweine stöbern in den Müllhaufen. Man tuckert durch fremde Intimsphären, sieht Menschen ihre Notdurft verrichten, sich waschen oder streiten oder vor ihren zeltartigen Behausungen auf einem der geflochtenen Betten schlafen. Und zwischen all dem wirbt auf einem zerfransten Banner eine christliche Website.

Etwa 20 Minuten dauert die Fahrt durch Viertel wie Gowandi und Mankhurd, und der Besucher hat reichlich Zeit, das eine oder andere Vorurteil zu korrigieren. Vielleicht staunt er über die Vielzahl der Fernsehantennen oder über die schmucken, sauberen Uniformen der Schulmädchen. Oder er erfreut sich an einer mit altmodischen Singer-Maschinen ausgestatteten Schneiderei, aus der ihn die Schneider freundlich anlächeln.

Zurück im Süden der Stadt gelüstet es den Besucher nach stabileren Bauten, errichtet mit einer Fantasie, die nicht nur von der Not beflügelt ist. Zwischen den zwei Bahnhöfen Victoria und Churchgate haben die Stadtväter eine Vielzahl von denkmalgeschützten *Heritage*-Gebäuden ausfindig gemacht, von denen die 15 wichtigsten am Abend beleuchtet werden. Es handelt sich allesamt um viktorianische Bauten in einem hybriden Stil, der indo-sarazenisch genannt wird, obwohl es sich keineswegs nur um eine Vermählung von arabischen und indischen Elementen handelt. Der Rajabhai-Turm der Universität etwa orientiert sich an dem Campanile in Florenz, das Oberste Gericht (High Court) scheint hingegen einer neugotischen Gruselgeschichte zu entstammen. Das Hauptpostamt versteht sich als Kathedrale der Kommunikation. Unter einer gewaltigen Kuppel läuft eine achteckige Galerie, im Erdgeschoss umranken jede Menge Spitzbögen und geschmückte Säulen einen runden Altar aus vergitterten Schaltern, vor dem der postalen Bürokratie statt Kokosnüssen Geduld geopfert wird. Ein Blick in die Alkoven, an den scheinbar in Meditation versunkenen Beamten vorbei, offenbart, dass hier noch einem fanatischen Papierkult gehuldigt wird. Trotz der langen Wartezeiten ist das General Post Office (GPO) ein sympathisch anachronistischer Ort, an dem die modernen Mantras von Effizienz und Auslastung nichts zählen.

Zwischen Bombay und Mumbai sind nur einige Buchstaben verrutscht. Ein Zeichen für die Verschmelzung, die seit jeher in Bombay stattgefunden hat, so auch zwischen dem guten Hafen (*bom bahia* auf Portugiesisch) und der achtarmigen Göttin Mumbadevi, Patronin der Stadt. Einst auf faulendem Fisch errichtet und später zu großen Teilen dem Meer entrissen, hat sich Bombay von Anfang an in die Hände von Emigranten, Glückssuchern und Gierhälsen begeben. Die Krämer der East India Company, die wie Generäle konzipierten und agierten; die zoroastrischen Parsen aus Gujarat, die solide Schiffe zimmerten und ihren Reichtum in gemeinnützige Bauten steckten; die Verzweifelten aus Orissa, Bihar, Uttar Pradesh oder Nagaland, die ihre Muskelkraft für eine Hand voll Reis zur Verfügung stellten und all die anderen Zugewanderten, die bis zum heutigen Tag dafür sorgen, dass man gegen Geld jede Dienstleistung erhalten kann. Nachsicht oder Rücksicht war den zukunftsgewandten Einwanderern und Eroberern fremd. In einer Art negativer Schönheitschirurgie wurden die sanften Hügel, die einst hinter dem Ufer anstiegen, abgetragen.

1862 wurden die sieben ursprünglichen Inseln zu einer einzigen Landmasse zusammengefügt. Das Feld war bestellt: 603 Quadratkilometer, auf denen sich immer mehr Menschen zusammendrängten (heute etwa 15 Millionen) und mit denen sich immer mehr Reichtum einfand, weswegen die Stadt auch Sonapur genannt wird – die goldene Stadt. Heute werden 33 Prozent der gesamtindischen Einkommensteuer in Bombay erhoben – in den vornehmen Vierteln leben mehr Dollarmillionäre als in ganz Deutschland. Der Hafen hat zwar an Bedeutung verloren, dafür boomen die neuen Industrien, die Software und Hardware produzieren. Und weiterhin wird wenig Rücksicht genommen: Pro Einwohner gibt es nicht einmal 0,1 Quadratmeter Grünfläche (im Vergleich dazu: 2,2 Quadratmeter in New York).

Bombay hat über die Jahrhunderte hinweg viel von der Textilindustrie profitiert. Vor 20 Jahren noch hätte man inmitten der Stadt das Rattern von mehr als 70 Spinnereien vernehmen können. Doch dann kam der große Streik von 1982, den die Eigentümer nutzten, um eine längst überfällige Modernisierung und Rationalisierung durchzuführen. Sie gaben den Forderungen der Gewerkschaft nicht nach. Die Fabriken schlossen, und die Arbeiterschaft verelendete. Heute reiben sich Stadtplaner und Bauherren die Hände, wenn sie an diese riesigen verlassenen Gelände denken, auf denen man schon begonnen hat, Kegelbahnen, Discos, Restaurants und schicke Wohnblöcke zu errichten. Die Stoffproduktion mag der Stadt den Rücken zugewandt haben, doch gehandelt wird wie anno dazumal. Neben der zentralen Moschee der Stadt, der Jama Masjid, finden sich in dem Koordinatensystem eines orientalischen Basars Schulter an Schulter die zwei größten Märkte: Mangaldas und Mulji Jetha. Letzterem wird nachgesagt, der größte Stoffmarkt der Welt zu sein. Der Besucher wird sich jedoch an den endlosen

Reihen gut beleuchteter Rollen von Baumwolle, Seide und Polyester bald satt sehen und diesen Grossistenmarkt verlassen. Auf dem Mangaldas-Markt hingegen flattern die Fetzen. Die Gujarati-Händler breiten mit stolzer Geste jede Rolle aus, auf die man auch nur geschielt hat, und schneiden sofort ein Stückchen ab, wenn sich das Interesse konkretisiert. Sie erheben ihre Stimme, um die Qualität anzupreisen und den Preis zu senken. Ansonsten beobachten sie mit der schläfrigen Aufmerksamkeit von Krokodilen das Ringen der großen Frauenrunde um den richtigen Stoff zur Hochzeit. Die bescheidenen Stände (insgesamt 1000 an der Zahl) lassen nicht erraten, was für Imperien mit Baumwolle gesponnen worden sind. Insbesondere während des amerikanischen Bürgerkrieges, als Indien plötzlich zum alleinigen großen Lieferanten Europas avancierte und ein einziges Schiff, das den Stürmen und Piraten nicht zum Opfer fiel, aus Männern Millionäre machen konnte.

Auch heute wird mit Stoff viel Geld verdient, vor allem durch die Produktion von Massenware für westliche Märkte. Die so genannten *export rejects*, die zweitklassige Kleidung, wird an der Fashion Street verkauft – dem minderen Qualitätsanspruch entsprechend auf dem Bürgersteig. Nur dass sich dieser Bürgersteig von Churchgate Station bis Dhobi Talao über mehrere Kilometer erstreckt. Hier kauft halb Bombay ein und schachert, was das Zeug hält.

An Basaren herrscht kein Mangel. Wie in vielen anderen Regionen der Welt scheint die Zahl der Verkäufer die Zahl der Käufer zu übertreffen. Nördlich der Stoffmärkte erstreckt sich der Zaveri-Basar, die Goldzentrale des einzigen Landes, das weiterhin inbrünstig an die Macht des Glitzerns glaubt (weswegen der Goldpreis weltweit vor allem durch indische Einkäufe gestützt wird). Es schließt sich der Chor-Basar an, der »Marktplatz der Diebe«, wo man fast alles finden kann. Auch gute Geschichten. So wird von einem Europäer berichtet, der zwei Felgen suchte, die ihm in der Nacht zuvor gestohlen worden waren. Ein gewiefter alter Krämer beschied ihm zu warten und tauchte nach einiger Zeit tatsächlich mit den zwei gewünschten Felgen auf. Glücklich stieg der Europäer in sein Auto. Doch als er zu Hause die zwei neuen Felgen montieren wollte, stellte er fest, dass seinem Auto nicht zwei, sondern nunmehr vier Felgen fehlten.

Am frühen Abend würden die ehemaligen Inseln gern wieder ihre Schönheit zeigen. Aber der Berufsverkehr hindert sie daran. Trotzdem sollte man die letzte Stunde des Tageslichts an einem der Strände der Stadt verbringen, inmitten von Großfamilien, die den Sonnenuntergang lautstark genießen. Oder die einzige Promenade Bombays, den Marine Drive, entlangspazieren und den Pärchen zusehen, die Händchen halten oder sich zaghaft umarmen, denn öffentliche Knutscherei wird als Ordnungswidrigkeit gehandelt. Die Kinder hingegen springen kreischend den Brandungswellen aus dem Weg.

Solche beschaulichen Momente sind rar. Bombays Reiz liegt woanders. Es vereint die verschiedensten Welten des Ostens und des Westens, der Vergangenheit und der Zukunft, der Verschlossenheit und der Öffnung in sich. In vielerlei Hinsicht erscheint dieser unbändige Moloch wie ein Laboratorium für die Zukunft der Menschheit: hybrid, dynamisch, gnadenlos und widersprüchlich bis über jede Schmerzgrenze hinaus. Aber auch voller Leben und reicher an Erscheinungsformen als jeder Hindu-Gott.

Essen auf Rädern: Das wundersame Netz der *dabawallahs*

Von Prachi Bari und Ilija Trojanow

Morgens um sieben, wenn nur die Fischmärkte geöffnet haben und die ersten Textilarbeiter zur Frühschicht eilen, treffen sich 20 Männer am Bahnhof Dadar. Sie begrüßen sich ausgiebig, schlürfen gemeinsam aus Untertassen brühend heißen Milchtee, besprechen ohne Hast den Tag, der genug Hektik mit sich bringen wird. Bekleidet sind sie mit losen, pyjamaähnlichen Gewändern, *jhaba* genannt. Dazu tragen sie ein Käppi auf dem Kopf, das fast an eine Kochmütze erinnert. Diese Männer sind Teil einer alten Institution, die jeder in Bombay kennt, sei es, weil er sich ihrer Dienste erfreut, sei es, weil sie im Alltag nicht zu übersehen sind.

Sobald das Ritual der morgendlichen Ouvertüre abgeschlossen ist, schreiten die Männer zu ihren Fahrrädern und machen sich auf den Weg zu den Wohnhäusern der Umgebung. Gleiches geschieht in vielen Vierteln der Stadt. Tausende dieser Männer nähern sich Wohnblocks, Chawls, Bungalows. Pünktlich um neun klopft es an der Tür der Hausfrau Minakshi Dalmiya. Wie an jedem Werktag. Da ihr Ehemann das Haus um etwa 7.30 Uhr verlässt, bleibt ihr wenig Zeit, sein Mittagessen zuzubereiten. Gerade eben hat sie den Reis, die Linsen, *chapati* – das ungesäuerte Fladenbrot – und den Gemüseeintopf in mehrere ineinander verschachtelte Dosen geschüttet und den Deckel fest zugeschraubt. Der Mann vor ihrer Haustür kann nicht warten. Er muss noch zum Nachbarn, in das Gebäude nebenan, um die Ecke. Überall Dosen mit heißem Essen abholen. Wer nicht fertig ist, der wird ausgelassen. Minakshi Dalmiya reicht ihm die *tiffins*, wie in Indien die Behälter in Abwandlung eines altenglischen Wortes für »essen« heißen. Der Mann nickt und eilt weiter. An manchen Türen holt er größere Mengen ab, weil eine Frau gegen Bezahlung für ihre berufstätigen oder verhinderten Nachbarinnen kocht.

Mehr als eine Stunde später treffen die ersten Männer wieder am Bahnhof Dadar ein, jeder von ihnen beladen mit 30 bis 40 *tiffins*. Die Mahlzeiten heißen *daba*, und weil man in Indien üblicherweise die Berufsbezeichnung eines Menschen bildet, indem man dem professionellen Gegenstand ein *wallah* anhängt, heißen diese Männer *dabawallahs* (*daru* bedeutet Schnaps; der Kneipier wird also *daruwallah* gerufen). Am Bahnhof werden die Dosen eingesammelt und je nach Zielgebiet unter den *dabawallahs* verteilt.

Balasaheb B. Khengle, der Mann, den ich an diesem schwülen Freitag begleiten darf, lächelt mich immer wieder zahnlos an, während er die *tiffins* sortiert. Auf meine Frage hin, wie er sie denn ordne, zeigt er auf die farbigen Striche, die jeden Deckel zieren.

»Jedem von uns ist eine bestimmte Farbe zugeteilt. Die Roten müssen zur Charni-Road-Haltestelle, die Grünen ins Geschäftsviertel Nariman Point, und die Gelben werden in der Endstation Churchgate ausgeladen.«

Die *dabawallahs* bedienen sich eines eigenen Zeichensystems. Die Codes auf den Deckeln der Dosen bestehen aus Zahlen, Farben, Formen und einfachen Buchstaben und bestimmen den genauen Zielort. »Unsere Leute«, hatte mir Raghunath D. Medge, der Präsident der Vereinigung mit dem eloquenten Namen Nutan Mumbai Tiffin Box Supply Association/Bombay Tiffin Box Suppliers Association, am Tag zuvor erklärt, »können nicht lesen. Wie sonst sollen sie die Dosen identifizieren?

Einer unserer Anführer, ein Analphabet, hat damit begonnen, Daumenabdrücke in einigen Grundfarben auf den *dabas* zu hinterlassen. Im Laufe der Jahre entwickelte sich die Zeichensprache: Die Buchstaben stehen für die Gebäude, die Zahlen für das Stockwerk. Außerdem kann jeder von uns die verschiedenen Dosen auseinander halten. Das macht die jahrelange Erfahrung aus. Missverständnisse oder Unklarheiten darf es auf keinen Fall geben. Sobald ein *dabawallah* die für ihn bestimmten Dosen an sich nimmt, ist er für sie verantwortlich. Für die Lieferung wie auch für die Rückgabe. Wir benutzen dieses bewährte System, auch wenn heute bei uns durchaus einige Gebildete arbeiten. Der Rahul Medge etwa, der hat seine A-Levels bestanden, aber da sich keine Alternativen anboten, ist er nun in die Pedale seines Vaters getreten.«

Während der Zug in Richtung Bahnhof Churchgate zur Station Dadar tuckert, versuche ich mit den fünf, sechs rennenden *dabawallahs* Schritt zu halten, die ihre schweren Kästen mit den vielen *dabas* auf den Schultern tragen. Oft kommt es zu Unfällen, weil sie in dem Bestreben, einen Zug noch zu erwischen, ausrutschen. Die Dosen werden in fließenden Bewegungen in den speziellen Waggon gehievt, der bei jedem Nahverkehrszug für Stoffballen, Gemüsekörbe und *tiffins* reserviert ist.

Wir steigen ein. Nun folgt eine entspanntere Zeit, die Fahrt in den geschäftigen Süden der Stadt. Die *dabawallahs* kauern auf dem Boden, manche holen ihre Tabakbeutel heraus, andere starren zur offenen Tür hinaus. Der Zug rattert, die Fersenhocker schwanken ein wenig, keiner sagt ein Wort. Es ist die Ruhe vor dem Sturm. Noch während wir in die Endstation Churchgate einfahren, springen einige der *dabawallahs* hinaus, um in dem Bahnhofsgebäude eine unbesetzte Nische zu finden. Geschafft! Ein Platz neben dem Kiosk für kalte Getränke! Bald häufen sich auf dem Boden, zwischen hastenden Passagieren, Bettlern und Schuhputzern die Blechdosen voller Hausmannskost, gekocht von Ehefrau, Mutter, Schwester oder Großmutter. Nur wenige der Dosen sind thermostatisch. Die meisten haben sich über die letzten Jahrzehnte hinweg kaum geändert, nur etwas schmäler und kleiner sind sie geworden, was den *dabawallahs* das Tragen erleichtert. Schon schleppt einer der Männer die *dabas* zu seinem Fahrrad. »Je schneller, desto besser! So können wir vermeiden, dass uns mal wieder ein Polizist mit seinem Stock vertreibt.« Denn obwohl die *dabawallahs* Menschen aus allen Stadtteilen und Schichten bedienen, ist ihnen auf keinem der Bahnhöfe Platz gewährt worden, um ihre Dosen aufzubewahren, um ihre Fahrräder oder Handkarren abzustellen. Im Gegenteil: Die Stadtverwaltung behandelt sie wie eine Plage. Erstaunlich, denn gerade vor dem Hauptgebäude der städtischen Verwaltung, einem mächtigen viktorianischen Gebäude gegenüber dem Hauptbahnhof, drängen sich zur Mittagszeit die *dabawallahs*.

Weil er mich an seiner Seite weiß, schiebt Balasaheb sein Fahrrad, anstatt hastig durch den Trubel der Mittagspause zu radeln. Wir nähern uns dem ersten Gebäude, in dem einige seiner Kunden arbeiten, einem sechsstöckigen Bau, gesegnet mit einem Lift. Lautstark wird der Pförtner gegrüßt; mit einem Tragekasten voller *dabas* springt Balasaheb hinein, und ich höre nur noch, wie er mit dem Liftjungen scherzt, während der alte Fahrstuhl ächzend aufsteigt. Die nächsten Gebäude verfügen über keinen Fahrstuhl, und Balasaheb muss ordentlich schnaufen. Innerhalb von einer halben Stunde hat er alle Mittagessen verteilt. Wir setzen uns neben der Straße auf ein seltenes Stück Bürgersteig und ruhen uns aus, bevor der zweite Akt beginnt – das Einsammeln und Zurückbringen. »Nur Abwaschen«, sagt Balasaheb, »müssen wir nicht.« Ein anderer *dabawallah* schreitet an uns vorbei, die Kästen mit den *tiffins* auf seinem Kopf balancierend. Bei einem klitzekleinen Stand gegenüber essen wir im Stehen eine Portion *belpuri*, eines der Leibgerichte der Stadt. Die letzte mit Gemüsepampe gefüllte Teigkugel im Mund, beobachte ich, wie ein weiterer *dabawallah* in halsbrecherischem Tempo seinen Handkarren durch den dichter werdenden Verkehr zieht. »Die von weit draußen«, schmunzelt Balasaheb, »die haben es eiliger. Nicht wahr!« Zurück am Bahnhof treffen wir einen der Kollegen, mit denen wir vorhin hergefahren sind. »Der Ganga«, flüstert mir Balasaheb zu, »der weiß mehr als alle anderen.«

Gangaram Laxman Talekar, traditionsbewusst schnurrbärtig und lebenserfahren entspannt, nimmt eine generöse Prise Schnupftabak, lehnt sich mit genießerischem Gesichtsausdruck gegen die Waggonseite zurück und befriedigt gönnerhaft meine Neugier: »Es fing mit den Briten an. So etwa um 1890. Sie waren das scharfe indische Essen nicht gewohnt und baten daher Parsen, sie mit Mittag- und Abendessen zu versorgen. Das war der Beginn des *tiffin-service*. 1920 entstand daraus das erste professionelle Geschäft, das sofort einen riesengroßen Erfolg hatte. Damals gab es kaum Hotels, also waren die Angestellten und Arbeiter sehr froh, Essen von daheim serviert zu bekommen. Dampfend heiß, denn die Entfernungen waren nicht so groß. Unseren Höhepunkt erlebten wir in den Siebzigerjahren, als die Textilwirtschaft boomte. Es war eine Freude, die *tiffins* anzuliefern. Die Arbeiter warteten schon mit Lust und Gier auf uns. Doch dann schlossen viele Fabriken, und die Banken verkürzten ihre Öffnungszeiten.«

Beim tropisch frühen Einbruch der Dunkelheit sitzen die müden *dabawallahs* in einem Büro an der Grant Road zusammen. In einem Raum, etwas größer als ein deutsches Schließfach. »Wir sind froh«, sagt Talekar, »überhaupt ein Büro zu haben. Früher saßen wir auf der Straße und haben dort über unsere Probleme diskutiert. Jetzt wird unsere Vereinigung sogar ein Büro in Dadar eröffnen, wo wir unsere Versammlungen abhalten können. Heute geht es uns allen gut. Denn morgen ist Zahltag. Das Gute ist, wir werden immer pünktlich bezahlt. Keiner traut sich, nicht zu zahlen, denn wer uns warten lässt, dessen Essen wird am nächsten Tag nicht abgeholt.« Monatlich kostet die Leistung der *dabawallahs* zwischen 250 und 300 Rupien (etwa sechs bis acht Euro). Für 100 Rupien mehr im Monat kommt man in den Genuss des First-Class-Service – das Essen wird erst um elf Uhr abgeholt. »Jeder von uns ist ein selbständiger Geschäftsmann«, erklärt Talekar weiter. »Wir werden von den Familien bezahlt, von denen wir das Essen abholen. Für die Dosen, die wir für unsere Kollegen austragen, erhalten wir nichts. Das funktioniert auf der Basis gegenseitiger Hilfe. Wir sind gut organisiert. Unsere Gewerkschaft sorgt dafür, dass jeder von uns Gebietsschutz genießt. Sie hilft uns, die Kinder auszubilden, ein Zimmer zu mieten, einen Karren zu kaufen. Aber unsere Unkosten bereiten uns Kummer: die monatliche Fahrkarte, die Gepäckgebühren, das Fahrrad, die Kartons. Mir bleiben pro Monat selten mehr als 3000 Rupien (etwa 75 Euro). Einen Großteil dieses Geldes schicken viele unserer Leute an ihre Familien, die in den Dörfern zurückgeblieben sind. Da bleibt gerade genug übrig für die Miete und das tägliche Essen.«

Die *dabawallahs* beliefern etwa 200 000 Einwohner Bombays mit Essen. Pünktlich und zuverlässig. Beschwerden sind selten. Shrinivas, ein Bankangestellter, den ich mittags kennen gelernt hatte, schwärmt von seinem *dabawallah*: »Jeden Tag erhalte ich mein Essen genau um 12.30 Uhr. Es ist noch nie zu spät gekommen, und es war nie ein fremdes Essen.«

Dabawallahs nehmen keinen Urlaub, genehmigen sich keine Auszeit. Selbst wenn Bombay unter Wasser steht oder die meisten Rollläden wegen eines Streiks heruntergelassen sind, tragen sie weiter die *tiffins* aus. Solange jemand in der Stadt arbeitet, arbeiten auch sie. Nur einmal im Jahr verlassen sie Bombay und begeben sich auf eine viertägige *yatra*, eine Pilgerreise zum heiligen Ort ihrer Ahnengötter Panduranga (eine Inkarnation von Vishnu) und Kandhoba (eine Inkarnation von Shiva). Dann wird eine Tradition gepflegt und einem Beruf Treue geschworen.

Aber wie lange noch? Wird diese selbst organisierte, hierarchielose Armee von Essenslieferanten dem Ansturm der Fastfood-Ketten, die inzwischen auch Bombay überziehen, widerstehen können? Die *dabawallahs* geben sich sorglos. »Wenn du täglich auswärts isst, wirst du eines Tages von dem Fraß die Nase voll haben. Und dann wirst du zurückkehren zu den heimischen Linsen mit Reis. Und was ist mit all den Leuten, die Zucker haben oder an einem Herzgebrechen leiden?«

Gewiss werden die unzähligen Tabus und Vorschriften, die viele Inder bei ihrer Nahrung beherzigen, weiterhin ein wichtiges Wörtchen mitzureden haben. Aus einer falsch angelieferten Dose würden die meisten Inder nicht essen. Ein strenger Vegetarier würde in einem christlichen Haus nicht einmal ein Glas Wasser annehmen, weil die Christen gemeinhin Fleisch zu sich nehmen. Auch gibt es verschiedene Arten von Vegetariern – darunter die Jains, eine Religionsgemeinschaft, die sich besonders der Gewaltlosigkeit verschrieben hat. Sie essen nichts, was unter der Erdoberfläche wächst (Zwiebeln, Kartoffeln, Knoblauch ...) und halten eine schier endlose Zahl von unterschiedlich definierten Fest- und Fastentagen ein. Zwar bemühen sich manche Restaurants, die Bedürfnisse bestimmter Minderheiten am Büfett zu berücksichtigen, der erforderlichen Vielfalt können sie aber unmöglich gerecht werden. Solange die meisten Inder beim Essen heikel und wählerisch sind, dürfte die Existenz der *dabawallahs* gesichert sein.

Im Takt des Fahrplans: Die Kinder vom Bahnhof Bombay Central

Sonis Tag beginnt mit dem Fußtritt eines Polizisten. Wenn er nicht schnell genug aufspringt, erhält er noch einen Tritt, in die Rippen – der Bulle weiß, wo es wehtut. Und Soni weiß, dass er verschlafen hat. Die anderen, die in der Halle schlafen, haben ihre Decken schon zusammengerollt. Es ist nicht gut, in der Halle zu schlafen. Zu viele Leute, zu viel Verkehr. Auf den Rollwagen bei den Gleisen, da lässt es sich besser übernachten. Oder auf dem Parkplatz, ausgestreckt auf den Sitzen zweier Roller. Dort kommen die Polizisten nicht hin, und die Jungen werden von den ersten Zügen des Tages aufgeweckt. Sanjay, Sonis Freund, hat den besten Schlafplatz – auf dem Dach des Latrinenhäuschens. Aber der ist auch zwei Jahre älter und genießt gewisse Vorrechte. Die Jungen schätzen sich glücklich, wenn ein ausrangierter Zug die Nacht auf einem der Bahnhofsgleise verbringt. Dann können sie in den Abteilen schlafen und sich morgens in den Waggons auch waschen – die Zähne mit dem Finger und etwas Zigarettenasche sauber reiben. Besser als der Waschraum in der Wartehalle. Dort müssen sie eine Rupie löhnen.

Die Haupthalle des Bahnhofs sieht aus wie Bahnhofshallen auf der ganzen Welt. Die hohe Decke, die vielen kleinen Geschäfte und Imbissbuden, der Schalter für die Gepäckaufbewahrung, die Tafeln mit den Fahrplänen. Nur am Boden unterscheidet sich dieser Bahnhof von anderen: Zu Stoßzeiten ist jeder Quadratmeter mit hockenden, sitzenden und ausgestreckten Menschen bedeckt: Passagiere, die sich ausruhen oder auf einem Stück Stoff ihr Mittagessen ausbreiten; Obdachlose, die schlafen; und die Straßenkinder, die beobachten und auf Gelegenheiten lauern. Um vom Eingang zum ersten Gleis zu gelangen, muss man vorsichtig wie ein Storch seine Schritte setzen. Umso erstaunlicher ist, wie eine schwer beladene Kolonne von Trägern durch die Halle flitzt, ohne auf ein Baby oder in ein Linsengericht zu treten.

Im Hamara Club gegenüber dem Bahnhof, einem engagiert geführten Tagesasyl für die Straßenkinder, hängt ein Zeitplan an der Wand – ein sehr ordentlicher Plan, der die Tage der Woche von zehn bis 15 Uhr in halbe Stunden aufteilt und jede halbe Stunde ausfüllt, in unterschiedlichen Farben. Mit Lesen, Schreiben und Rechnen, mit Yoga, Spielen, Essen, Malen und Musizieren sowie dem so genannten nonformalen Unterricht, in dem Kenntnisse vermittelt werden, die den Kindern beim Überleben in ihrer Umwelt nützlich sein können. Sehr genau wird der Plan allerdings nicht genommen. Ungefähr 200 Kinder leben auf dem Bahnhof, im Alter zwischen acht und 18, weniger als die Hälfte von ihnen besucht mehr oder weniger regelmäßig den Hamara Club. Meist sitzen die Kinder in kleinen Gruppen auf dem Fußboden, auf einer bunt gestreiften Decke. Einige üben mit dem Sozialarbeiter das Hindi-Alphabet, manche spielen Carrom (eine Art Brettbillard), andere wiederum schlafen. Die halben Stunden sind gut gewählt, denn länger können sich die Kinder nicht konzentrieren. Kaum eines von ihnen, selbst unter denjenigen, die täglich anwesend sind, schafft es, den ganzen »Schultag« im Hamara Club zu verbringen. Es herrscht ein ständiges Kommen und Gehen. Der Lehrplan unterliegt wichtigeren Pflichten – er wird vom Kursbuch der Züge beherrscht. Rechtzeitig vor der Einfahrt eines Zuges springen die Jungen, die als Träger oder Verkäufer arbeiten, auf und laufen über die dicht befahrene Straße zum Bahnhof hinüber, verharren dort, bis sie jedem Passagier ihre Dienste und Waren angeboten haben, und kommen dann zurück – es sei denn sie arbeiten auch als Sitzplatzreservierer.

»Als Reservierer«, erklärt mir Soni, weil er merkt, dass ich mir unter diesem Job nicht viel vorstellen kann, »musst du zuerst einen Passagier finden, der keine Reservierung hat, der aber auf jeden Fall einen Sitzplatz ergattern möchte. Dann musst du dorthin, wo die Züge gewartet werden. Du steigst auf, bedeckst die Sitze mit Zeitungen und wartest, bis der Zug in den Bahnhof einfährt. Dann bringt dein Partner den Kunden zu dir. Manchmal zahlen die Leute am Ende nicht, dann bewerfen wir sie durch das Fenster mit Schmutz und Schlamm.«

Sitze reservieren gehört zu den lukrativeren Jobs. Ebenso Fahrkarten besorgen. Die Kinder sind Nutznießer des immensen bürokratischen Aufwands, den ein Ticketkauf mit sich bringt. Wenn jemand keine Lust hat, stundenlang anzustehen, beauftragt er Soni oder einen seiner Freunde, ihm ein Ticket zu besorgen. Der stellt sich in die Schlange und wartet, manchmal bis zu drei Stunden lang. Aufwendiger und gefährlicher ist das Sammeln von Flaschen. »Manchmal fährst du mit einem frühen Zug nach Surat und sammelst auf der Strecke alle leeren Flaschen auf, die Mineralwasserflaschen aus Plastik, die gut erhalten sind. Mit denen fährst du wieder nach Bombay zurück, beulst sie aus, schrubbst sie sauber, füllst sie mit Wasser vom Hahn und verkaufst sie an die Passagiere, die den Rajdhani Express nehmen, um fünf Uhr am Nachmittag, für zwei oder drei oder manchmal sogar für fünf Rupien. An einem Tag kommst du vielleicht auf 15 Flaschen, das macht insgesamt 50 Rupien. Um nicht als Schwarzfahrer erwischt zu werden, nimmst du einen Besen in die Hand und tust so, als seist du der *sweeper* (Putzmann). Aber manchmal wird man doch erwischt«, Soni lacht, »dann musst du für einige Tage ins Gefängnis.«

»Da warst du schon?«, platzt es aus mir heraus, unfähig mir den schmächtigen, zart gebauten Soni in einem der berüchtigten Gefängnisse vorzustellen.

»Ja, die meisten von uns waren schon mal da, für fünf Tage oder sieben oder neun. Wenn du Pech hast. Obwohl, so schlimm ist es nicht. Es gibt dort Essen und Wasser, und du wirst vielleicht zu einem Doktor gebracht. Aber den ganzen Tag musst du arbeiten, kochen oder graben. Manchen von uns ist es dort nicht so gut ergangen. Wir haben ein Lied gemacht ... *going free, coming free, if you get caught, eating free.*«

Jeden Tag kommen aus dem ganzen Land etwa fünf obdach- und elternlose Kinder nach Bombay. Der Bahnhof Bombay Central ist ihre erste Anlaufstation. Die meisten sind von zu Hause weggelaufen, weil sie brutal behandelt oder missbraucht wurden. Oder weil sie nicht genug zu essen hatten. Sie stammen überwiegend aus den ärmsten Provinzen Indiens, aus Bihar, Orissa, Bengalen und aus dem Nachbarland Bangladesch. Manche landen in Waisenheimen, manche ziehen weiter, und manche, wie Soni, bleiben hier hängen. Dieser etwa zwölfjährige Junge mit scheuem Lächeln und reglosen Augen ist mit sieben Jahren aus dem 1500 Kilometer entfernten Bihar nach Bombay gekommen. Ganz alleine. Obwohl er im Laufe der Tage redseliger wird, behauptet er immer wieder, sich weder an seine frühe Kindheit noch an seine Eltern zu erinnern. Sie existieren für ihn einfach nicht.

Wie so manches andere, das er mir nicht erzählt. Über seine

Gefühle schweigt er sich gänzlich aus. Auf meine zaghaften Fragen antwortet er mit einem Schulterzucken, das bedeuten könnte: »So ist halt die Welt!« Oder auch: »Was geht dich das an?« Nach einigen Tagen beschleicht mich zunehmend das Gefühl, dass er das Gespräch kontrolliert.

Von allen Plagen, das bestätigen alle Jungen, seien die Polizisten die schlimmste. Sie greifen die Kinder täglich auf und knüpfen ihnen einen Großteil des verdienten Geldes ab. Zudem sehen sich die Straßenkinder zu ihrem Unglück von drei verschiedenen Uniformträgern belästigt: der Railway Protection Force, der Government Railway Police und gelegentlich der zivilen Polizei. Alle drei kassieren *hafta*, was eigentlich Wochenlohn bedeutet, im Jargon aber die regelmäßigen Freikäufe bezeichnet. »Sie nehmen dir dein Geld ab«, sagt Soni so nüchtern, als würde er mir den Fahrplan erklären, »das ganze Geld. Sie suchen in deinen Taschen. Deswegen habe ich mir schon viele Orte ausgedacht, wo ich es verstecken kann. Siehst du meinen Hut? Darunter bewahre ich mein Geld auf. Sie nehmen dir deine 50 Rupien ab und geben dir dann zehn Rupien zurück, damit du was zum Essen hast. Einmal brauchte ich das Geld dringend und bat den Polizisten um zehn Rupien mehr. ›Okay, dann komm her!‹, sagte er. Ich geh zu ihm, er nimmt seinen Gürtel raus und beginnt mich zu schlagen. Du hast keine Chance gegen die Polizei. Wenn du ihnen nichts zahlst, lassen sie dich nicht auf die Plattform. Und wenn es irgendeinen Diebstahl gegeben hat, beschuldigen sie dann dich.«

Und in den Tagen vor dem Nationalfeiertag am 26. Januar, wenn die Polizei die Order befolgt, die Straßen von Kriminellen zu reinigen, locht sie zur Erfüllung ihrer Quoten kurzerhand auch einige Straßenkinder ein.

Von den Tagen, die ich mit Soni und seinen Freunden verbracht habe, wird mir am stärksten das ewige Herumhängen in Erinnerung bleiben: das Warten auf Züge, auf Gelegenheiten, auf andere Menschen. Selbst ein familiäres und schulisches Umfeld gewohnt, bei dem Kinder täglich beschäftigt und gefordert werden, war ich erschrocken über so viel Eintönigkeit, die wie ein schwarzes Loch jegliches kreative, geistige Potenzial verschlingt, bis nur noch die Dumpfheit übrig bleibt, die man in den Gesichtern vieler Menschen auf Bombays Straßen entdeckt. Wenn es nichts zu tun gibt, spielen die Jungen Karten auf den Kühlerhauben der Autos auf dem Parkplatz – meistens um Geld. Manchmal spielen sie auch mit runden Hölzern oder Murmeln. Gelegentlich singen sie. Oder schmieden Pläne: Träume von einem eigenen Geschäft, einem Bauchladen oder einem Karren, mit dem sie Obst verkaufen könnten. Sanjay wünscht sich einen kleinen Koffer mit den paar Sachen, die man braucht, um als Schuhputzer zu arbeiten. Soni hofft, Schneider zu werden. Dazu braucht er zwar einen überdachten und abschließbaren Platz, in Bombay ein ziemlicher Luxus, doch die Arbeit würde ihm gefallen: »Schneider sein ist sehr gut, da gibt es immer etwas zu tun, und ich kann dann Kleidung für alle Jungs nähen.« Doch die Einstiegsinvestition für einen Bauchladen oder Karren beträgt fast unerreichbare 1500 Rupien. Zudem benötigt man eine Lizenz vom Bahnhofsvorsteher, die sehr restriktiv erteilt wird, wenn einem das Geld fehlt, sich die Erlaubnis zu erkaufen.

Im Hamara Club wird ein Sparbuch geführt. Keines der Kinder hat es geschafft, mehr als 1000 Rupien zu sparen. Denn das Geld, das sie nicht für Essen, Kleidung und Polizei benötigen, geben sie meist für Zigaretten, Alkohol, Haschtabletten und andere Drogen aus. Einer von Sonis Kumpeln hatte einmal 700 Rupien gespart, da kam sein Bruder auf Besuch und berichtete, dass die Familie dringend Geld brauche, um Lebensmittelkarten (die in Indien an arme Familien ausgegeben werden, damit diese verbilligt Grundnahrungsmittel kaufen können) zu erwerben. Also hob er den ganzen Betrag ab und drückte ihn seinem Bruder in die Hand.

In Ermangelung einer eigenen Familie arbeiten viele der Jungen in Teams. Der Älteste erhält zwar das Geld und gibt die Anweisungen, aber er kümmert sich auch um die Jüngeren, garantiert ihnen Essen und einen sicheren Schlafplatz. Auch suchen die Jüngeren die körperliche Nähe der Älteren, ihre Zärtlichkeit. Sie legen ihren Kopf auf den Schenkel eines Großen und schmiegen sich an ihn, bis dieser bemerkt, dass ich sie beobachte, und den Kleinen mit einer unwirschen Geste wegschiebt. Meistens scheinen sie sich über meine Anwesenheit zu freuen. Schon am zweiten Tag begrüßen sie mich wie einen alten Bekannten. Manche versuchen sogleich mit angeberischen oder spöttischen Sprüchen Eindruck zu schinden. Andere sehen mich herausfordernd an, als würde uns ein Kräftemessen bevorstehen. Während wir reden, necken sich einige, raufen miteinander. Manche scheinen bevorzugt bestimmte Rollen zu spielen. Pintu mit dem Klumpfuß etwa gibt den Narren. An einem Tag schwingt er sich zu solcher Hochform auf, dass jegliches informative Gespräch unmöglich wird.

Wie so häufig. Denn so freundlich die Jungen sind, mit der Zeit haben sie zunehmend weniger Lust mit mir zu reden. Selbst wenn sich einer mal zu mir setzt, wird er schon nach einigen Minuten unruhig, mischt sich in andere Gespräche ein, macht Faxen. Zudem sehe ich mich immer wieder in meiner Beurteilung eines Jungen getäuscht. Pintu etwa wirkt am nächsten Tag seltsam bedrückt. Wieder zieht er Grimassen, doch sie wirken diesmal lächerlich und er wie eine tragische Figur. Soni, der anfänglich einen intelligenten Eindruck auf mich machte, ist eines Tages nicht wiederzuerkennen. Er sieht mich nicht an, er lallt, sein Blick geht in die Leere, seine Sätze zerfallen. Auf meine Frage, ob es ihm schlecht gehe, schüttelt er den Kopf. Doch bald danach legt er sich plötzlich auf den Fußboden und schließt die Augen. »Sie nehmen alle Drogen«, sagt der Sozialarbeiter vom Hamara Club, »an manchen Tagen sind sie besser drauf, an anderen schlechter.«

Am Abend wirkt Soni wieder wacher. Wir laufen durch den angenehm leeren Bahnhof. Ich habe das Gefühl, er ist stolz, mir noch einige Nischen und ein paar Kniffe zu zeigen. Sichtbar genießt er seine Rolle als Fremdenführer. »Wenn du willst«, sagt er, »kannst du mal die ganze Nacht hier mit mir verbringen.« Ich fühle mich durch dieses Zeichen seiner Sympathie geehrt.

»Wann gehst du denn schlafen?«, frage ich.

»Um zwölf oder eins, aber nicht, wenn noch ein verspäteter Zug ankommt. Dann warten wir, bis in die Nacht. Manchmal schlafen wir gar nicht, wenn einer unglücklich ist. Wir sitzen bei ihm und fragen ihn, was los ist, reden mit ihm und beruhigen ihn. Dann schlafen wir am nächsten Tag in der Schule.«

Einige Monate später feierten die Straßenkinder vom Bahnhof Bombay Central ein Fest im Hamara Club, zu dem sie mich einluden. Das Programm umfasste einen Sketch zum Thema Aids und viele fröhliche Lieder. Einer der Sozialarbeiter reichte mir ein Heft mit Zeichnungen der Kinder, darunter eine, die ein Wohnzimmer mit einem großen Fernseher im Vordergrund zeigte, vor dem sich etwa 20 Strichmännchen eingefunden hatten. Auf dem Tisch stand eine überdimensionale Tasse sowie ein Miniaturtelefon. An der Wand prangte eine stolze Uhr, und an der Decke neben dem Ventilator hingen zwei Lampen. Während ich über diesen gutbürgerlichen Traum brütete, sangen die Straßenkinder eifrig die Nationalhymne. Danach peitschten die einstudierten Rufe »*Bharat mata kije* – lang lebe Mutter Indien!« durch den Innenhof.

Zwischen McDonald's und Mikrochips: Die neue indische Mittelklasse

An dem Abend, an dem das Einkaufsparadies eröffnet wurde, standen die Menschen vor dem McDonald's Schlange wie anderswo vor der Tutenchamun-Ausstellung. Die Frauen waren in ihre besten Saris gehüllt, die Kinder herausgeputzt wie in einer Waschmittelwerbung, und die Männer standen aufrecht, voller Stolz, der Familie das Vergnügen bieten zu können, das von der Presse seit Tagen bejubelt wurde. Groß war die Aufregung, als Crossroads, Bombays erste richtige Shopping Mall, hinter ihre gläserne Fassade blicken ließ. Da die meisten Neugierigen in ihren Kleinwagen vorfuhren, verstopfte die Straße schnell, entstand ein Stau, wie ihn selbst die mit Staus gesegnete Metropole Bombay selten erlebt hat. Sogar der Eigner von Crossroads, ein Geschäftsmann namens Piramal, war von dem Ansturm überwältigt. Täglich versuchte er in Interviews den Zorn der aufgebrachten Nachbarschaft zu besänftigen. Er versprach, er werde weitere Parkplätze schaffen, er werde auf der anderen Straßenseite ein zweites Zentrum erbauen, er werde Franchisen einrichten, er werde alles verbessern und vergrößern.

Am Sonntag nach der Eröffnung stand die Familie Patel vor einem dynamisch lächelnden und schick uniformierten Mitarbeiter von McDonald's und bestellte Maharaja Burger für den

Sohn Anand, Chicken Tikka für die Tochter Gita und zwei vegetarische Gerichte für die Eltern Natu und Kukila. Die Patels nahmen in dem Atrium Platz und bestaunten die hohe Kuppel, die Fußgängerbrücken und die längste Rolltreppe der Stadt, die vom Erdgeschoss in den fünften Stock führt. Nach dem Essen bummelten sie an den Schaufenstern von Swarovski, De Beers, und Sony vorbei und blieben vor einem Juwelierladen stehen, dessen funkelnde Auslagefläche größer als ihre gesamte Wohnung war. In jeder Hinsicht gesättigt nahmen sie den weiten Heimweg auf sich.

Die Patels gehören zu jener Schicht, die seit der wirtschaftlichen Öffnung Indiens Anfang der 1990er-Jahre zunehmend im Rampenlicht der Medien steht: der Mittelklasse. Obwohl weder über ihre Zahl (zwischen 250 und 450 Millionen) noch über ihr Einkommen (etwa zwischen 1000 und 5000 Euro im Jahr) Einigkeit herrscht, sind ihr politisches Gewicht und ihre wirtschaftliche Dynamik evident. Egal, von welcher Warte aus über die Zukunftsaussichten Indiens spekuliert wird, diese wachsende Schicht wird als Hoffnungsträger des Landes angesehen.

Zu viele Lastwagen (stinken), Eselskarren (behindern), Busse (gefährden), Kühe (mampfen), Fahrradfahrer (lebensmüde) und Autorikschas (stinken, behindern und gefährden) – Andheri, eines der industriellen Viertel Bombays, entspricht den üblichen Erwartungen an eine indische Stadt. Es ist laut, hektisch, chaotisch, schmutzig – den Kühen gibt man Futter, um wenigstens eine gute Tat am Tag vollbracht zu haben. Doch wenn man von der Hauptstraße abbiegt und es schafft, die strengen Kontrollen am Eingangstor zu überwinden, findet man sich in einer anderen Welt wieder: glitzernde Bürogebäude, blitzsaubere Straßen, gepflegte Grünanlagen und klimatisierte Büros wie in

Taiwan, Kalifornien oder Wales. SEEPZ heißt diese Welt ohne Smog, Lärm und Bettler. Würden nicht Frauen im Sari vorbeieilen, könnte man zweifeln, ob SEEPZ seine Existenz tatsächlich einer indischen Exportinitiative verdankt.

Industrieparks wie dieser, manchmal zollbefreit und stets steuerbegünstigt, beherbergen in Bangalore, Hyderabad und Bombay die boomende indische Software-Industrie, die seit 1991 um mehr als 50 Prozent im Jahr wächst. Dieser Erfolg wird von etwa 600 Firmen getragen, die insgesamt 280 000 Spezialisten beschäftigen. 1999 nahm Indien mit dem Export von Software 2,65 Milliarden US-Dollar (etwa 2,56 Milliarden Euro) ein. Der Branchenverband Nasscom erwartet, dass das Exportgeschäft im Jahr 2008 rund 50 Milliarden US-Dollar (etwa 51,2 Milliarden Euro) abwerfen wird. Wie im Rausch stürzt sich die von Krisen gebeutelte Nation auf den Goldesel Software: endlich ein Hoffnungsschimmer am Horizont. Die allgemeine Euphorie gründet sich auf die Schwindel erregenden Börsengewinne der Unternehmer, Mitarbeiter und Anleger. Die aufstrebende Mittelklasse und die zukunftsträchtige Informationstechnologie scheinen eine perfekte Ehe eingegangen zu sein.

Natu Patel leitet eine Software-Firma, die er vor einigen Jahren zusammen mit einem Freund gegründet hat. Um zu seinem Büro zu gelangen, lässt man SEEPZ hinter sich und fährt an planlos über- und nebeneinander gebauten Betonschachteln vorbei, eine Slalomfahrt durch ein Minenfeld von Schlaglöchern. Kein Fremder würde vermuten, dass viele erfolgreiche Firmen hier ihren Sitz haben. Bei Patel fällt man mit der Tür direkt in die Abteilungen Entwicklung, Verwaltung und Vertrieb – in einem länglichen Raum sitzen alle sechs Mitarbeiter nebeneinander, hinter Computern und Telefonen. Im Gegensatz zu den Giganten, die an der Börse gehandelt werden, entwickelt diese Firma nur Software für den einheimischen Markt, für Firmen mit einem Jahresumsatz zwischen einer Viertelmillion und 10 Millionen Euro. Für Natu Patel und seinen Partner, beide studierte Betriebswirte, war der Einstieg in die anspruchsvolle Computerbranche ein ziemliches Wagnis. »Wir hatten keine Ausbildung und keine Erfahrung. Zudem mangelte es uns an Investitionskapital. Ich hatte zuvor acht Jahre lang für eine Unternehmensberatung gearbeitet, die unter anderem auch im Computerbereich tätig war. Deshalb sind wir bis letztes Jahr absichtlich klein geblieben, haben beobachtet und gelernt.« Um zukünftig zu expandieren, haben die Firmengründer gerade einen weiteren Partner gewonnen, der aufgrund seiner Beziehungen auch Banken als Kunden anwerben soll. »Die Wirtschaft wird weiterhin von persönlichen Kontakten dominiert. Die Beziehungen der eigenen Großfamilie und Kaste spielen eine überragende Rolle. Sie sorgen für die Finanzierung und den Aufbau eines Vertriebsnetzes. Werbung hingegen ist für Firmen unserer Größe unbedeutend«, erklärt Natu Patel. Auf die Chancen auf dem internationalen Markt angesprochen, bedauert er, dass ausländische Kunden indische Lieferanten meist nur für Datenerfassung oder andere ausführende Arbeiten benutzen, als verlängerte Werkbank sozusagen. Von den 3000 indischen Firmen in dieser Branche entwickeln gerade einmal 20 bis 25 Software für das Ausland.

Der 16-jährige Sohn Anand weiß noch nicht, ob er in die Fußstapfen seines Vaters treten will. Aber eines ist jetzt schon gewiss: Wenn er sich entscheidet, wird er auf die beste Ausbildung zurückgreifen können, die für seine Eltern erschwinglich war. »Das Wichtigste, was wir unseren Kindern mitgeben können, ist eine gute Ausbildung. Wir fahren nur ein kleines Auto und sind noch nie ins Ausland gereist, aber an der Ausbildung unserer Kinder wollen wir nicht sparen.« Dieser Anspruch der Patels hat dazu geführt, dass die 14-jährige Tochter Gita eine katholische Klosterschule – eine so genannte Convent School – besucht, die hoch angesehen ist und entsprechend viel kostet. Eliteschulen verlangen bis zu 2000 Rupien, etwas mehr als 50 Euro, im Monat. Der gute Ruf der christlichen Lehrstätten erklärt, wieso selbst nationalistische Hindus, die sich öffentlich gegen die »unindischen« Religionen wenden, ihren Nachwuchs den Nonnen anvertrauen. Doch Geld allein garantiert noch nicht den nötigen Erfolg. Schon um die Plätze in den guten Kindergärten wird ein harter Kampf gefochten, bei dem nicht nur die Zöglinge einer Prüfung unterliegen, sondern auch die Eltern vor den strengen Augen der Lehrer eine gute Figur abgeben müssen. Angesichts begrenzter Ausbildungsplätze steigen die Anforderungen von Jahr zu Jahr. Wer heute in der Grundschule Noten von weniger als 90 Prozent vorlegt, hat kaum eine Chance, von einer der führenden Institutionen aufgenommen zu werden. Gute Noten setzen aber viel Nachhilfe voraus, was zusätzlich auf den Geldbeutel schlägt.

Die Bedeutung, die Familien wie die Patels der Erziehung ihrer Kinder beimessen, ist einer historischen Erfahrung zu verdanken. Die Mittelklasse hat nach der Unabhängigkeit Indiens vor allem von ihrem Bildungsvorsprung profitiert. Frau Patel etwa wurde als Tochter eines bei der Bahn angestellten Beamten nach guten Leistungen in Schule und Universität ihrerseits beim Staat angestellt. Die Bereitschaft, in die Ausbildung so viel wie nötig zu investieren, hat eine ganze Industrie aus dem Boden des mangelhaften staatlichen Bildungswesens schießen lassen: Privatschulen, Abendkurse, Repetitorien und Institute für Aufbaustudiengänge haben Hochkonjunktur. Denn es geht die Angst um, dass zukünftig nicht einmal mehr eine solide Schul- und Universitätsausbildung ausreichen wird, um einen adäquaten Arbeitsplatz zu ergattern. In Indien wächst seit Jahren die Zahl arbeitsloser Akademiker.

»Am wichtigsten«, sagt Anand, »sind mir bessere Berufsaussichten. Was wir alles studieren können – SSE, HSE, MSE... Aber dann? Ich kenne Absolventen der Betriebswirtschaft, die als einfache Angestellte arbeiten müssen. 15 Jahre Büffeln, um dann mit 3000 Rupien (etwa 75 Euro) im Monat abgespeist zu werden. Das ergibt doch keinen Sinn. Ich hätte gern bessere Chancen und nicht noch weitere Abschlüsse! Wenn du heute die Schule oder die Uni verlässt, triffst du auf einen brutalen Arbeitsmarkt. Der Stress kann einen umbringen. Jede Firma, die eine Stelle ausschreibt, wird von Bewerbungen überflutet.«

Einen Mythos des sicheren Aufstiegs umgibt die Informatik, genährt von den unzähligen Berichten in den Medien über Inder, die es in Bangalore und Silicon Valley »geschafft« haben. Deswegen gibt der Großteil der Gymnasiasten bei Umfragen an, Computer Sciences studieren zu wollen – das Fach verzeichnet landesweit die höchsten Einschreibungsquoten. Die naturwissenschaftliche Ausbildung genießt in Indien seit den Tagen von Jawaharlal Nehru höchste Priorität, auf Kosten der Basiserziehung (landesweit nur 64 Prozent Alphabeten). Mit großem Aufwand wurde die technologische Unabhängigkeit angestrebt. Indische Ingenieure überschwemmten in den 1980er- und 1990er-Jahren Silicon Valley. 1996 gingen fast die Hälfte der insgesamt 55 000 begrenzten Arbeitsvisen der US-Regierung an »Hightech-Kulis« aus Indien. Bei vielen Start-up-Unternehmen roch es dezidiert nach Curry und Thali. Unabhängig vom Studienfach streben die meisten Absolventen weiterhin danach, für einen internationalen Konzern zu arbeiten. Sie träumen davon, ins Ausland, vor allem in die USA, zu ziehen, wo sie mehr Geld, größere Chancen und fortschrittlichere Technologien vorzufinden hoffen. Wenn einer aus der Großfamilie es schafft, einen Job in den USA zu ergattern, zieht das seine Kreise. Er gilt als soziales Vorbild, zur Nachahmung empfohlen. Zwar spricht Natu Patel von einem neuen Trend, nicht jedem Angebot aus den USA hinterherzulaufen, doch bislang hält der Exodus der hoch gebildeten Söhne und Töchter der Mittelklasse an.

Auch Mini Khanna, Marketingleiterin bei PCS, der größten Firma in dem SEEPZ-Komplex, berichtet von Kollegen, die aus den USA wieder nach Indien zurückgekehrt seien. »Wir erleben den Beginn eines umgekehrten Trends. Die guten Leute merken, dass sie in ihrer Heimat genauso viel verdienen können, manchmal sogar mehr. Und sie werden hier benötigt!« Zwar verlassen jährlich 70 000 Computerfachleute die indischen Universitäten, aber das deckt kaum mehr die nationale, geschweige denn die internationale Nachfrage. Die Firma Kanbay in Bangalore beispielsweise plante im Jahr 2000, ihre Belegschaft in diesem Jahr fast zu verdoppeln. Wenn der Boom anhält, könnte sich der Bedarf an Computerfachleuten in Indien auf 150 000 Stellen vergrößern.

Gita Patel guckt am liebsten fern, was wohl erklärt, wieso sie den neuen Farbfernseher ihrer Eltern mehr zu würdigen weiß als die angesehene Schule, die sie besuchen darf. Fernsehen bedeutet für sie vor allem Videoclips aus den neuesten Hindi-Filmen, Tanzszenen voller inbrünstigem Gesang und schwelgerischen Bildern, die auf unzähligen Kanälen zu laufen scheinen. »Weil wir zu Hause einen neuen Fernseher haben, kommen meine Freundinnen nach der Schule oft mit zu mir. Die besten Sendungen laufen am Nachmittag. Am Abend schauen ja unsere Eltern fern.«

Gitas Liebling ist VJ Nikhil, der zu enge T-Shirts und seine

Frechheit auf der Zunge trägt. Aber trotz Frotzeleien und Spott, den er über Berühmtheiten ausschüttet, achtet er stets darauf, eine gewisse Respektgrenze nicht zu überschreiten. Nicht weil ihm oder den MTV-Machern der nötige Mut fehlen würde, sondern weil Unverschämtheiten beim Zielpublikum nicht gut ankommen.

Wer meint, Jugendkultur sei mit Rebellion gleichzusetzen, wird von den indischen Teens eines Besseren belehrt. In der jüngsten Umfrage vom größten Marktforschungsinstitut des Landes haben sich die 15- bis 34-Jährigen als ziemlich konservativ erwiesen. Sie befürworten weder Sex vor der Ehe (nur 29 Prozent) noch das Zusammenleben ohne Trauschein (nur 31,5 Prozent). Zwar würde gut die Hälfte gern selbst entscheiden, wen sie heiratet, aber gleichzeitig erklärt sich die überwiegende Mehrheit bereit, eine von den Eltern arrangierte Heirat zu akzeptieren. Es existiert keine Tradition des Aufstandes gegen familiäre Strukturen. Und auch im öffentlichen Raum fehlt es seit langem an Bewegungen, die Indien radikal verändern wollen. Trotz aller moderner, westlicher Einflüsse scheint sich das traditionelle Wertesystem zu halten. Und dessen oberstes Gut lautet Harmonie, insbesondere die innerhalb der Familie.

In einem unterscheiden sich die indischen Kinder der Mittelklasse nicht von den westeuropäischen oder nordamerikanischen: Sie sind konsumorientiert und markenbewusst. Intensiv werben internationale Konzerne auf MTV für bestimmte Jeans, Turnschuhe, Sonnenbrillen oder Süßigkeiten (»Alpenliebe« der italienischen Firma Parfetti war der Renner 2000 unter den Lutschbonbons). Zunehmend etablieren sich in Indien schicke, modische Warenzeichen. Für die jungen Leute ist es selbstverständlich, in dieser Hinsicht dem Westen in nichts nachzustehen.

»Sie glauben gar nicht«, sagt Frau Patel ganz unvermittelt

beim Abendessen, »wie sehr wir uns früher über eine Schokolade aus Europa gefreut haben. Es gab damals keine importierten Waren in den Läden. Wenn jemand ins Ausland reisen durfte, war er froh, wenn ihm 20 Dollar am Tag gewährt wurden. Wir standen noch in der Tradition von Gandhis strenger Sparsamkeit – Armut als Tugend. Es galt als vulgär, Reichtum zur Schau zu stellen, als obszön, über die einfachen Bedürfnisse hinaus zu konsumieren.«

Vielleicht verzeichnet Indien deswegen bis zum heutigen Tag eine enorm hohe Sparquote (26 Prozent). Allerdings werden nicht Bankkonten mit Einlagen gefüllt, sondern Tresore mit Schmuck – der internationale Goldpreis hat es den indischen Einkäufen zu verdanken, dass er nicht in den Keller gerutscht ist.

Auch das Einkaufsverhalten der indischen Mittelschicht ist von Pragmatismus geprägt. Madhureeta Mukherjee, eine Werbetexterin, die noch bei ihren Eltern in einer Zweizimmerwohnung lebt, erzählt, dass ihr Vater vor Jahren erst dann eine Waschmaschine kaufte, als die Dienstmagd sie von einem Tag auf den anderen verlassen hatte. »Er hatte gar keine andere Wahl, als schnell eine Waschmaschine zu kaufen, denn meine Mutter arbeitete den ganzen Tag und ich ging zur Schule. Doch neuerdings benutzen wir die Waschmaschine nur noch für Bettwäsche und Handtücher. Wir haben wieder eine Dienstmagd, und sie macht nicht nur sauber, sondern wäscht auch unsere Kleidung.«

Die Wohnungen werden so eingerichtet, wie es der enge Raum, die Vielzahl der Familienmitglieder und das schmale Budget erlauben. Daraus ergeben sich für Europäer oft ungewohnte Inneneinrichtungen, wie etwa bei dem Maler und Lehrer Jayant Pandit, der in einem der ältesten Viertel von Bombay lebt, in einer kleinen Wohnung in Girgaum. Nach dem

Einzug hat er den Gasofen, den Kühlschrank und die Waschmaschine fast gleichzeitig gekauft, denn sowohl er als auch seine Frau waren im Beruf stark eingebunden. Doch in ihrem hellen, blitzsauberen Heim stehen kein Sofa und kein Bett. Zwei zusammengerollte Matratzen in der Ecke dienen als Sitzunterlage und Schlafgelegenheit. »Status interessiert mich nicht!«, sagt Jayant. »Wir können es uns nicht leisten, Möbel ins Haus zu bringen, denn ich brauche den wenigen freien Raum für meine Staffelei und mein Zeichenbrett.«

Als nach der wirtschaftlichen Öffnung von 1992 die indische Mittelklasse international entdeckt wurde – und oft auch überschätzt, weil man nur die großen Zahlen sah und nicht die kulturellen Interferenzen dahinter –, drängten fast alle internationalen Konzerne auf diesen neuen Markt. Meist importieren ihre Niederlassungen die Geräte, die trotz inzwischen gesenkter Zölle weiterhin sehr hochpreisig verkauft werden müssen. Nur wenige Firmen investierten in lokale Werkstätten oder entwickelten gar Produkte eigens für den indischen Markt. Deswegen hinken die ausländischen Anbieter bei elektronischen Haushaltsgeräten noch ziemlich hinterher. Ob Godrej, BPL, Videocon oder ONIDA, sowohl bei Waschmaschinen als auch bei Kühlschränken nehmen indische Firmen die ersten Plätze in der Verkaufsstatistik ein.

Um die Kundschaft zu erreichen, muss man zuerst die Händler überzeugen, die in Indien über ihre eigene Vorauswahl hinaus einen großen Einfluss auf die Kaufentscheidung haben. Viele Käufer fühlen sich aufgrund fehlender Erfahrung unsicher. So wirbt eine Organisation namens The Wash Counsellors in der größten Tageszeitung für ihre Broschüre *Wie kauft man die richtige Waschmaschine?* Ihre Message lautet: »Wieso den Preis des Nichtwissens zahlen?«

Die wachsende Zahl der kompetenten Käufer erklärt auch den Trend zu den schicken Läden. Früher liebten es die Menschen, durch die Basare Crawford Market und Hindmata Cloth Market zu schlendern, lautstark zu verhandeln und nach Schnäppchen zu suchen. Neuerdings flanieren sie durch die Shopping Mall, wo die größere Auswahl, die bessere Präsentation und der garantierte Service mit dem gesteigerten Bewusstsein und Wissen der Konsumenten korrespondiert.

Fast nostalgisch erinnern sich die Patels an die einstigen Familienausflüge zum Gemeindemarkt, wo man das neu eingeführte Radiomodell »Murphys Baby« bestaunte. Man tauschte Freundlichkeiten mit anderen Familien aus und sammelte die neuesten Gerüchte ein. Heute, im Zeitalter der schleudernden Waschmaschine und der blinkenden Apparate, bleibt für all das keine Zeit mehr. Einkaufen ist zu einem rationalen und funktionalen Akt geworden. In dieser Hinsicht hat sich die indische Mittelklasse den besser Gestellten auf der ganzen Welt angenähert.

»Aber wir dürfen«, sagt Natu Patel, »deswegen nicht unsere Wurzeln verlieren. Wir dürfen vor dem Westen nicht kapitulieren. Ich lehne zum Beispiel ausländische Beteiligungen an unserer Presse entschieden ab. Und ich finde es richtig, dass wir amerikanischen Sekten nicht erlauben, in den Dörfern aggressiv zu missionieren.«

Auch im Verhältnis zu Pakistan vertreten die Patels, wie die meisten Inder, einen nationalistischen, kompromisslosen Kurs. Als Herr Patel einen etwas saloppen und daher missverständlichen Spruch gegen die Moslems von sich gibt, widerspricht ihm sein Sohn: »Ich finde, es ist höchste Zeit, dass wir uns von diesen überholten Antagonismen zwischen Hindus und Moslems lösen. Überleg doch mal, wie sehr Indien und Pakistan voneinander profitieren könnten. Ich habe überhaupt nichts gegen Moslems oder Christen. Für mich spielt es keine Rolle, was für einen Glauben jemand hat.«

Vielleicht deutet die Tatsache, dass er seinem Vater vor Fremden widersprechen durfte, mehr als seine Aussage selbst darauf hin, dass durch die junge Generation doch eine schleichende Zeitenwende stattfindet. Vielleicht ist der »vorlaute« Sohn eine Folge der familiären Wohnsituation. Denn kaum etwas dürfte das Leben der Familie Patel stärker verändert haben als der Auszug aus der gemeinsamen Wohnung der Großfamilie. Im Stadtteil Kalbadevi hatte Natu mit allen seinen Brüdern, ihren Frauen und Kindern sowie seinen Eltern zusammengelebt. Eines Tages hörte er von schönen Neubauwohnungen in Kalyan, mehr als eine Stunde mit dem Nahverkehrszug von Südbombay entfernt. »Wir waren nicht unglücklich, mit unseren Verwandten zusammenzuleben, obwohl es sehr eng wurde. Aber eine eigene Wohnung, das war schon immer der Traum meiner Frau. Und da wir sie uns leisten konnten, haben wir gesagt: ›Wieso nicht?‹ Wir pflegen weiterhin sehr enge Beziehungen zur Familie. Alle Feste, alle Rituale begehen wir zusammen. Ich bin eingebunden in alle wichtigen Entscheidungen, die das Geschäft meines Vaters oder den Familienbesitz betreffen. Und wenn eines unserer Kinder heiraten soll, beraten wir alle miteinander. Wir funktionieren in vielerlei Hinsicht weiterhin als Großfamilie.«

Nichtsdestotrotz deutet sich hier eine Verschiebung an, die das soziale Gefüge revolutionieren könnte. Denn selbst in der Großstadt wurden die Inder bislang von ihrer Kindheit an in einem großen Familienverband geprägt.

Wie seit eh und je beginnt der Tag bei den Patels mit einem Bad. Danach spricht Kukila Patel die Gebete, unter anderem das Gayatri-Mantra, eine uralte Anrufung der kosmischen Kraft der Sonne, das endet, indem man Wasser auf den Kopf, die Stirn, die

Ohren und die Augen sprenkelt. Nach dieser Reinigung in uralter Manier fühlt sich Natu Patel gewappnet für die Herausforderungen einer neuen Buchhaltungssoftware, ist Kukila Patel bereit für eine unbequeme Zugfahrt zur Arbeit. Die Beibehaltung der Tradition und die Idealisierung der Vergangenheit, zu der beide neigen, steht in keinem Widerspruch zu dem großen Projekt der Moderne, dem sie ebenso anhängen. Im Gegenteil: Gerade in der Symbiose liegt ihrer Ansicht nach Indiens Stärke.

Für die Reichen, für die Armen: Die Wahl zwischen Golfplatz und Slum?

Von Rainer Hörig und Ilija Trojanow

In der Geschichte der Stadtplanung haben billige Unterkünfte stets die niedrigste Priorität genossen. Es wurde angenommen, dass die Leute, die auf der Suche nach einem Auskommen in die Stadt ziehen, schon irgendwie überleben werden. Das haben sie auch, indem sie irgendein unbenutztes Stück Land okkupierten, sei es eine offene Fläche, einen Bürgersteig oder das Land am Rande der Bahngleise. Die Strategie, diese Realität nur widerstrebend anzuerkennen und sich ihr sporadisch zu stellen, hat das Monster geboren, das wir den städtischen Slum nennen. Nun, da es uns allen ins Gesicht starrt, sollten wir begreifen: Unsere Städte müssen sich endlich um die Unterbringung der Armen kümmern.

Kalpana Sharma, angesehene Journalistin aus Bombay

Wer weiß schon, wie es sich anfühlt, wenn das eigene Haus zerstört wird? Vor den eigenen Augen. Wenn der Hort unzähliger Erinnerungen von einem Stoß des Bulldozers niedergewalzt wird. Wer weiß das schon, außer denjenigen, die es selbst erleben, hinter einer Reihe von Polizisten kauernd. Die Ordnungshüter belassen es an diesem gnadenlos heißen Tag bei den drohenden Gebärden. Schweiß rinnt unter ihren Helmen herab, während sie die ohnmächtigen Beschimpfungen über sich ergehen lassen:

»Polizei, wer seid ihr denn schon! Ihr fresst den Armen alles weg!«

»He, habt ihr etwa keine Kinder? Wenn deren Väter sich schon so mies benehmen, was soll dann aus dem Nachwuchs werden? Wer Kinder einfach auf die Straße setzt, der soll auf ewig verflucht sein!«

»Hört auf, hört auf, ich bin doch nur eine arme Putzfrau! All mein Geschirr ist kaputt, kauft ihr mir neue Töpfe?«

»Sie haben sogar unseren Brunnen zugeschüttet. Jetzt haben wir nicht einmal Wasser zum Trinken. Jetzt ist alles hin!«

Die Planierraupe rollt vor und zurück, verpufft schwarze Wolken. Die Opfer sitzen im Schatten von Plastikplanen und klagen wie ein tragischer Chor, gelähmt durch das Wissen um die Schicksalhaftigkeit dieser Zerstörung.

»Es ist ja nicht das erste Mal. Wir haben unser Haus schon mehrmals wieder aufbauen müssen, und jedes Mal hat es 25 000 Rupien (weit mehr als 500 Euro) gekostet.«

»Was sollen wir dagegen tun? Mit dem Mund sind alle stark, aber lass mal die Polizei einen Angriff starten, da wirst du sehen, wie schnell die meisten wegrennen.«

Am Tag zuvor, als es zu gewaltsamen Zusammenstößen mit der Polizei kam, wurden einige Hütten niedergebrannt. Nun haben manche Einwohner in banger Voraussicht ihre Verschläge selbst abgebaut, um das Material (Wellblech, Pappe, Plastik) wieder nutzen oder wenigstens verschachern zu können. Denn selbst die rostigste Platte bringt einige Rupien ein. In jeder Lichtung dieses Blechdschungels liegen zerfaserte Bündel auf Betten, schmutzige Kartons auf Matten: das Hab und Gut aus den Hütten, die der Bulldozer bald erreichen wird. Öldosen, Wasserkanister, Fernsehantennen. Staubiges Spielzeug in abgegriffenen Tüten. Eisengestelle. In der Nähe lauern schon die Pleitegeier, die den Rest für einige Münzen abkaufen werden.

Slums. So lautet das Wort, mit dem die Unterkünfte von 50 bis 60 Prozent der Einwohner Bombays auf einen täuschend klaren gemeinsamen Nenner gebracht werden. Mit Slums wird meist ein zweites Wort assoziiert: *encroachment*, auf Deutsch nicht einfacher zu übersetzen als mit »illegaler Übergriff« (auf Eigentum an Grund und Boden). Denn kaum ein Slum steht auf rechtmäßig erworbenem und brav ins Grundbuch eingetragenem Land. Slums wuchern auf jeder Freifläche der Stadt, die nicht rigoros eingezäunt und bewacht ist. Im Nu entstehen Barackensiedlungen, ermöglicht durch die zynische Gier einer kleinen Gruppe von Ausbeutern: die Slumlords, die an Analphabeten Land verkaufen, das ihnen nicht gehört; die Politiker, die ihre schützende Hand über den Slum halten und Wählerstimmen gegen leere Versprechen eintauschen; die Beamten, die regelmäßige Zahlungen so selbstverständlich einfordern wie Hausherren die Miete. Ein »Grundstück« von zehn mal zehn Fuß (ausreichend für eine fünfköpfige Familie, denn drei Viertel aller Familien hausen in einem einzigen Zimmer) kostet etwa 500 Euro. Als Grundgebühr sozusagen, zu der sich monatliche Zahlungen addieren. Hat man den Slumlord zufrieden gestellt, folgt Schritt um Schritt eine trügerische Normalisierung. Wasser- und Stromleitungen werden angezapft und durch den neuen Slum verlegt. Ein Agent besorgt für bescheidene 100 Euro eine *ration card,* die einem nicht nur den Anspruch auf subventionierten Reis gewährt, sondern auch als eine Art Personalausweis dient, mit dem man sich zum Beispiel in die Wählerlisten eintragen lassen kann.

Ein geregeltes Leben kann beginnen. Die Kinder besuchen – wenn sie nicht arbeiten müssen – eine städtische Schule, die Eltern suchen Gelegenheitsarbeit, verdingen sich als Putzfrauen, Bauarbeiter, Taxifahrer, Handwerker oder Straßenverkäufer. Wer eine feste Unterkunft hat, wie eng und wacklig sie auch sein mag, hat wenigstens eine Zukunftsperspektive. Hat Nachbarn und eine Adresse. Hat eigenen Boden unter den Füßen und nicht den Bürgersteig. Denn wer gerade erst in die Stadt gekommen ist, wer ins Unglück gestürzt ist, wer seit Jahrzehnten immer nur Pech hat, der landet wortwörtlich auf der Straße. Spannt eine Plastikplane über den Gehsteig und baut sich ein Heim zwischen den Auspuffgasen. Seine nackten Kinder spielen am Straßenrand, jederzeit gefährdet durch jemanden, der es eilig hat. Shinaz Sheikh ist so eine Unglückliche. Unter ihrer schwarzen Plastikplane findet nur ein Bettgestell Platz. Unter diesem stehen ein Kerosinofen und zwei, drei Aluminiumtöpfe. Zwei Kleider hängen von einer Schnur, die quer durch den winzigen Raum gespannt ist. Mehr besitzt sie nicht. In dieser Behausung, in der man nicht aufrecht stehen kann, wohnt sie zusammen mit ihrem Mann, einem Zigarettenverkäufer, und zwei Kindern, die nicht zur Schule gehen, weil »die Schule keine Bürgersteigadresse akzeptiert«. Das Essen kocht sie auf der Straße. Trinkwasser schleppt sie in einem Gefäß auf dem Kopf aus einer Nebenstraße heran. Vor Sonnenaufgang hockt sie sich zum Waschen und Zähneputzen an den Rinnstein. Der Gang zur Toilette führt sie über zwei Kreuzungen in einen Park mit verkommenen öffentlichen Latrinen. Auch sie muss einem Gangster, der sich diesen Bürgersteig angeeignet hat, »Miete« zahlen. Und auch sie fürchtet eines am meisten: die Räumkommandos der Stadtverwaltung.

Die Slums sind gegen diese Gefahren besser gefeit, aber nicht immer kann das teuflische Trio aus korruptem Staat, verlogener Politik und gerissener Mafia (die Slumlords sind der Polizei meist namentlich bekannt) ihrer vorgeblichen Schutzverpflichtung nachkommen. Manchmal wird es übertrumpft von mächtigeren Interessen, und dann entscheiden Gerichte oder Stadtväter, dass die *encroachments* abgerissen werden müssen. Mal benötigt die staatliche Eisenbahngesellschaft Platz für weitere Gleise, mal wird Raum für die Erweiterung eines Industriegebietes gebraucht, mal passt der Slum nicht zum Selbstverständnis einer mächtigen Institution (wie etwa im Falle des nuklearen Forschungszentrums in Trombay, dem Stolz der Nation, in dessen Nähe sich ein Slum nicht so gut ausnehmen würde).

Als besonders heikel erweist sich aber eine Angelegenheit, die Bombay seit Jahren beschäftigt. Auf den ersten Blick kollidieren nämlich zwei Interessen miteinander, für die man gerne Verständnis aufbringt: das Menschenrecht auf Unterkunft und der Umweltschutz. Sie prallen in scheinbar unlösbarer Weise aufeinander, weil direkt hinter den verzweifelt schimpfenden Menschen, deren Hab und Gut vernichtet wird, die grüne Lunge der Stadt beginnt, der Borivli-Nationalpark. Und weil alle abzureißenden Baracken sich innerhalb dieses Naturschutzgebiets befinden.

Mit dem Borivli-Park verfügt die Stadt Bombay über einen einzigartigen Schatz. Mitten in einer der Megacitys dieser Welt trifft man auf einen Dschungel (das Hindi-Wort für Wald), der

103 Quadratkilometer misst und zwei natürliche Seen nährt, die ihrerseits mehr als zehn Prozent der städtischen Wasserversorgung garantieren. Zwischen Flughafen und Schwerindustrie tummelt sich eine wahrhaft tropische Artenvielfalt: 59 verschiedene Säugetiere und 299 Vogelarten hat man hier gezählt. Im September 1999 wurde dort sogar die äußerst seltene Atlasmotte gesichtet, die mit einer Flügelspanne von 33 Zentimetern größte Mottenart der Welt. Selbst einige Leoparden lauern noch im Park und ernähren sich von herrenlosen Kötern. Jährlich werden etwa 15 Sichtungen gemeldet: In der technischen Hochschule IIT wurde einer auf dem Balkon des zweiten Stockes eingesammelt; und ein besonders ermüdetes Raubtier hatte sich nachts in einen geparkten Bus zum Schlafen gelegt und wurde rüde von einer hysterisch schreienden Passagierin früh am Morgen geweckt.

Man muss nur die erste Hügelkette überwinden, um das Wunder zu erfühlen. Eine Weile hört man noch jaulende Hindi-Filmmusik, einen ratternden Zug, hupende Autos, aber man sieht die Stadt nicht mehr. Statt von Werbetafeln ist man von Teakholzbäumen und Bambusdickicht umgeben. Die Luft wird spürbar besser, und bald weicht der gewohnte Lärm der Großstadt den ungeläufigen Lauten des Waldes.

Aber die Großstadt würde ihrem Ruf als gefräßiges Monster nicht gerecht werden, würde sie diese Idylle in Ruhe lassen. Schon sieben Prozent des Waldes sind von Steinbrüchen, Industrieanlagen, Schnapsbrennereien und *encroachments* besetzt. Im Norden nimmt eine ebenso hervorragend organisierte wie illegale Holzfällerei überhand, im östlichen Yeoor-Wald haben Politiker Wochenendhäuschen gebaut, sind Tempel errichtet worden, manche von ihnen so groß wie Zweisternehotels. Und im Süden hat sich ein Golfklub auf ehemaligem Waldgebiet ausgebreitet. All diese Übergriffe konnten nur mit Einverständnis von Forstamt, Stadtverwaltung und Polizei stattfinden. Deswegen warnen Umweltschützer schon seit Jahren: Wenn es so weitergeht, wird es den Park nicht mehr lange geben.

Die Umweltschutzorganisation BEAG (Bombay Environmental Action Group) reichte 1995 Klage beim Obersten Gerichtshof ein, um den Park vor dieser kommerziellen Nutzung zu schützen. Im Mai 1997 ordnete der Bombay High Court die Entfernung aller illegalen Bauten an. Doch das war schneller beschlossen als getan. Immerhin stehen im Park etwa 61 000 Hütten, die 300 000 Menschen Unterkunft gewähren. Wenn man sich vorstellt, alle Einwohner Bonns würden in wenigen Wochen ihre Unterkünfte verlieren und auf ihren Bündeln am Straßenrand sitzen, kann man verstehen, wieso das Gericht der Regierung 18 Monate für die Umsiedlung dieser Menschen gewährt hat. Doch was im Amtsgebrauch Rehabilitierung genannt wird, hat in der Praxis in Indien noch nie funktioniert. Entweder behauptet die Regierung, nicht über genügend Land zu verfügen, oder sie verwurstelt politische Rücksichtnahme und Korruption, bis die Pläne zur Farce werden. Dabei zeigen Bürgerrechtsgruppen immer wieder auf, dass es allein in Bombay unbebautes Land für Millionen von Menschen gibt, nur fehle es der Regierung am Willen, teures Land armen Bürgern zur Verfügung zu stellen, wo es doch von Maklern und Bauherren viel lukrativer entwickelt werden kann.

Jahr für Jahr werden rund eine Million Menschen in Indiens Städte gespült, vertrieben von Staudämmen, Bergwerken, neuen Straßen und Hafenanlagen. Die meisten von ihnen erhalten – wenn überhaupt – nur eine kümmerliche Entschädigung für den Verlust von Heim und Hof. Wenn schon rechtmäßige Eigentümer auf diese Weise ihrem Schicksal überlassen werden, was können dann »illegale Besetzer« erwarten? Auch für die aus dem Borivli-Park Vertriebenen will die Regierung kein Ersatzland in

Bombay zur Verfügung stellen: Die 300 000 Menschen sollen auf unerschlossenem Land, 50 Kilometer entfernt, angesiedelt werden. Ein Planwahn. Doch das Gericht akzeptierte diesen Vorschlag und setzte Termine für die Durchführung der Zwangsumsiedlung an. Seither liegen die Bürgerbewegungen miteinander im Clinch, der zuweilen mit blumigen Beleidigungen ausgetragen wird. Jene Organisationen, die als Sprecher der Slumbewohner auftreten, an erster Stelle die NHSS (Nivara Hakk Suraksha Samiti – Organisation zum Schutz des Rechtes auf Unterkunft), lehnten das angebotene Land als ungeeignet ab und verurteilten die Abrissaktion als inhuman.

Der Widerstand wird aus einem kleinen Zimmer heraus koordiniert, in dem nur ein Schreibtisch und ein Regal voller Medizin stehen sowie einige Polio-Plakate an der Wand hängen. Vor dem Eingang befindet sich eine Müllkippe, auf der Kinder einen weggedroschenen Ball inmitten des plastikbunten Abfalls suchen. Ein älterer Mann mit stiller Würde empfängt die Besucher. Herr Chandrakant ist der Ansprechpartner für die Slumbewohner, die ihm stündlich berichten, wie weit die Bulldozer vorangekommen sind. Ein frisch gestriegelter, uniformierter Schüler sitzt mit geradem Rücken vor dem Schreibtisch und erzählt sichtbar erregt, dass sein Haus bald platt gemacht werden soll: »Gestern haben wir uns den Abrisskolonnen in den Weg gestellt und Lieder gesungen. Wir haben gesungen, dass wir keine Angst haben. Auch wenn wir verlieren, wir werden unser Heim auf jeden Fall wieder aufbauen.«

»Manche der Leute«, erklärt Chandrakant, »leben schon seit 15, 20 Jahren auf diesem Land. Wieso ist die Entwicklung des Slums nicht früher gestoppt worden? Wie kann man einem Menschen nach fast einer Generation das Dach über dem Kopf wegreißen?«

Von dem Büro der NHSS aus sieht man am Rande des Nationalparks zwei schicke Neubauten, eine breite asphaltierte Straße und dazwischen – wie billiger Füllstoff – die Slums. Etwas weiter am Parkrand entlang stößt man auf einen Steinbruch, der einen Teil des bewaldeten Hügels verschlungen hat. Bagger haben ihre Abdrücke in dem hellen Stein hinterlassen, als hätte ein Raubtier hineingebissen. In der Nähe erheben sich die zehnstöckigen Monumente eines erfolgreichen Immobiliengeschäfts: elegante Wohnhäuser an der Parkgrenze oder jenseits von ihr – wer weiß das schon genau.

Der schon geräumte Teil des Slums endet an einer imposanten Mauer mit Stacheldrahtkrone. Über diese Mauer – für die Umweltschützer die einzige Hoffnung für den Park – wird noch einiges zu sagen sein. Momentan dient sie nur als Hintergrund eines Schlachtengemäldes. Gebrochene Holzstücke ragen aus einer platt gewalzten, graubraunen Masse. Inmitten des Schlachtfeldes steht eine einzige unberührte Hütte. Sie gehört Leuten, die sich einverstanden erklärt haben, außerhalb von Bombay rehabilitiert zu werden und die dieses Einverständnis mit der Zahlung von 5000 Rupien bestätigt haben. Neben der Hütte steht A. R. Bharati, der Direktor des Nationalparks, der die Arbeit des Abrisskommandos begutachtet. »Was wird nun geschehen, Herr Bharati?«, will ich von ihm wissen.

»Wir werden die Mauer weiterbauen, an allen gefährdeten Stellen hochziehen. Wenn sie fertig ist, dürfte sie etwa 18 Kilometer lang sein. Und wir werden mithilfe von Schulkindern dieses Gebiet wieder begrünen.«

Der Direktor zeigt auf die gegenüberliegende Seite des Hügels. Dort hätten vor Jahresfrist noch Slumhütten gestanden. Der Erfolg sei schon sichtbar: Schütteres Grün bedeckt den trockenen Boden.

P. K. Das, ein namhafter Architekt und führender Aktivist der NHSS, hält diese Zukunftsvision für unrealistisch. Zum einen seien die meisten Anwohner entschlossen, ihre Hütten wieder aufzubauen, müssten zukünftig also mit Waffengewalt davon abgehalten werden, zum anderen könne man Umweltprobleme nicht mit einer Mauer lösen. (Wenn sie überhaupt errichtet wird, denn bis ins Jahr 2000 hat die Regierung es gerade einmal geschafft, etwas mehr als einen Kilometer Mauer hochzuziehen.)

»Auch wir sind für den Nationalpark. Keine Frage, er muss geschützt werden! Aber Abreißen allein hat noch nie geholfen. Denn die Menschen lösen sich nicht in Luft auf, sie gehen nur woanders hin. Außerdem hängt die Wirtschaft dieser Stadt von den Menschen in den Slums ab. Sie sind ein wertvoller Teil der Gemeinschaft, keine Störenfriede oder Parasiten. Die Slumbewohner leisten billige Dienste für jene Reichen, die sich aufregen, wie sehr diese Menschen die Stadt verschandeln. Sie sind vollkommen marginalisiert, weil sie keinen Zugang zu den Machtzentralen haben, keine Kompetenz, sich einen Platz im System zu erkämpfen, keine Lobby. Deswegen gibt es weiterhin kein Gesetz für den Schutz oder die Rehabilitierung von Slumbewohnern, weder auf Bundes- noch auf Landesebene. Und deswegen werden die betroffenen Menschen bei Problemen wie diesem nie einbezogen, sie werden nie um ihre Meinung gefragt. Stets wird über ihren Kopf hinweg entschieden.

Der Gegenspieler des rhetorisch brillanten Sozialisten Das, der mich in seinem stilvoll eingerichteten Büro empfing, heißt Debi Goenka – er lebt in einem luxuriösen Apartment mit Blick auf den stark verschmutzten Powai-See im Osten Bombays. 1993 gehörte er zu den Gründern der BEAG. Er bestreitet nicht, dass Slumbewohner von der Gesellschaft oft in eine

Opferrolle gedrängt werden, aber für ihn hat die Autorität des Gesetzes Vorrang:

»Ich fürchte, wir haben keine andere Wahl, als drastische Maßnahmen zu ergreifen, sonst geht der Park unter! Das Gesetz muss durchgesetzt werden. Wenn wir hart bleiben, werden schließlich alle die Botschaft verstehen, und die Landbesetzungen werden aufhören. Man darf doch einen Gesetzesbruch wie Landbesetzung nicht auch noch belohnen? Außerdem hat sich herausgestellt, dass viele jener Slumbewohner, die vom Staat ein neues Heim erhielten, ihre Wohnung verkauft haben und wieder in einen Slum gezogen sind. Den Verkaufserlös haben sie irgendwie vergeudet oder versoffen.«

Von den Slums in Goregaon am südwestlichen Rand des Parks zum Royal Palms Golf and Country Club wäre es für eine der unzähligen Krähen Bombays nur ein paar Flügelschläge weit. Wo sich heute 18 Löcher landschaftsmodulierter Grünflächen über einen Quadratkilometer erstrecken, befand sich noch vor zehn Jahren Wald und Busch. Dann wurden die Baurestriktionen aufgehoben – genau genommen wurde mit so genannten *development rights* geschachert, die es finanzkräftigen Bauherren ermöglichen, fast überall Bauland zu kreieren. Nun werden am Rande des Golfplatzes 20-stöckige Wohnhäuser mit schillernden Namen wie The Maroccan hochgezogen. Alle Bedürfnisse der Mitglieder sollen auf dem Areal befriedigt werden können, weswegen neben Luxuswohnungen auch Geschäftszeilen, Friseur- und Schönheitssalons und sogar ein Wellenbad mit künstlichem Strand vorgesehen sind. In der Anpreisung des Prospektes: *A world apart, an exclusive enclave.*

Das majestätische Klubhaus steht auf einem der höchsten Hügel der Stadt. Die Ölgemälde an den Wänden zeigen britische Aristokraten beim Tanz. Ein sanfter Walzer erklingt im

Hintergrund. Keine Frage: Hier ist tatsächlich »die ideale Kombination von Natur und Freizeit« gelungen. Sogar die Luftqualität lässt nichts zu wünschen übrig, wie die international anerkannten Gutachten der Firma A. I. C. Watson bestätigen. Damit wird eine der Binsenweisheiten der ökologischen Bewegung, dass nämlich Umweltverschmutzung alle Bürger gleichermaßen betrifft, in Frage gestellt. Wer sich den Mitgliedsbeitrag leisten kann, der kann auch im versmogten Bombay durchatmen und sich an dem Anblick satten Grüns laben. Im Aviarium genießt er den Regenwald, der einst dieses Gebiet überzogen hat. Eine verbesserte Version sogar, denn die beauftragten australischen Bioarchitekten planen, 70 fremde Vogelarten zu importieren, Teiche mit Fischen anzulegen und sogar eine tierärztliche Notaufnahme einzurichten.

The Royal Palms Golf Course ist der erste Golfplatz, der in Indien nach der Unabhängigkeit gebaut worden ist. Und das mitten in einer der am dichtesten besiedelten Städte der Welt. »Ein Wahn«, sagt P. K. Das.

»Anstatt die Armut zu entfernen, entfernen sie die Armen. Manchmal werden die Slumbewohner als menschliche Bulldozer missbraucht. Sie besetzen sumpfiges Land, Land ohne irgendeinen Wert, und machen es bewohnbar. So gewinnt es an Wert. Städteplaner, Bauherren und Architekten erfahren davon. Und sie sagen: ›Wartet mal, wie kann es angehen, dass wertvolles Land von den Armen besetzt gehalten wird. Daran sollten wir etwas ändern.‹«

Der Slumadvokat Das wirft dem Naturschützer Goenka vor, die Interessen der Privilegierten auf Kosten der Armen durchsetzen zu wollen. Er spricht von Klassenkampf. Womit er nicht so Unrecht hat, denn die Umweltschützer gehören fast ausschließlich der oberen Mittelklasse an. Sie sehen sich angesichts der Übervölkerung zunehmend in einem Konflikt mit den unbändigen Massen. Und sie beginnen aktiv, ihre bürgerlichen Rechte einzuklagen. In den letzten Jahren ist die Zahl der *public interest*-Klagen sprunghaft angestiegen. Bürger fordern saubere Straßen, begehbare Bürgersteige, offene Plätze, schöne Parks.

»Wir können nicht warten«, argumentiert Debi Goenka, »bis die sozialen Verhältnisse sich geändert, bis das Umweltbewusstsein der Menschen sich gebessert hat. Wir müssen jetzt und sofort zum Schutz der Stadt tätig werden.«

Wobei dem hoch gebildeten Goenka die Ironie entgeht, dass die umweltbewusste Mittelklasse durch ihren hohen Verbrauch die Umwelt viel mehr belastet als die Slumbewohner, die notgedrungen sparsam mit Ressourcen umgehen und als Weltmeister im Recycling so gut wie nichts verschwenden. Leider hat in den letzten Jahren eine reine Konsumkultur überhand genommen, genährt von dem reichhaltigen Warenangebot, das die globalisierten Märkte zur Verfügung stellen. Die Wohlhabenderen haben geistig jeglichen Kontakt zur Unterschicht verloren; nun wünschen sie sich, auch den physischen Kontakt zukünftig vermeiden zu können. Doch es ist sehr fraglich, ob die Vision einer lebenswerten (Um-)Welt langfristig gegen die große Mehrheit durchgesetzt werden kann.

»Wie können wir« – so der Einwand von P. K. Das – »in einer demokratischen Gesellschaft überhaupt etwas schützen, sei es einen offenen Raum, ein Recht oder ein Stück Natur? Wir können entweder Gewalt anwenden, das heißt die Polizei einsetzen, hohe Mauern errichten, das Bedrohte ständig bewachen lassen. Oder wir können die Bevölkerung organisieren und das Thema des Umweltschutzes mit den anderen lebenswichtigen Interessen verknüpfen. Die ökologische Frage ist nur im Zusammenhang mit der sozialen Frage zu lösen!«

Dieser Konflikt ist nicht nur für Indien beispielhaft. Schon heute lebt die Hälfte der Weltbevölkerung in Städten, der Großteil in ähnlich miserablen Verhältnissen, wie sie in den Slums von Borivli herrschen. Die Vorstellung, weiteren Zustrom gewaltsam aufhalten zu können, zeugt von großer Realitätsferne. Nichts wird in den ärmeren Ländern das Wachstum der Städte in absehbarer Zeit aufhalten können. Die Lösung der urbanen Probleme kann nur mit und im Interesse der großen Mehrheit erfolgen, die stets dorthin zieht, wo sich wenigstens ein Fünkchen Hoffnung bietet. Stattdessen kürzt die öffentliche Hand überall ihre Investitionen und lässt somit jede Hoffnung auf eine Verbesserung der sozialen Lage fahren. Die öffentlichen sowie privaten Investitionen wenden sich zunehmend der Sicherheit zu. Die Inseln der Glückseligkeit werden ummauert, die Bunker gepolstert.

Willkommen in Clintonnagar!
Oder:
Kommt ein Präsident geflogen...

Der normale Besucher Bombays erhält schon auf der Fahrt vom Flughafen in sein Hotel eine derbe Einführung in die Realitäten. Wegen der Hitze kurbelt er das Seitenfenster gleich herunter, wegen des Kloakengestanks kurbelt er es spätestens in Bandra wieder hoch. Wenn er sich von dem Slum zu seiner Linken abwendet, stolpert sein Blick über Arbeiter, die sich über dem Straßengraben erleichtern. Derweil rumpelt das Taxi in ein kratergroßes Schlagloch, der Besucher schlägt sich den

Kopf an und starrt mit brummendem Schädel auf einen verunstalteten Mann, dessen Fratze um Almosen fleht. Manchem Besucher ist nach dieser Fahrt die Lust auf Bombay schon vergangen.

Nicht so dem US-amerikanischen Präsidenten William Jefferson Clinton, der im Frühjahr 2000 bei seinem Indienbesuch auch Bombay beehrte. In den Wochen zuvor wurden die Straßen, durch die er mit seiner Kavalkade ziehen würde, geteert, bemalt (Mittelstreifen, Seitenstreifen, Laternenmasten), die Bäume rot-weiß-rot gestrichen, die vergammelteren Häuser neu getüncht. Und die Anwohner, die ansonsten mangels Toiletten den Graben aufsuchen, wurden mit Prügeln umerzogen. Straßenverkäufer wurden vertrieben; suspekte Gestalten kurzerhand ins Gefängnis geworfen. Für Aufräumaktionen dieser Art waren immerhin 37 000 Polizisten abgestellt worden. Einige Tage lang ähnelte die Stadt einem Holzlager. Zuerst luden Lastwagen alle hundert Meter stapelweise dicke und dünne Stöcke ab, dann wurden die dickeren in den Asphalt gerammt, mit den dünneren verbunden und mit Kokosnussfasern befestigt. Die Absperrung reichte über mehr als 20 Kilometer vom Flughafen bis zum Nobelhotel Oberoi. Als alles geschniegelt und abgeriegelt schien, legten die Angestellten der Stadtverwaltung ihrem Dienstherrn ein faules Ei ins Nest. Sie riefen einen Streik aus. Nun stank der nicht abgeholte Müll so sehr zum Himmel, dass Air Force One beim Anflug in Turbulenzen zu geraten drohte. Doch auch dieses Problem wurde gelöst – mitten in der Nacht vor dem großen Tag räumten Sonderkommandos alle Abfallhaufen aus dem potenziellen Blickfeld des Präsidenten. Denn ob Clinton überhaupt die Straße nehmen oder nicht eher in einen Helikopter steigen würde, das war bis zum letzten Augenblick ungewiss.

Über die properen Kosten schwiegen sich die Behörden aus:

nicht aus Geheimnistuerei, sondern aus Unkenntnis. Denn die Ausgaben wurden auf viele Bilanzen verteilt; es wurden Gefallen eingefordert, Privatfirmen unter Druck gesetzt. Alles in allem nicht weniger als zehn Millionen US-Dollar habe Clintons Stippvisite gekostet, schätzte ein Eingeweihter. Ohne Aufräumkosten selbstverständlich. Die verteilten sich über Monate hinweg und fielen dadurch nicht so auf. Irgendwann wurden sogar die Löcher, die für die Absperrung in den Asphalt geschlagen wurden, wieder gefüllt. Zehn Millionen US-Dollar für einen Besuch von 20 Stunden. Eine halbe Million pro Stunde. Knapp 140 US-Dollar pro Sekunde.

Doch vielleicht haben die indischen Behörden Clintons Geschmack ganz falsch eingeschätzt. Angesichts seiner Vorlieben für Thriller, Horror und Fastfood hätte sich ein alternatives Besuchsprogramm angeboten: Zuerst eine Fahrt mit der Western Railway Line, bevorzugt am späten Nachmittag, wenn Teile des Körpers aus Platzmangel aus der offenen Tür hängen und der restliche Leib im stickigen Innern eingepfercht ist. Anschließend eine Besichtigung des städtischen Leichenschauhauses, wo die Toten wegen des Streiks schon seit vier Tagen nicht mehr abgeholt worden waren. Zum Abschluss ein *paobhaji* am nächsten Kiosk – Kartoffelgemüsepampe auf Brötchen, mit Leitungswasser am Straßenrand zubereitet und schnell serviert. Der amerikanische Präsident hätte es in bleibender Erinnerung behalten.

Stattdessen begegnete Clinton überall in Indien nur potemkinschen Dörfern. In Delhi wurden die Reklametafeln entlang der Alleen entfernt, in Agra wurde das Tadsch Mahal zum ersten Mal in seiner 347-jährigen Geschichte umfassend renoviert, im Ranthambore-Nationalpark wurden zwei Tiger angelockt, in Hyderabad 3000 Bettler verjagt. Scheinbar gehört es zum guten internationalen Ton, sich gegenseitig etwas vorzumachen. Nach dem Besuch eines Dorfes namens Nayla in der Nähe von Jaipur, das günstig in der Nähe von Clintons Hotel lag und kurzfristig mit drei Helikopterlandeplätzen ausgestattet wurde, ließ Clinton verlauten: »Ich bin erstaunt zu sehen, wie Indien seine demokratischen Institutionen benutzt, um die Probleme zu bewältigen, die den Rest der Welt lähmen.« Indien als Avantgarde der Menschheit? Dieser Mann ist die 140 US-Dollar pro Sekunde mehr als wert.

Das Dorf versank schnell wieder in seiner provinziellen Ohnmacht. Der *sarpanch* (Dorfvorsteher) beschwerte sich Monate später, das viele Gerede über die Entwicklung von Nayla sei so schnell verpufft wie der Lärm, den Clintons Helikopter beim Abheben gemacht habe. Außerdem stammten die erfolgreichen Frauen von der Milchkooperative, die dem amerikanischen Präsidenten und der Weltpresse vorgeführt worden waren, eigentlich aus dem 50 Kilometer weit entfernten Dhobhlai-Dorf. Schon 48 Stunden nach dem Besuch sei der Strom wieder ausgefallen.

Es blieb allerdings einem indischen Regionalpolitiker vorbehalten, die unbegrenzten Möglichkeiten dieser gegenseitigen Potemkinisierung aufzuzeigen. Er berichtete dem hohen Gast von einem Ort in seinem Bundesstaat mit dem Namen Carterpuri und stellte auch ihm ein Dorf in Aussicht. Clinton mag sich gewundert haben, wieso ihm nach zwei Amtsperioden nicht wenigstens ein Städtchen zustehe. Ein Clintonnagar sozusagen.

Da es Amerika nicht an Politikern und Indien nicht an Dörfern mangelt, können zukünftig sowohl die Gewinner als auch die Verlierer der Präsidentschaftswahlen mit einem Gehöft in Rajasthan rechnen: Namaste in Bushpuri. Salaam in Gorebad.

7

Die tausend Gesichter des großen Festes: Alle zwölf Jahre zur Kumbh Mela

Worin besteht die Einheit dieser Vielfalt? »Im Frieden«, so ein begeisterter Student. »Energie«, laut dem hoch gebildeten Priester Shrivatsa Goswamiji. »Gottvertrauen«, in den Worten eines einfachen Bauern. Je mehr man über die Motivation und den Glauben der einzelnen Pilger erfährt, desto disparater wird der Eindruck. Einig sind sich alle nur darüber, dass dieses Fest heilig ist, doch worin diese Heiligkeit besteht, dazu gibt es unzählige Meinungen.

Der Bauer weiß, dass er die Reise auf sich nehmen muss. Wie schon sein Vater und sein Großvater vor ihm. Er macht sich nicht viele Gedanken über das Wie der Reise – ein Pilger ist immer versorgt. Zuvor ist er noch nie weit über die Grenzen seines Dorfes hinausgekommen, noch nie weiter als bis zur nahe gelegenen Marktstadt. Diese Reise wird alles übertreffen, was er bisher in seinem Leben erfahren hat. Der *zamindar*, der Grundbesitzer, stellt einen Traktor zur Verfügung, der den Anhänger zieht, auf dem sich die vielen Familien zusammendrängen. Der Traktor hält nur für die dringendsten menschlichen Bedürfnisse. Schlaf gehört nicht dazu. In der Nacht fällt das Scheinwerferlicht aus. Von dem Bus, der sie fast gerammt hätte, hört der Bauer nur die kreischende Hupe. Kurz vor der Ankunft am nächsten Tag melden sich wieder die Stimmen jener zu Wort, die diese Reise schon einmal unternommen haben. Und doch kann keine ihrer Geschichten den Bauer auf den Anblick vorbereiten, der sich ihm bietet, als der Traktor über die Ganges-Brücke tuckert. So weit ihn der Dunst blicken lässt, erstrecken sich neben dem Fluss Zelte, hölzerne Bauten, Masten und schnurgerade Straßen, auf denen alles in Bewegung ist. Der Bauer denkt, sie seien angekommen, aber es dauert noch eine Stunde: barsche Polizisten, eine Prozession von Sadhus, im Sand stecken gebliebene Jeeps; ein Elefant, der mit seinem Rüssel die Köpfe der Gläubigen berührt – und es sind viele, die mit ihren Münzen diesen Segen einfordern. Schließlich erreichen die Pilger das Lager: offene Zelte, eigentlich eher nur über einige Pfosten gespannte Planen. Zur Kälte hin offen. Und schon besetzt von Bündeln und Lagerfeuern. Es dauert manch ein Flehen und Drängen, bis alle einen Platz für ihren Plastikbeutel oder ihren Jutesack gefunden haben. Die Frauen beginnen zu kochen: Teig wird geknetet, ausgerollt, zu Fladen gebacken. Der *pujari*, der Priester ihres Dorftempels, verkündet, dass sie am nächsten Morgen vor Sonnenaufgang das heilige Bad nehmen werden. Später, als sich die Aufregung gelegt hat, wird dem Bauern klamm.

Am anderen Flussufer singt eine Gruppe Sadhus in einem kleinen Tempel. Ein alter Mann spielt Harmonium, sein Gesicht – ein aus Ikonen vertrautes Sinnbild für Weisheit und Mitgefühl. Zu seiner Linken trommelt ein junger Trotzki. Neben ihm sitzt ein Schelm mit dem Gesicht eines dem Wein zugeneigten Benediktinermönchs. Die anderen Asketen rasseln mit Schellen und rufen im Chor die Namen des göttlichen Ehepaares Sita-Rama an. Über ein Mikrofon dringt der Gesang aus dem Tempel nach draußen, einladend wie der Duft von Hausgemachtem. Mit geschlossenen Augen spürt man, wie sich die Sadhus durch ihren Gesang in einem Reich einfinden, in dem sie gern verweilen. Der uralte Gesang klingt so frisch, als sei er den Männern gerade eben erst überliefert worden.

Mit offenen Augen erkennt man allseits Verfall. Ziegel sind

provisorisch aufeinander gesetzt, Löcher anstelle von Fenstern in die Wand geschlagen. Plastikplanen dienen als Raumteiler, ein zu kleines Stück Wellblech als Dach. Im Vorraum des Tempels hat sich eine zahnlose Alte mit ihrer Tochter ein notdürftiges Heim eingerichtet.

Die Trance der Sadhus hat ein Ende. Der Schelm wird zu einem Solo überredet. Er streift sich sein orangefarbenes Gewand wie eine Frau ihren Schleier über den Kopf. Immer schneller dreht er sich zu einem koketten Lied, zieht Grimassen, reißt einen Witz, gibt eine Rap-Einlage zum Besten. Die anderen Sadhus begleiten ihn mit ihrem Lachen. Noch einmal wirbelt er um die eigene Achse, dann erheben sich die Frauen als Mäzene. Ihre Rupien nimmt er in einer Wölbung seines Schals entgegen. Nach seinem Auftritt stimmt der Schelm wieder in die nächste Hymne mit ein.

Ein frühes Erwachen. Zur Anrufung der 108 Gottesnamen, zu einer Wolke von Gesängen, zu Lauten, als sei die Nacht von blechernen Grillen erfüllt. Noch vor Sonnenaufgang rauscht es wie von einem donnernden Wasserfall. Aus dem Rauschen löst sich eine scheppernde Stimme. Nur die besser gestellten Camps verfügen über Bose-Geräte, die Lautsprecher hier verzerren gnadenlos jede Äußerung. Der Tag liegt auf einem Nagelbrett von Geräuschen: Gesänge, Ausrufe, Durchsagen, anschwellende Anrufungen. Jedes Gebet wird von unzähligen anderen umlagert. Und besonders durchdringend wird das Mantra des Friedens, der Ruhe und Stille, »*Shanti Om*«, geplärrt.

Zwischen dem 9. Januar und dem 21. Februar 2001 ist Kumbhnagar die dicht besiedeltste Freifläche der Welt. Ein Zelt-Manhattan nahe der Stadt Allahabad (»Stadt Gottes«), errichtet im Flussbett des Ganges; dort, wo nach der Regenzeit drei Meter tiefes Wasser fließt. Die Regierung des Bundesstaates Uttar Pradesh hat die graue Öde am Sangam, dem Zusammenfluss von Ganges und Jamuna sowie des mythischen Stroms Sarasvati in zwölf Areale unterteilt. 450 Kilometer Strom-, 145 Kilometer Wasserleitungen wurden verlegt; 140 Kilometer Straßen, 20 000 Toiletten, 15 Pontonbrücken gebaut; 5000 Telefonanschlüsse eingerichtet. Etwa 41 Millionen Euro kostete das Projekt. Die Organisation ist beeindruckend: Abfall wird von 6000 Müllmännern aufgesammelt; die mit Sandblechen stabilisierten Straßen werden über Nacht abgespritzt; Tausende von Freiwilligen sorgen für Ordnung, wenn auch manchmal mit rabiaten Mitteln.

Jai Prakash, der verantwortliche Wasserbauingenieur, verbringt den Sonnenuntergang gern am Sangam. Bereitwillig erzählt er Fotografen von den jüngsten Vorhaben: »Wir arbeiten seit zwei Monaten intensiv. Mit 100 000 Sandsäcken haben wir das Ufer auf einer Länge von vier Kilometern gegen die Erosion geschützt. Wir haben die Wassermenge des Ganges reguliert, damit keiner ertrinkt. Abwässer wurden vorläufig in Reservoirs umgeleitet, in denen sie bis zum Ende des Festes zwischengelagert werden.« Der vom vielen mitgeschwemmten Sand braune Ganges fließt um die Landzunge in den breiteren, trägeren und tieferen Jamuna. »Wie ein Liebhaber, der freudig seiner Geliebten zur Begrüßung entgegenstürzt«, meint Jai Prakash, dem es schwer fällt, an diesem Ort prosaisch zu bleiben. »Eigentlich ist es eine Sünde, Ganga einen Fluss oder Wasser zu nennen. Sie ist unsere Mutter.«

Selbst in einer an heiligen Orten und Festen überreichen Kultur, ist die Kumbh Mela des Jahres 2001 ein herausragendes Ereignis. Hier und jetzt fließt mehr zusammen als »nur« drei heilige Flüsse. Einst kämpften Götter und Dämonen um den Nektar der Unsterblichkeit. Dabei wurden an vier Orten einige Tropfen aus dem Topf (*kumbh*) mit der kostbaren Flüssigkeit verschüttet. Darum findet seit Jahrhunderten alle drei Jahre abwechselnd in den vier Städten Allahabad, Hardwar, Ujjain und Nasik die Kumbh Mela, das Fest des Topfes, statt.

In Allahabad wird traditionell alle zwölf Jahre das größte dieser Feste gefeiert. Da seit 144 Jahren die Konstellation der Sterne nicht mehr so günstig war wie bei der Kumbh Mela im Jahr 2001, gilt diese als besonders segensreich. Und die Kraft der Reinigung, die von einem Bad am Sangam ausgeht, soll in diesem Jahr stärker sein als alle Sünden.

Für einen Sadhu – auch Heiliger, Baba, Brahmachari, Mahant, Mahatma, Muni, Rishikumar oder Sannyasi genannt – ist die Kumbh Mela von großer sozialer Bedeutung. Viele Sadhus verlassen nur zu diesem Anlass ihre unstete Einsamkeit und begeben sich unter Ihresgleichen und Normalsterbliche. Für sie ist das Fest ein Treffpunkt, ein Marktplatz, ein Vergnügungsurlaub, eine Politbühne – eine zwischenzeitliche Abkehr von der Einkehr.

Die meist in safranfarbene Tücher gekleideten Asketen haben die erste Lebenshälfte quasi übersprungen, denn sie werden in der Regel schon in jungen Jahren zu Sannyasi – eigentlich die letzte der vier Stufen im prototypischen Leben eines Hindus, nach den vorhergehenden Aufgaben als Schüler, Familienvater und Ältester. Dieser Sprung zum Sannyasi ergibt sich aus der Gewichtung der indischen Philosophie, die vor allem dieser letzten Stufe des Lebens große Bedeutung beimisst. Denn nur durch eine gute Lebensführung in dieser Phase kann man *moksha*, die angestrebte Erlösung, erlangen.

Die Initiation zum Sadhu erfolgt oft bei der Kumbh Mela. In

der Ordnung eines Regiments auf Parade hocken die nackten Kandidaten, denen drei Tagen zuvor der Kopf bis auf ein kleines Haarbüschel am Hinterkopf glatt rasiert wurde, am Ufer des Ganges. Hinter ihnen stolzieren einige festlich gekleidete Zenturionen, die alle Unbefugten vertrieben haben. Der Zeremonienmeister, angetan mit einem roten Brokatgewand und einem triumphalen Turban, watet mit seinem langen silbernen Stock vor den Nackten im Fluss und schüttet jedem eine Handfläche Ganges-Wasser über den Schädel. Die Aspiranten halten beide Arme ausgestreckt. Dann stürzen sie sich in Gruppen in den Fluss und plantschen. Nach dem Bad laufen, springen und hüpfen sie wie ausgelassene Kinder herum. Schließlich wird ihnen ein weißer Streifen überreicht, den sie sich als Lendenschurz umbinden. Ihre abgeworfenen Unterhosen treiben mit der Strömung gen Kalkutta.

Wer weiß, wie viele von den nun Initiierten spirituelle Motive hegen, wie viele vor der dörflichen Armut in die soziale Sicherheit der gläubigen Spenden flüchten, wie viele – wie oft gemunkelt wird – sich vor der Polizei verstecken oder als Geistesgestörte zu heiligen Narren aufsteigen? In den Camps der Akharas, den paramilitärisch organisierten Bünden der Sadhus (13 an der Zahl), finden sich Fanatiker und Akademiker, Quacksalber und Verklärte. Sie sitzen vor ihren Zelten neben dem heiligen Feuer – das nie erlöschen darf – und lassen sich von den Gläubigen mit Blicken, Berührungen und Spenden verehren. Sie geben Rat, vertreiben mit einem Pfauenfederwedel böse Geister. Sie drücken eine Prise *vibhuti*, heilige Asche – meist von verbranntem Kuhdung, auf die zu segnende Stirn. Manche tragen nichts außer Gebetsketten und deswegen den Namen Naga Sadhu (*naga* und »nackt« haben einen gemeinsamen indogermanischen Ursprung). Die Akharas wurden vor etwa 1000 Jahren gegründet, in unruhigen Zeiten inneren Zerfalls und moslemischer Bedrohung von außen. Seitdem bieten sie Unterweisung in *shastra* (Waffen) und *shaastra* (religiöse Texte). Auch bei der Organisation der Kumbh Mela spielen die Akharas eine wichtige Rolle. Die kriegerischen Attribute – in der Mitte der Camps ist eine erstaunliche Vielfalt an Lanzen, Dreizacken, Speeren und anderen Stichwaffen in den Boden gerammt – repräsentieren ihre auf Geheimwissen basierende Macht. Magisch aufgeladene Mantras werden nach jahrelanger Unterweisung vom *guru* (Lehrer) auf den Schüler übertragen. Den *mahatmas* (große Seelen) spricht man die Fähigkeiten von Medizinmännern, Zauberern oder Schamanen zu. Besondere Reverenz erfahren jene Sadhus, die Schwüre der Selbstkasteiung geleistet haben. Ein junger Sadhu aus Varanasi steht seit drei Jahren Tag und Nacht auf einem Bein. Neun Jahre stehen ihm noch bevor. Ein älterer Glaubensbruder hat es zur Medienberühmtheit gebracht, weil er seit mehr als zwei Jahrzehnten einen inzwischen verkümmerten Arm hochhält. Die Zurschaustellung von Selbstbeherrschung trägt manchmal bizarre Früchte. Ein Naga Sadhu zeigt auf einem eingerahmten Foto, wie er mit seinem Penis 25 Kilo Ziegelsteine stemmt: seine Werbung zum Anlocken von Spendern. Alle paar Minuten wischt er den Staub vom Glas und postiert das Bild dann wieder an allseits gut sichtbarer Stelle. Regelmäßig stopft ihm sein Assistent eine weitere Pfeife mit Hasch, das Elixier, das nicht nur halluzinatorische Kräfte besitzt, sondern auch den Hunger im Zaum hält.

Neben dem Aufsuchen der Sadhus schätzen die einfachen Pilger, *kalpvasis* genannt, vor allem den täglichen Besuch einer der unzähligen Aufführungen von religiösen Lehrstücken. Beim *katha* präsentiert und interpretiert ein *swami*, ein besonders weiser Gottesmann, religionsphilosophische Texte, wie die *Bhagavadgita* und die *Upanishaden*, oder *Puranas*, alte Erzählungen. Beim *bhakta* werden religiöse Lieder von mystischen Dichtern des Mittelalters, wie Kabir, Tulasidas oder Mirabai, vorgetragen. Bei den *lilas* führen Familientruppen die allseits bekannten Geschichten aus den Epen bzw. Götterlegenden auf. Die Gläubigen in Indien sind noch nicht von der Rastlosigkeit und Ungeduld der westlichen Moderne infiziert, und so können diese Aufführungen durchaus 15 Tage dauern. Jedes Camp verfügt über eine entsprechende Bühne, die sich allmählich füllt, während die Musiker einige Weihelieder singen und die Akteure sich noch schminken.

Der Familienvater, zugleich Regisseur und Impresario, wickelt seinem Sohn, der die Rolle von Krishna verkörpern wird, kunstvoll den Turban. Seine Brüder werden, in Grün kostümiert, die in Krishna verliebten Kuhhirtinnen spielen, Metaphern für die Liebe der Menschen zu Gott sowie der grenzenlosen, polygamen Erwiderung dieser Liebe. Ein jüngerer Bruder trägt einen gemalten Rubin auf der Stirn; seine Augenlider sind grün geschminkt. Mit jedem Pinselstrich und Handgriff verwandeln sich die Jungen in Frauen, die Kinder in Götter. Das Schminken und Anziehen sind ein ritueller Akt. Die Augen der Kleinen richten sich allmählich in der neuen Identität ein.

Nach einem zeremoniellen Gebet tanzen die aus natürlichen Gründen ungleich großen Geschwister einen Reigen und deklamieren abwechselnd vor einem auf der Vorderbühne aufgestellten Mikrofon ihre Texte. Immer wieder nehmen sie Platz, während der Sänger und die dreiköpfige Musikgruppe die Handlung weiter vortragen. Die Gesten der Verführung zwischen Krishna und seiner Hauptgeliebten Radha geraten etwas linkisch. Später ist Krishna mit prachtvollen Pfauenfedern geschmückt. Die Frauen aus dem Publikum eilen zur Bühne. Krishna verteilt seinen Segen. Die Frauen überreichen ihm Geld, berühren ihn voll Ehrfurcht, füttern ihn. In die erste Banane, die ihm hingehalten wird, beißt er kräftig hinein. Längst spielt der Junge nicht mehr den Gott. Immer mehr Frauen kommen nach vorne, um ihn zu berühren, ihm Süßigkeiten in den Mund zu stopfen, eine Banane nach der anderen, die er zunehmend mühsamer verdrückt, bis er schließlich die Zähne bleckt und die Gaben zur Seite gebeugt ausspuckt.

In einer Abfallgrube liegen weggeworfene Teebecher. Einige sind aus zerknülltem Plastik, anderen hingegen aus Ton und schon dabei sich aufzulösen. In der kleinen Grube liegen Neues und Altes, Ewiges und Vergängliches nebeneinander. Es ist Mauni Amavasya, der wichtigste von vier Badetagen, und angesichts der riesigen Menschenansammlung hat das Ewige eine bedrohliche Note. Unter die Millionen gefallen, lernt man den Wert des Vergänglichen schätzen. Um drei Uhr in der Frühe wird der Staub der Straßen von unzähligen Füßen auf dem Weg zum Sangam aufgewirbelt.

Eine der Pontonbrücken ist der karnevalartigen Prozession der Sadhus vorbehalten. Wie Könige thronen die Gurus der Gurus auf reich geschmückten Wagen, gefolgt von ihrem Fußvolk. Geringere Sadhus halten Sonnenschirme über die Hüter des Wissens. In Wellen strömen die Akharas zum Fluss, ihre gewaltigen Fahnen segeln im frischen Morgenwind. Die Menge ist eine ruhende Masse, die an den Rändern, hinter den provisorischen Zäunen, zur Drängelei ausfranst. Die Menschen warten auf den als Segen empfundenen Blick, den sie von den heiligen Männern erhaschen können. Längst ist die Menschenmasse nicht mehr zu zählen. Journalisten schätzen – Masse mal Daumen – elf, 22 oder 33 Millionen. Die Polizei patrouilliert entlang der hölzernen Absperrung und schwingt ihre Schlagstöcke mit der Unerbittlichkeit von Heckenschneidern.

Am Ufer – frenetisches Gedränge. Stoßen, Schreien, Treten, Schlagen. Wahnhaftes Verhalten. Irre Eile. Gier auf die Reinigung. Alte Sadhus halten sich an den Händen, zitternd. Schmieren sich nach dem Bad mit *vibhuti* ein, das sie in Plastiktüten mitgebracht haben. »Dieses Wasser ist Wahrheit«, sagt einer von ihnen. »Gott ist in uns, aber oft sind wir uns dessen nicht bewusst. Aber dieses Bad, dieser Aufenthalt hier ist ein Weg, Gottes Gegenwart zu spüren. Es ist wie mit der Butter in der Milch, die man nicht sieht, bevor man die Milch nicht lange genug geschlagen hat. Wir üben das aus, wovon du nur hörst.« Über Lautsprecher wird das Ende der Badezeit ausgerufen. Polizisten schlagen auf badende Männer ein, die erst halb angezogen sind, bemüht mit dem mageren Bein ins zweite Hosenbein zu schlüpfen. Auch Frauen bekommen Schläge ab. Sie können sich nicht dagegen schützen, weil sie mit den Händen den noch nicht gebundenen Sari festhalten.

Das Tageslicht erweckt ein Schlachtenbild zum Leben. Der Aufmarsch der Juna Akhara, der militantesten Akhara, von einem indischen Journalisten die »*Hell's Angels* unter den Sadhus« getauft. Der Badeplatz wird von der Polizei bis auf die letzte Person geräumt. Vorneweg zwei Naga Sadhus auf geschmückten Pferden: einer, der die Standarte hält, und einer, der einen harten Rhythmus trommelt. Schlangenförmige Fanfaren und Dreizacke ragen aus dem Pulk von tausend Naga Sadhus. Mit rüdem Geschrei kommen sie durch den Staub gerannt, rasen die Düne hinab in den Fluss, plantschen im Wasser, spritzen und hüpfen. Dann rennen sie wieder hinaus ans Ufer. Dies scheint nicht der Moment für Frömmelei zu sein. Nasse Naga Sadhus nehmen Kampfposition ein, schwingen blitzende Schwerter, tänzeln auf der Stelle, verharren bewegungslos. Ein wütender Sadhu entreißt einem Journalisten die Kamera und zerschmettert sie auf dem Boden. Einige seiner Brüder begleiten ihn bei einem ekstatischen Tanz über der besiegten Kamera.

Auf der anderen Seite der Landzunge wird dagegen eine Fotosession abgehalten. Sadhus erklettern die Absperrung und werfen sich in maskuline Posen, unter ihnen der Ganges, zwischen ihnen und dem Fluss eine Meute von Fotografen. Die launischen Diven lassen sich zuerst ablichten, dann verscheuchen sie mit groben Gesten die Knipser. Ein Polizist beginnt, mit Steinen auf die Fotografen zu werfen. Ein Sadhu macht es ihm nach, allerdings mit erheblich größeren Steinen. Ein anderer Sadhu bewirft den Polizisten mit kleinen Steinen. Es kommt zur Schlägerei. Einige verlieren das Gleichgewicht, klammern sich verzweifelt an die Absperrungen. Ein Sadhu mit Dreizack ist auf ein Gitter gestiegen und versucht verzweifelt, die anderen davon abzuhalten, weiter nach vorne auf die Brücke zu drängen. Bald ist die ganze Brücke voller dunkler Leiber. Eine Armee von nackten Heiligen überbrückt den Ganges.

»Diese Prozessionen haben mit Religion nichts zu tun«, erklärt Shrivatsa Goswamiji, ein Tempeloberhaupt von hoher Bildung, der sogar in Harvard gelehrt hat. »Die Lautsprecher sind die größte Sünde. Hier ist überall so viel Schund. Die typische Heuchelei des Kaliyuga, unseres düsteren Zeitalters. Wir Menschen befinden uns in einer Krise – das gilt für die gesamte Welt. Das Erste, was ich gesehen habe, als ich herkam, war ein Mann mit einem kleinen Bündel auf dem Kopf. *Kalpvasis* wie er machen die Kumbh Mela zu einer wirklichen Mela. Nicht diese hässliche Schau, diese Angeberei. Wenn man dem heiligen Wasser nicht richtig entgegentritt, vergewaltigt man Mutter Ganga. Eigentlich darf man sich Ganga überhaupt nicht auf einem Fahrzeug – welcher Art auch immer – nähern. Nur zu Fuß. In den letzten 50 Jahren haben wir Ganga umgebracht. Das ist nicht mehr unsere geliebte Göttin, das ist eine dreckige Kloake. Und diese Veranstaltung ist die größte Ansammlung von Sündern auf der Welt. Ganga wird die ganzen zwölf Jahre bis zur nächsten Kumbh Mela in Allahabad benötigen, um sich davon wieder zu reinigen. Wir Menschen stellen das Unendliche aus dem Endlichen her und nennen es heilig.«

Die Befremdung, die ein westlicher Besucher bei der Kumbh Mela erlebt, könnte vermuten lassen, man habe einer überwältigenden Manifestation östlicher Eigenart beigewohnt,

Und viele Inder verweisen mit großem Stolz auf die Besonderheit ihrer Traditionen, weswegen sie von dem Besucher auf Schritt und Tritt die Güte ihrer Kultur bestätigt haben wollen. Auf das Erleben des Gemeinschaftlichen und die Einschränkung des Materiellen kann Indien wirklich stolz sein. Andererseits wird einem dort auch von Tag zu Tag klarer, dass der Aberglaube in diesen Breiten niemals wirklich verdrängt worden ist. Auch im 21. Jahrhundert richtet sich die Skepsis der Mehrheit gegen das Erklär- und Beweisbare. So wird die hinduistische Lehre, dass alles vom Menschen sinnlich Wahrnehmbare nichts als *maya*, Täuschung, sei, zu einem missverstandenen Fundament für geisterhafte Luftschlösser. Und in denen lässt es sich vermeintlich glücklicher leben als auf dem harten Boden der Realität. Immer noch treffen die Worte des großen deutschen Indologen Heinrich Zimmer zu: »Ein so hoher Aufschwung zum transzendenten Bereich wie der Indiens wäre nie unternommen worden, wenn die Lebensbedingungen nur um ein Geringes weniger hoffnungslos gewesen wären. Erlösung kann nur dann zum Hauptanliegen des Denkens werden, wenn das, was die Menschen an ihr normales Erdendasein bindet, keinerlei Hoffnung gewährt.«

8

Stachelige Palmen: Die traumatische Pracht Sri Lankas

Früher war Sri Lanka berühmt wegen seiner Tauchreviere und Gewürze. Heute ist es ob eines blutigen Bürgerkriegs berüchtigt. Doch seine Reize sind natürlich nicht verflogen. Sie existieren in einer seltsamen Nachbarschaft neben den Schrecken. Keiner hat das besser eingefangen als der Dichter Michael Ondaatje, dessen Bücher über Sri Lanka beseelte Reiseführer sind.

Man muss nicht lange in Sri Lanka gewesen sein, um die zentrale Metapher des Landes zu erkennen. Sie sticht einem bald nach der Ankunft ins Auge: Stacheldraht und Palmen. Straßensperren allerorts. Mitten in der Stadt ist der Sitz der Präsidentin von hohen Mauern und Stacheldraht umgeben; vor den Toren sind grüne Sandsäcke zum Stellungskrieg aufgetürmt, und die Wachhabenden beängstigen den Passanten mit ihrer Reglosigkeit. Nur eine Kopfdrehung entfernt, wiegen sich die Palmen wie in dem Katalog, der die Pauschaltouristen an die subtropischen Strände gelockt hat. Etwa nach Negombo, nördlich der Hauptstadt Colombo, wo abgenutzte Träume zu Sonderangeboten verschleudert werden. Kraftfahrzeugmechaniker aus Yorkshire lassen nach einem späten Aufwachen das Eis in ihrem Gin Tonic klirren. Die Unternehmungslustigen spielen Boule mit Kokosnüssen. Das Meer, dank seinem gefährlichen Ruf menschenleer, hat den braunen Strand auf ein schmales Tuch reduziert, das die Scham der Hotelanlage kaum noch bedecken kann. Die letzte kosmetische Operation daran blättert bereits ab. Wer ist schon motiviert, wenn er die größte Bestrafung im internationalen Tourismus erfahren hat: die Herabstufung ins Billig-Pauschal-Proletariat.

Ungewöhnliche Länder verlangen nach ungewöhnlichen Reiseführern. Ich vertraue mich zwei Büchern des aus Sri Lanka stammenden Schriftstellers Michael Ondaatje an: *Es liegt in der Familie* und *Anils Geist*. Beide legen Zeugnis von den Wunden und Zerstörungen dieser Insel ab, besingen aber auch ihren fast schon mystischen Reiz: »Hier hatte man es mit einer moralisch komplizierteren Welt zu tun. Die Straßen waren noch immer Straßen, die Bürger blieben Bürger. Sie kauften ein, wechselten den Arbeitsplatz, lachten. Und doch waren die düstersten griechischen Tragödien harmlos neben dem, was hier geschah.« Diesem Paradox begegnet der Besucher auf Schritt und Tritt. Gewalt und Zartheit wechseln sich laufend ab. Schon ein Gang durch den sonnendurchfluteten, von kolonialer Architektur geprägten Stadtkern Colombos führt an einer Menge Gedenkplätze vorbei: eine Straßenmarkierung, wo der Präsident von einem Selbstmordattentäter mit einer Bombe in die Luft gejagt wurde; die Zentralbank, vor der 200 Kilogramm Sprengstoff detonierten; die Villa eines erfolgreichen Zeitungsverlegers, dessen Flugzeug explodierte. Und doch scheint der Alltag die Blutflecken in der Erinnerung Lügen zu strafen. Die Menschen sind freundlich, höflich, zuvorkommend. Von Aggression keine Spur. Die Traumata sind an der Oberfläche nicht zu bemerken – trotz eines seit mehr als zwei Jahrzehnten andauernden Krieges, der bislang etwa 55 000 Menschen umgebracht und eine Million vertrieben hat.

Das Land ist grün, aber auch eng, verschachtelt. Kleine Reisfelder und Haine, durchsetzt mit gewaltigen Felsbuckeln, wechseln einander ab. Die Entfernungen sind gering. Nur wenige Stunden von Colombo liegt die alte Königsstadt Anuradhapura, eine ausufernde Anlage mit heiligen Bäumen, Tempeln, Klöstern, Wasserbecken und Gärten. Kurz nach der Ankunft dort beginnt es zu regnen, zaghaft zuerst, dann vehement. Ein Monsun in voller asiatischer Entfaltung. Wie ein Kleinkind, das sich in sein Heulen hineinsteigert, bis es durch nichts mehr zu besänftigen ist. Gegen Abend stürmt es. Der Wind bläst durch die Veranda des charmanten Tissawewa-Hotels, weht Regen durch jede Öffnung hinein, überschwemmt die Ohren der Gäste. Ein pensionierter Ventilator taumelt von einem Propeller zum nächsten. Eine filigrane Lampe mit eingefassten bunten Steinen wirft maschendrahtartige Girlanden an die Wände. Alles zittert wie auf hoher See. Ein Baldachinsofa wird in die gedrechselten Beine gezwungen. Der alte Kellner, der alle Kollegen, in Aneignung der kolonialen Anrede, *boys* nennt, findet Rettung in der Routine: Er serviert einen Tee nach dem anderen. Wenn der Sturm Atem holt, melden sich die Grillen dringlich zu Wort, auf Überschlag gestellte Metronome. Später, der Tee ist einem ersten Bier gewichen, fällt ein 100-jähriger Baum um; es kracht so laut, dass man sich besonders gesegnet schätzt.

Am nächsten Morgen liegt er neben dem alten Haus wie ein gestrandeter Wal. Der Sturm hat mehreren Menschen das Leben gekostet, hat Stromleitungen unterbrochen, Straßen abgetragen. Die umgefallenen Bäume verstärken den Ruinencharakter der Anlage. An der Mauer eines Refektoriums fällt eine lesbare Tafel auf: »Dr. Weicherding«. Der Name beschwört einen holländischen Pflanzer in knielangen Stiefeln mit Monokel herauf. Ansonsten ist überall auf dem Gelände die gelbe Schrift abgeblättert.

Leider bieten die Dagobas, jene gewaltigen Kuppeln, die aus der Ferne wie Vulkane kurz vor dem Ausbruch aussehen, kein Refugium vor dem Regen. Ihnen fehlt der Innenraum. Die Dagobas gehören gewiss zu den mysteriösesten Bauten sakraler Architektur. Ursprünglich wohl simple Repräsentationen eines Reishaufens, wuchsen sie mit dem Selbstbewusstsein der buddhistischen Herrscher, bis sie zu Gipfeln der Macht wurden. Die nur aus Ziegeln bestehende Jetavanararna Dagoba aus dem 3. Jahrhundert war, als sie erbaut wurde, nur einige Handbreit kleiner als die Cheops-Pyramide und damit das drittgrößte Gebäude der Welt. Und um die mehr als 100 Meter hohe Abhayagirri Dagoba kreisten einst 5000 Mönche rituell im Uhrzeigersinn. Ansonsten sind überwiegend steinerne Sockel erhalten, auf denen die vergänglicheren Holzbauten errichtet wurden. Was nur noch andeutungsweise – inmitten fiebriger Verwilderung – vorhanden ist, reicht jedoch aus, sich einen eigenen, traumbehafteten Reim auf das Verborgene oder Verlorene zu machen. Man versteht den Archäologen Palipana aus *Anils Geist*: »Bei jeder alten Säule, der er im Freien begegnete, blieb er stehen und umarmte sie, als wäre es ein Mensch, den er einst gekannt hatte.«

Gestört bei seinen Betrachtungen wird man höchstens von einem wachhabenden Soldaten, der einem, pikanterweise am Ratnaprasada, dem Juwel-Palast, einen kleinen, dunkelroten Stein reicht. »Rubin«, sagt er. Doch es handelt sich um Glas. Eine Täuschung, von der schon englische Reisende des 19. Jahrhunderts berichten – »*good Birmingham glass!*«

Vor dem Eintritt zum heiligen Bo-Baum, ein Abkömmling jenes Baumes im indischen Bodh Gaya, unter dem Buddha nach 49-tägiger Meditation die Erleuchtung erfuhr, flackern die Gebete des volkstümlichen Buddhismus: Öllampen auf speziellen Ständern, Blumen, Räucherstäbchen, Fahnen. Täglich ein Massenauflauf. Hinter dem Eingang wird man dreimal einer Ganzkörperkontrolle unterzogen. Um den Baum herum hat die Armee eine Mauer intensiver Präsenz errichtet. Im Hintergrund eine pastorale Szene mit Reisfeldern, Kanälen voller überschüssiger Energie, Reihern und Kranichen wie Figuren in einem Geduldsspiel. Hier wie überall in Sri Lanka existieren das Schöne und das Schreckliche nicht nur unmittelbar nebeneinander, sondern bedingen sich sogar gegenseitig.

In einer Kaschemme in Mihintale hängen Bananenstauden an der Wand. Für weniger Geld, als eine Zigarettenpackung kostet, werden fünf Currys aufgetischt. Ein einsamer Esser, Lkw-Fahrer, teilt mit uns Tisch und Unterhaltung. Letztere im Flüsterton, denn sie schwappt schnell ins Politische über. »Die Offiziere der Armee«, sagt er, »verdienen sich dumm und dämlich an dem Krieg. Sie verkaufen der Gegenseite Waffen. Die Mächtigen könnten den Krieg morgen beenden, aber sie haben kein Interesse daran. Inzwischen sind so viele Gräueltaten begangen worden, dass auch die Menschen den Krieg als einzigen Ausweg aus dem Krieg sehen.« Doch er würde es niemals zulassen, dass sein Sohn zur Armee geht.

Der Bürgerkrieg ist in groben Zügen schnell skizziert: Die Guerillaarmee LTTE unter der Führung von Velupilla Prabhakaran kämpft um die politische Unabhängigkeit für die Minderheit der Tamilen, die weniger als 20 Prozent der Bevölkerung ausmachen. Nachdem die Kämpfe Mitte 2000 eskalierten, gab es zuletzt durch die Vermittlung von norwegischen Unterhändlern eine Reihe erfolgloser Waffenstillstände. Der letzte wurde im Frühjahr 2001 von der Regierung aufgekündigt. Für das Jahr 2001 stellt ihr Budget eine Milliarde Euro für Wehrausgaben bereit. Bei jedem Einkauf zahlt der Bürger eine Verteidigungsabgabe von inzwischen 7,5 Prozent. Der Staat ist international hoch verschuldet. Beide Seiten sind zwar schwer angeschlagen – die LTTE muss seit einiger Zeit Kinder für ihren Kampf rekrutieren –, aber Friede ist nicht in Sicht.

1000 Jahre lang war Anuradhapura Hauptstadt, dann wurde es von der südindischen Chola-Dynastie erobert. Neue Herren, neue Hauptstadt. Im späten 10. Jahrhundert wurde das strategisch günstigere Polonnaruwa gegründet. Es ist kleiner, übersichtlicher, weniger spektakulär, aber vollständig zu Fuß zu erkunden.

Der Regen hat sich in den Buchstaben des *gal pota* , des steinernen Buchs, festgesetzt, als wollte er einen wässrigen Abdruck nehmen. Die Buchstaben auf dieser neun Meter langen und mehr als einen Meter breiten Inschrift sind kleine Kanäle, die zum Lob des Königs Nissankamalla zusammenfließen. Man sagt, dass sich der König auf diesem größten aller Granitbücher entspannte. Er hat wohl seine Beine über den Fußnoten baumeln lassen.

Auch im nahe gelegenen Sigiriya verwendete man die Steine und Felsen als Schriftträger. Im 5. Jahrhundert vor Christus wurden Gedichte in den Felsen von Sigiriya geritzt, auf dem sich die Festung eines despotischen Königs erhob. »Kurze Verse auf die in den Fresken dargestellten Frauen sprachen von Liebe in all ihrer Verwirrung und Gebrochenheit. Gedichte auf mythische Frauen, die ein weltliches Leben lebten und hinter sich ließen. Die Zeilen sahen Brüste als vollkommene Schwäne; Augen waren lang und rein wie Horizonte. Die unbekannten Dichter kamen wieder und wieder auf dieselben Metaphern. Wunderschöne falsche Vergleiche«, beschreibt Ondaatje jene Inschriften.

Von falschen Vergleichen zu grausamen Visionen: Inmitten von dramatischen Felsblöcken befindet sich das Kloster Aluvihara, dessen Felstempel ein buddhistisches Horrorkabinett beherbergt. Goya und Blake vereint im mittelalterlichen Lanka. An der Wand der Vorhalle sitzt Yama, der Gott des Todes und der Hölle, über die Sünder zu Gericht. Auf den vielen Freskotafeln werden ihre jeweiligen Strafen ausgemalt: Krähen hacken Lügnern die Augen aus. Die Verleumder (und Denunzianten!) sind in einem Schlangenmeer ausgesetzt. Die Ehebrecher werden von einem großen Kaktus aufgespießt. Wer Wälder oder Felder angezündet, wird selbst verbrannt, wer seine Arbeiter ausgebeutet hat, wird von Speeren durchbohrt. »Die Menschen«, empört sich ein einheimischer Lehrer, »haben den Buddhismus verfälscht. Sie haben die reine Philosophie zu einem derben Volksglauben erniedrigt.« Das mag sein, aber das soziale und ökologische Bewusstsein dieses Strafkatalogs imponiert trotzdem. Im Innenraum hingegen herrscht Reinheit: der ins Nirwana eingehende Buddha, flankiert von zwei sitzenden, verträumten, weltvergessenen Bodhisattvas. An der Decke blühen blaue und rote Lotosblüten.

Da vermutet wird, dass an diesem Ort die Lehren von Buddha zum ersten Mal in der Pali-Schrift aufgezeichnet wurden, wird heute hier vorgeführt, wie man die wertvollen Rollentexte einst verfasste. Auf glatt gestrichenen Blättern des Ola Tree wurden die Buchstaben eingeritzt, dann mit einer aus Karbon und Kokosnussöl hergestellten Farbe bestrichen und schließlich mit weißem Pulver fixiert. Das halte, sagt der Vorführer, 1000 Jahre. Die Buchstaben erinnern an ausgegrabene Regenwürmer. »Ich glaube, dass die Singhalesen das schönste Alphabet geschaffen haben. Das Tinteninsekt krümmt sich zu einer Form, die fast Sichel ist, Löffel, Augenlid. Die Buchstaben sind vom Wasser abgeschliffenes Glas ohne Kanten. Sanskrit wurde von Vertikalen beherrscht, doch seine scharfeckigen Formen waren auf Ceylon nicht möglich. Die Ola-Blätter waren zu zerbrechlich. Eine gerade Linie zerschnitt das Blatt, also wurde aus seinem indischen Cousin ein gekräuseltes Alphabet entwickelt. Mond. Kokosnuss. Die Knochen vom Rückgrat eines Liebenden«, erzählt Ondaatje zur Entstehung dieser Schrift.

Im nur wenige Kilometer entfernten Kandy hat der Eklektizismus Einzug gehalten. Am Eingang des Lake Clubs begrüßen der Ticketverkäufer und ein klassisches sri-lankisches Gemälde den Besucher. Im nächsten Raum, einem gewaltigen Saal, wird an einem einsamen länglichen Tisch eine Art Kartenroulette gespielt. Hinter einer Glaswand laufen virtuelle Pferde um reelle Wetten. Und in der Halle daneben wird ein Potpourri von einheimischen Tänzen, eine Mischung aus Reigen und Akrobatik, dargeboten. Nach der Aufführung muss man Paul Bowles zustimmen, dass »die Singhalesen zu den unmusikalischsten Menschen auf der Welt gehören. Es wäre schlechterdings unmöglich, noch weniger Sinn für Tonhöhe, Melodie oder Rhythmus aufzubringen.«

Auch ansonsten leidet Kandy unter den hohen Erwartungen an einen legendären Ort. Der Einschätzung von Hermann Hesse, Kandys Schönheit ließe sich »mit allem Gelde und allem Zement der Welt nicht kaputtmachen«, kann man angesichts der verpesteten Luft schwer folgen. Wie alle kolonialen Sommerresidenzen ist Kandy ein Opfer seiner attraktiven Lage. In engen Tälern staut sich die Umweltverschmutzung. Kandy bietet Zersiedlung, Lärm, Stau und einen Zahn von Buddha, in einem schwer bewachten Heiligtum, auf das die LTTE vor Jahren einen Bombenanschlag ausgeübt hat.

Die meisten Touristen auf Rundreise eilen weiter ins Pinnewale Elefanten-Waisenheim. Hier ist der Elefant, was Mozart für Salzburg ist: Elefant View Hotel neben Hotel Elefant Park, Elefanten auf Holz und Stoff, geschnitzte, gestanzte und gemalte Elefanten; T-Shirts mit fröhlichen, tanzenden, süßen Elefanten. Die Stars selbst werden um zehn Uhr in der Früh zum Fluss geführt, um im Walt-Disney-Stil zu plantschen. Was als Einmarsch der Gladiatoren vor 500 Amateurpaparazzi beginnt, endet als Kindergeburtstag – die Kleinen nuckeln an überdimensionalen Milchflaschen. Ein Schild warnt, dass die Elefanten keine gezähmten Tiere seien, was sich etwa so glaubwürdig anhört, als würde man lesen, die Elefanten aus dem *Dschungelbuch*-Film seien gefährlich gewesen. Doch der Eindruck sollte täuschen. Am nächsten Tag rebellierte einer der Dickhäuter, zermalmte seinen *mahout*, seinen Reiter und Trainer, und verletzte mehrere Besucher. Der Schrecken war wieder einmal ausgebrochen.

Im Paradise Club, einem Kasino neben dem Flughafen, schichten Männer Chips auf Zahlen. Zwei der Männer sprechen Deutsch, wollen aber nicht verraten, wo und wann sie es gelernt haben. Der Bürgerkrieg ist ein großer Umverteiler von Vermögen. Nur eine Zahl gewinnt, dafür umso gehäufter. Die Kräfte, die auf eine einzige Zahl setzen, zerstören die Vielfalt der Welt – die wunderbare Vielfalt Sri Lankas. Sie predigen eine Monokultur, die den eigenen Reichtum sichert. Denn Nationalismus und Fundamentalismus sind vor allem Instrumente der Gier. In diesem Sinne ist Sri Lanka wahrlich unter Räuber gefallen.

9

Indien: Die Zukunft der Widersprüche

Als Indien im Jahre 1947 unabhängig wurde, lebten etwa 150 Millionen Menschen in Armut. Die Zahl ist inzwischen auf 310 Millionen angeschwollen. Andererseits haben heute doppelt so viele Menschen das nötige Einkommen, um einen Schwarzweißfernseher oder eine Nähmaschine zu erwerben, wie vor zehn Jahren. 1950 verfügte Indien über die stärkste Wirtschaft in Asien und betrieb immerhin zwei Prozent des Welthandels. Heute beträgt dieser Anteil nur noch 0,8 Prozent, und auf der Rangliste der Wirtschaftsmächte ist das Land nach hinten durchgereicht worden – Anfang des 21. Jahrhunderts lockt es weniger ausländische Investoren an als Vietnam. Bis in die 1960er-Jahre hinein erlebte das Land Hungersnöte biblischen Ausmaßes. Dann erfolgte die Grüne Revolution, und Indien wurde zum Selbstversorger. Etwa zur selben Zeit regierte mit Indira Gandhi eine Frau über die weltweit größte Demokratie. Die Gleichberechtigung wurde dadurch allerdings kaum vorangetrieben: Alle 50 Minuten wird irgendwo in Indien eine Ehefrau von ihrem Mann oder ihren Schwiegereltern misshandelt. Täglich werden 17 Mitgiftmorde registriert. Wohin man auch blickt, offenbaren sich widersprüchliche Tendenzen, die einem Wahrsager den Beruf madig machen könnten. Sowohl Apokalyptiker als auch Euphoriker finden reichlich Futter, ihre Thesen und Visionen zu untermauern.

Schwarzseher machen gerne die Übervölkerung für alle Probleme des Subkontinents verantwortlich. An irgendeinem Tag im Jahre 2000 ist Indiens Bevölkerung über eine Milliarde angewachsen. Damit leben in Indien dreimal so viele Menschen wie in den USA, und das auf einem Drittel der Fläche. Dieser rasante Zuwachs dürfte aller Voraussicht nach mindestens noch 50 Jahre andauern. Die indischen Großstädte werden den Menschenmassen nicht mehr gerecht, weder was Wasserversorgung, Unterkunft noch Transport betrifft. Man kann diesen bedrohlichen Zahlen aber auch den fatalistischen Zahn ziehen: Indien könnte sich selbst ernähren – dass es gelegentlich zu Hungersnöten kommt, liegt an der mangelhaften Verteilung. Das Land ist weniger dicht besiedelt als Deutschland oder Japan, und es verfügt sowohl über viele Ressourcen als auch über das nötige Binnenkapital.

Fragt man aber nach den Chancen der Menschen, die in Indien leben, stößt man direkt auf die Ursachen für die gegenwärtige Misere: Die Gesellschaft investiert kaum in ihre Bürger. Die meisten Inder erhalten entweder gar keine oder eine miserable Ausbildung; sie werden von feudalen Verhältnissen oder Unterbeschäftigung gefangen gehalten; sie sind kaum am Bruttosozialprodukt beteiligt. (25 Prozent des Bruttosozialprodukts werden im Jahr 2000 von 67 Prozent der Bevölkerung in der Landwirtschaft erwirtschaftet; 30 Prozent des Bruttosozialprodukts von 15 Prozent in der Industrie und 45 Prozent des Bruttosozialprodukts von nur 18 Prozent in der Dienstleistung.)

So eifrig sich der Staat in den letzten Jahrzehnten um die Förderung von Universitäten, technischen Hochschulen und Colleges gekümmert hat, so sehr hat er bei der allgemeinen Schulbildung versagt. Obwohl die Alphabetenrate laut offiziellen Zahlen seit 1991 von 52 Prozent auf 64 Prozent angestiegen ist, weist Indien mit Abstand die weltweit höchste Zahl von Analphabeten auf. Zudem ist das Niveau der staatlichen Volksschulen meist so miserabel, dass die Schüler keine nützlichen Kenntnisse erwerben können. Zwei Drittel der eingeschulten Kinder brechen den Schulbesuch vor der achten Klasse ab.

Angesichts der lächerlich niedrigen Mittel, die auch die jetzige Regierung für Bildung bereitstellt, wird der Staat dem wachsenden Andrang auf seine Bildungsinstitutionen – über 90 Prozent der Eltern erachten es laut einer Umfrage als wichtig, dass ihre Kinder eine schulische Ausbildung erhalten – immer weniger genügen können.

Vor diesem Hintergrund erscheinen eine Milliarde Menschen als fast unüberwindliche Belastung. Zumal mehr als 600 Millionen von ihnen als Subsistenzbauern oder Kleinlandwirte mit Müh und Not überleben. Denn bislang wird erst ein Prozent der landwirtschaftlichen Produktion industriell verarbeitet. Die zunehmende Transformation des lokalen Marktes vom Basar zum Supermarkt, die unaufhaltsame Liberalisierung und die Öffnung des heimischen Marktes für den Weltmarkt wird die bisherige Kleinlandwirtschaft grundlegend verändern. Aufgrund dieser Entwicklungen werden Bauern entwurzelt, einem eingeschränkten Arbeitsmarkt ausgesetzt und in die Slums der jetzt schon explodierenden Städte gedrängt werden.

Ein Beispiel für diese Entwicklung bieten die Kokosnussfarmer in Kerala. In letzter Zeit hat äußerst billiges Palmöl, das vor allem aus Malaysia importiert wird, den Absatz des heimischen Kokosnussöls stark sinken lassen. In nur zwei Jahren hat sich der Preis etwa halbiert. 1990 kostete eine Tonne Kokosnussöl 5000 Rupien, 2000, nach zehn Jahren spürbarer Inflation, wird es für 3000 Rupien verkauft. Da die Koskosnussfarmen das Rückgrat der Landwirtschaft Keralas bilden (Kokosshampoo, Kokosholz, Kokosbutter, Kokosschnaps), leidet die gesamte Wirtschaft des Bundesstaates unter diesem Preisverfall. Zehn Millionen Menschen leben von den Palmen und ihren Früchten. Etwa fünf Milliarden Nüsse werden jährlich gepflückt. Bei der örtlichen Bevölkerung regt sich Widerstand gegen diese bedrohliche Entwicklung. In vielen Regionen Keralas wird ausländisches Palmöl von Ladenbesitzern und Restaurantbetreibern boykottiert. Ähnliche Kampagnen sind von Kooperativen und Gewerkschaften gegen das Coca-Cola- beziehungsweise Pepsi-Monopol geplant. Könnte nämlich die gesündere und schmackhaftere Kokosnussmilch einen Teil des Getränkemarkts erobern, dann wären die Bauern spürbar besser gestellt. Von den Konsumenten ganz zu schweigen. Vater Anthony, einer der Initiatoren dieses Protestes, bringt die Bedrohung auf den Punkt: »Wenn wir uns nicht gegen das Regime globaler Liberalisierung wehren, wird unsere Agrarwirtschaft untergehen.«

Eine wirtschaftliche Entwicklung, die Indien aus der jetzigen Verelendung herausholen könnte, ist nicht in Sicht. Trotz eines mäßigen, aber stabilen Wirtschaftswachstums in den 1990er-Jahren ist die Zahl der Arbeitsplätze in diesem Zeitraum nur um jährlich 1,1 Prozent angestiegen. Die amtlichen Arbeitsbörsen verzeichnen momentan sage und schreibe 40 Millionen Arbeitsuchende. Eine Gesellschaft, die bislang Arbeitslosigkeit durch Hilfsarbeit und Unterbeschäftigung aufgefangen hat, muss sich mit einem neuen Phänomen auseinander setzen: die Zunahme von gebildeten Arbeitslosen in den Städten.

Bill Clintons Prophezeiung, der indische Subkontinent werde, angetrieben von Software-Maharadschas und Computer-Kulis, zu der Erfolgsgeschichte der nächsten 50 Jahre werden, stieß bei seinem Staatsbesuch im Frühjahr 2000 auf dankbare Ohren. Wirtschaftsführer übertrafen sich gegenseitig mit optimistischen Prognosen. »Die Software-Industrie wird Indien so umwälzen, wie die Automobilindustrie die USA Anfang des Jahrhunderts umgewälzt hat«, jubelte der Industrielle Abhijit Sen stellvertretend für viele. »Wir können auf dem Rücken der Software zu einer Wirtschaftsmacht werden.« (Auf dem Rücken der Atomwaffenversuche, das haben die nach einem Sitz im Sicherheitsrat strebenden Machthaber Indiens schmerzhaft erfahren müssen, wird es gewiss nicht gelingen.)

Schöne Illusionen? Die Branche wächst um mehr als 50 Prozent im Jahr, doch der Boom wird im Wesentlichen von 600 Firmen getragen, die insgesamt gerade einmal 300 000 Fachkräfte beschäftigen. 1999 nahm Indien mit dem Export von Software bescheidene 2,65 Milliarden Dollar ein. Selbst wenn sich die Erwartungen des Branchenverbands Nasscom bestätigen und das Exportgeschäft im Jahr 2008 rund 50 Milliarden Dollar einbringen sollte, werden Unternehmer und Mitarbeiter ihren Erfolg einsam auf der Spitze eines Eisberges genießen müssen. Die eklatante Diskrepanz zwischen Elite und ungebildeter Masse wird Indien weiterhin nach unten ziehen.

Die Linderung vieler Probleme ist bislang meist örtlichen Initiativen und NGOs überlassen. Im ganzen Land haben sich in den letzten Jahrzehnten Selbsthilfegruppen wie etwa die Frauenbewegung SEWA, basisdemokratische Strukturen in den *panchayats* (Dorfräte), handwerkliche oder landwirtschaftliche Kooperativen wie etwa der sehr erfolgreiche Milchproduzent Amul, sowie zahlreiche Protestgruppen wie die *Narmada Bachao Andalan* gebildet. Von ihnen gehen wichtige Impulse zur Neugestaltung der indischen Gesellschaft aus. So sehr sie auf sich allein gestellt sind und an chronischem Finanzmangel leiden, sie können wenigstens innerhalb eines Rahmens agieren, in dem Menschenrechte, Unabhängigkeit der Justiz und Meinungsfreiheit zum Teil gewährleistet sind. Solange diese »Millionen von Rebellionen«, um den Titel des wunderbaren Indienbuches von V. S. Naipaul zu zitieren, weiterhin Indien in die Zukunft schieben, haben die Optimisten ein Wörtchen mitzureden.

Danke – Thanks – Dhanjawad – Chukria

Mai Professor Shri Upadhyayaji ko aur Shrimati Upadhyayaji ko dhanjawad deta hu – mai unka bahut abhari hu!

Karl and Amala Dantas for opening so many doors.

Rainer Hörig für sein Interesse und Vertrauen.

Prachi Bari for her enthusiastic help and collaboration.

Michael Rutz vom Rheinischen Merkur für die großzügige Unterstützung.

Irene Mendonca for constant practical support.

Thanks to Nagaveni Naidu, Prof. Asha Rane, Anita Sethi, A.K. Bansal, »Dadoo« Bhatt, Swaroop Charan, Bipin Gopalkrishnan, Ranjit Hoskote, Maulik Joshi, Mukul Marwah, Prof. Vijay Pandya, Ajay Prakash, Murzban Sepoy, Yajurvindra »Sunny« Sinhji, Bachubhai Soni.

Dank an Diana Schaumlöffel, Klaus Hledik, Markus Wieser und an das Team vom Verlag Frederking & Thaler.

Und am meisten Katrin Simon, für so vieles!

Naturgewalten

Hauke Trinks

Leben im Eis

Tagebuch einer Forschungsreise in die Polarnacht

Das einjährige Forschungsabenteuer eines Physikers in der Polarnacht, nur in der Gesellschaft zweier Hunde – und zahlreicher Eisbären. So spannend kann Wissenschaft sein.

William Stone/Barbara am Ende

Höhlenrausch

Eine spektakuläre Expedition unter der Erde

Riskante Kletterpartien, gefährliche Tauchgänge ins Ungewisse, wochenlanges Leben unter der Erde – die packende Erforschung einer der größten Höhlen der Welt.

Carla Perrotti

Die Wüstenfrau

An den Grenzen des Lebens

Carla Perrotti durchwandert allein die Kalahari und die größte Salzwüste der Erde in Bolivien und findet unter den überwältigenden Eindrücken der Natur zu sich selbst.

MALIK NATIONAL GEOGRAPHIC

10/1005/02/3s